これで
大丈夫！

小学校
プログラミング
の授業

3+αの授業パターンを
意識する［授業実践39］

編著・監修
小林 祐紀 茨城大学
兼宗 進 大阪電気通信大学
白井 詩沙香 大阪大学サイバーメディアセンター
臼井 英成 那珂市教育委員会

はじめに

　みなさん、こんにちは。小林 祐紀です。

　本書は、小学校プログラミング教育を総合的に扱ったおそらく初めての実践事例集です。総合的に扱うという意味は、考えうる3つの授業の考え方を示し、1年生から6年生までの各学年における実践事例の詳細を収録しているということです。さらに＋α（プラスアルファ）としてコンピュータの仕組みそのものを学ぶ授業についても収められています。事例数は39です！　タイトルにあるように、この書籍をもとに安心して小学校プログラミング教育を進められることを目指しました。

　新しい学習指導要領が全面実施される2020年度から、小学校ではプログラミング教育が必修化されます。また、2018年度および2019年度は移行期間と位置づけられています。したがって、全国を見渡すと、先行して取り組みを始めた自治体・学校がすでに数多く出てきました（たとえば、滋賀県草津市、茨城県古河市、石川県小松市、東京都渋谷区、和歌山県など）。私のもとに小学校プログラミング教育をテーマにした講演依頼が届くことも増えてきました。

　新しい学習指導要領にも示されているように、小学校プログラミング教育を通して"プログラミング的思考"と呼ばれる論理的思考を身に付けることは、とても大事だと私たちも考えています。しかし、それはロボティクス教材を使った数回の学習だけでは身に付かないだろうとも考えています。何よりも大事なことは、義務教育である小学校段階では、プログラミングの考え方について学ぶ機会をすべての子どもたちに等しく保証することです。そして、小学校プログラミング教育を通して、論理的思考力を育むとともに、コンピュータがあちこちに使われている社会の仕組みへの気付きや関心を生んでくれればと期待しています。小学校プログラミング教育が一部の学校や一部の教師の下だけで行われるのではなく、2020年度以降、すべての学校で実践されることを私たちは願っているのです。

　「プログラミング教育」という言葉だけが一人歩きし、ある種のお祭り騒ぎの感も否めない昨今、一度立ち止まり、現実的にどのように進めていくのかについて、本書を手がかりに一緒に考えていきましょう。残念ながら、ICT環境は自治体によって大きな差があるのが事実です。だからこそ、環境整備の声を上げつつも各自治体あるいは各学校の実情に応じて、本書で示す3つ＋αの教育実践を組み合わせて取り組むことが重要になってきます。小学校プログラミング教育は新しい教育の考え方のもとに導入されますが、その内実をよく見てみると、これまでの教科学習の内容を見直すことにもつながります。それは、まさに授業研究の営みです。

　本書を通して、学校関係者の方には小学校プログラミング教育の授業イメージを持っていただき、授業の実施にまでつながることを期待しています。また、学校関係者以外の方にとっては、これからの小学校教育への理解や協力のきっかけになればと思います。さらに、各地域や家庭の中で小学校プログラミング教育に取り組む際の参考になればと思います。日常生活の中にもプログラミングの考え方は数多く隠れていますから。

　最後になりましたが、本書の企画から携わり、力強く後押ししてくださった翔泳社の岩切・片岡両氏、そして本書に対して的確で温かいコメントを頂きました中川一史教授（放送大学）、平井聡一郎氏（情報通信総合研究所）に心から御礼を申し上げます。

編著者を代表して

応援メッセージ①
「とりあえずビール!」の次は?

中川 一史(放送大学・教授)

　今年に入り、全国どこに行っても、小学校ではプログラミング教育に関する授業を目にしたり、話題を耳にしたりすることが多くなってきた。しかし、「ちょっと体験型」の授業をよく見かける。居酒屋でいうと、「とりあえずビール!」で終わってしまうということだ(「教育の話を居酒屋と一緒にするとは!」とお叱りを受けそうだが)。「とりあえずビール!」は、あくまでも助走であり、その後に本格的に日本酒にうつったり本腰入れてビールを飲んだりする。しかし、「ちょっと体験型」授業のその次を聞いても、学校からも教育委員会からも何も出てこない場合が少なくない。楽しくちょっと体験すればそれでいいのか? 単発で終わってどんな力がつくのか?

　重要なのは、横軸と縦軸を意識することだ。横軸とは、「教科・領域にどのようになじませるか」ということである。小学校プログラミング教育は、教科ではないし、特定の教科で行うようにもなっていない。教科書もない。となると、これまでの教科・領域のねらいに即して埋め込む必要が出てくる。総合的な学習の時間においても、どんな学習活動に埋め込むのか。一方、縦軸は、プログラミング的思考をブレークダウンし、それが年間を通じてどのように育っていくのか、教師自身がそのつながりをまずは意識していくことである。これは、単一の教科の中でもよいし、教科・領域横断的でもよい。

　これらは簡単なことではないが、ここをクリアしないと、やがて、一部の学校や教師のみがプログラミング教育を一生懸命やっている、ということになるだろう。一過性でよい、というのであれば、好きにすればいい。

　小学校プログラミング教育の出現で、せっかく、日常生活では身につかないような論理的な思考力の育成という視点から、教科・領域の授業をあらためて見つめ直すよい機会がやってきたのだ。ここは大事に進めたい。

　いろいろ述べてきたが、上記の杞憂に対し、本書は示唆を与え、たくさんのアイデアと勇気をもたらしてくれる。

応援メッセージ②
プログラミングを導入するための3ステップ

平井 聡一郎（株式会社情報通信総合研究所）

　2020年の新学習指導要領完全実施に向け、先導的な学校、先生がプログラミングを教育活動に組み込み、実践を重ねたり、教育委員会単位で取り組んだりする事例が増えてきました。多くの実践事例が必要なときですから、よい傾向なのですが、心配なことが2点あります。まず1点目は環境整備です。現状では全国の8割を超える自治体が、PC等が40台整備の状態で、規模の大きい学校は週に一度使えればいいという状態です。2点目はプログラミング指導に陥る事例が見られることです。新学習指導要領における小学校プログラミングの取り扱いは、「プログラミングを学ぶ」ではなく、プログラミングを体験することで教科のねらいを達成する「プログラミング**で**学ぶ」ことです。プログラミング導入の過渡期である移行期間は各教育委員会、学校がどう取り組むか模索するときです。不十分な機器整備状況のもと、取り扱うべき内容が明確になっていないことは、プログラミングの指導自体に不安を感じている先生にとって阻害要因となるでしょう。

　そこで、私はこの移行期間を使って、段階的にプログラミングを導入するための3ステップを考えてみました。まず1つ目のステップは、**アンプラグドコンピュータの考えに基づく、プログラミング的な思考の活用**です。プログラミング的な思考に不慣れな先生方にとっては、子どもたちと一緒に学ぶ機会になります。また、機器を使わないことから、不十分な機器環境でも始めることができます。本書の取り上げる「プログラミング的思考を活用して教科学習の目標達成を目指す授業」が授業イメージを示してくれるため、先生方の実践を支える大きな役割を果たすと考えています。

　2つ目のステップは**ビジュアルプログラミング**であり、**画面上でのプログラミング**です。これもコストをかけずにプログラミングを授業に組み込めます。本書では「教科学習の目標達成のためにプログラミングのよさを生かす授業」として取り上げられています。あくまで教科のねらいを達成させるためのプログラミング体験ですが、本書は学習指導要領でのねらいとプログラミング体験との関係を明確に示している点が授業デザインの指針となります。

　さて、3つ目のステップは**フィジカルプログラミング**であり、**ロボットなどのプログラミング**です。私は本書ではあえて中心に扱っていない点を評価しています。全国の7、8割の学校は先生方のプログラミングへの理解が十分ではありません。アンプラグドコンピュータサイエンス、ビジュアルプログラミングというステップを踏んで、ある程度プログラミングを理解したのちにフィジカルプログラミングに取り組むのがスムーズなプログラミング導入につながると考え、私は3つ目のステップに位置づけています。

　本書は、すべての小学校が移行期間を乗り切り、2020年の新学習指導要領完全実施を自信を持って迎えるための大きな指針であり、原動力になり得ると考えています。そして、より多くの小学校の先生が本書に触れ、まずはプログラミング的思考を組み込んだ授業をスタートすることを期待しています。

目次

はじめに 2

応援メッセージ①　「とりあえずビール！」の次は？ .... 中川 一史（放送大学・教授） 3

応援メッセージ②　プログラミングを導入するための3ステップ
　　　　　　　　　..平井 聡一郎（株式会社情報通信総合研究所） 4

▶ 小学校プログラミング教育の道しるべ──本書の歩き方 .... 小林 祐紀（茨城大学） 8
　小学校での実施に向けて 8
　小学校プログラミング教育の目的 8
　3つ＋αの教育実践 9
　おわりに 12

▶ プログラミング教育と論理的思考 .... 兼宗 進（大阪電気通信大学） 14
　プログラミングを学ぶ意味 14
　プログラミングと論理的思考 14
　ドリトルでのプログラミング 15
　コンピュータの仕組みを学ぶには？ 17
　おわりに 17

授業の実践例

1 コンピュータを使ってプログラミングを指導する授業　　　　　　　　　　凡例
2 教科学習の目標達成のためにプログラムのよさを生かす授業
3 プログラミング的思考を活用して教科学習の目標達成を目指す授業
＋α コンピュータの仕組みそのものを学ぶ授業

▶ 第1学年

3 国語　伝わるスピーチを考えよう！ .... 黒羽 諒（那珂市立芳野小学校 教諭） 20
3 算数　このかたちはどんなかたち？ .... 黒羽 諒（那珂市立芳野小学校 教諭） 24
3 学級活動　みんなでめざせ！給食の準備マスター！ .... 黒羽 諒（那珂市立芳野小学校 教諭） 28

▶ 第2学年

3 国語　はっけん！ことばのふしぎ .... 藤原 晴佳（古河市立大和田小学校 教諭） 32
3 算数　たし算のしかたを考えよう .... 藤原 晴佳（古河市立大和田小学校 教諭） 36
3 算数　さがしだそう！いろいろな形！ .... 藤原 晴佳（古河市立大和田小学校 教諭） 40
3 算数　どちらが大きいかな？ .... 藤原 晴佳（古河市立大和田小学校 教諭） 44

| 3 | 生活 | みんながなっとくするこたえをみつけよう ..... 山中 昭岳（さとえ学園小学校 教諭）48
| 3 | 学級活動 | 学級のきまりを考えよう！................ 藤原 晴佳（古河市立大和田小学校 教諭）52

▶第3学年

| 3 | 算数 | これでぼくらは「はかりマスター」....... 清水 匠（茨城大学教育学部附属小学校 教諭）56

▶第4学年

| 3 | 算数 | シーケンスの考え方を活用し、ドットの合計数を求めよう！
.... 福田 晃（金沢大学附属小学校 教諭）60
| 3 | 算数 | ドット数の増加にかくされたループを探そう！
.... 福田 晃（金沢大学附属小学校 教諭）64
| 3 | 算数 | めざせ！作図マスター .... 坂入 優花（古河市立駒込小学校 教諭）68

▶第5学年

| 3 | 社会 | みんなで考えよう！グラフ資料活用術
.... 小島 貴志（茨城大学教育学部附属小学校 教諭）72
| 3 | 社会 | その違い、見逃しません！特色発見術
.... 小島 貴志（茨城大学教育学部附属小学校 教諭）76
| 3 | 算数 | コンピュータでの作図　はじめの一歩！...... 木村 了士（那珂市立額田小学校 教諭）80
| 2 | 算数 | コンピュータでの作図　かめた！................. 木村 了士（那珂市立額田小学校 教諭）84
| 2 | 算数 | コンピュータでの作図　続・かめた！.......... 木村 了士（那珂市立額田小学校 教諭）88
| 2 | 算数 | プログラミングを活用した正多角形の作図...... 須田 智之（さとえ学園小学校 教諭）92
| 3 | 算数 | 分岐でわかる！グラフの選択 .... 清水 匠（茨城大学教育学部附属小学校 教諭）96

▶第6学年

| 2 | 国語 | つくろう、動くことわざ辞典 .... 清水 匠（茨城大学教育学部附属小学校 教諭）100
| 2 | 算数 | みんなのお小遣いは高い？安い？ .... 山口 眞希（金沢市立大徳小学校 教諭）104
| 2 | 算数 | 進め、かめた！拡大図を書け！........... 清水 匠（茨城大学教育学部附属小学校 教諭）108
| 2 | 算数 | 比例のグラフは直線か .... 清水 匠（茨城大学教育学部附属小学校 教諭）112
| 3 | 算数 | かき方の順序を見える化しよう .... 田口 優（金沢市立杜の里小学校 教諭）116
| 3 | 算数 | 分岐で分類！拡大図・縮図 .... 清水 匠（茨城大学教育学部附属小学校 教諭）120
| 2 | 理科 | 自動ドアを動かそう .... 田口 優（金沢市立杜の里小学校 教諭）124
| 2 | 理科 | つなげて見つけよう　電気の不思議 .... 坂入 優花（古河市立駒込小学校 教諭）128
| 2 | 理科 | 暮らしに役立つ装置の仕組みを考えよう
.... 広瀬 一弥（亀岡市立東別院小学校 教諭）132
| 3 | 理科 | てこはどんなときにつり合うのか .... 田口 優（金沢市立杜の里小学校 教諭）136

3	理科	5つの水溶液の正体は？	田口 優（金沢市立杜の里小学校 教諭）	140
3	理科	リトマス紙で発見！	坂入 優花（古河市立駒込小学校 教諭）	144
3	理科	正体を見破れ！	坂入 優花（古河市立駒込小学校 教諭）	148
3	家庭科	そうじのしかたをくふうしよう	山口 眞希（金沢市立大徳小学校 教諭）	152
3	家庭科	どう作る？ナップザック	坂入 優花（古河市立駒込小学校 教諭）	156
1	総合的な学習の時間	Go Go! My robot!	清水 匠（茨城大学教育学部附属小学校 教諭）	160
+α	総合的な学習の時間	白黒カードのひみつ	田口 優（金沢市立杜の里小学校 教諭）	164
+α	総合的な学習の時間	数字で絵がかけちゃった	清水 匠（茨城大学教育学部附属小学校 教諭）	168
+α	総合的な学習の時間	ひっくり返されたカードを見破れ！	山口 眞希（金沢市立大徳小学校 教諭）	172

▶コンピュータプログラムに関係する用語 ... 176

実践に役立つ知識

▶本書で扱うコンピュータの仕組み
白井 詩沙香（大阪大学サイバーメディアセンター）　兼宗 進（大阪電気通信大学）178
- プログラミングを通して学べる論理的思考 ... 178
- CSアンプラグドで学ぶコンピュータの仕組み ... 180

▶プログラミングの考え方を取り入れた算数科授業づくりのポイント
臼井 英成（那珂市教育委員会）182
- プログラミング教育は「主体的・対話的で深い学び」の実現に向けた授業改善の一手段 ... 182
- 視点1　問題解決の授業の形式（展開）にプログラミング的思考の光を当てて授業をつくる ... 182
- 視点2　プログラミングの体験とフローチャートや図、式、表、グラフなどの表現と関連付ける ... 186
- おわりに ... 188

▶ドリトルではじめるプログラミング
白井 詩沙香（大阪大学サイバーメディアセンター）189
- ドリトルとは？ ... 189
- ドリトルをはじめるには？ ... 189
- プログラミングをはじめよう！ ... 191
- おわりに ... 194

▶タブレット端末を活用してプログラミングの考え方を可視化させる
小林 祐紀（茨城大学）195
- 3つ目の授業の勘所と課題 ... 195
- 小学校プログラミング教育におけるタブレット端末の活用可能性 ... 196
- おわりに ... 203

▶編著・監修＆実践者プロフィール ... 204

小学校プログラミング教育の道しるべ
——本書の歩き方

小林 祐紀（茨城大学）

▶ 小学校での実施に向けて

　いよいよ2020年が目前に迫ってきました。東京オリンピックもそうなのですが、小学校学習指導要領の全面実施の年でもあります。新しい学習指導要領は、現在「主体的・対話的で深い学び」「カリキュラム・マネジメント」「特別の教科 道徳」等、大小様々な視点から語られています。その1つに「プログラミング教育」があります。小学校段階でプログラミングを学ぶ意味等については編著者の1人である兼宗が執筆した「**プログラミング教育と論理的思考**」（p.14）を参考にしていただくことにし、本稿では、小学校プログラミング教育をどのように進めていけばよいのかを考えていくことにします。ポイントは、授業のイメージを意識することです。したがって、本書で気になる事例があれば、自ら実践してみることを強くおすすめします。「まずはやってみる」——これが新しいことに取り組むときの大原則です。

▶ 小学校プログラミング教育の目的

　まず、小学校プログラミング教育の位置づけから確認してみましょう。学習活動としてプログラミングに取り組むねらいとして、以下のように記されています。

> 小学校段階において学習活動としてプログラミングに取り組むねらいは，プログラミング言語を覚えたり，プログラミングの技能を習得したりといったことではなく，<u>論理的思考力を育む</u>とともに，プログラムの働きやよさ，情報社会がコンピュータをはじめとする情報技術によって支えられていることなどに気付き，身近な問題の解決に主体的に取り組む態度やコンピュータ等を上手に活用してよりよい社会を築いていこうとする態度などを育むこと，さらに，教科等で学ぶ知識及び技能等をより確実に身に付けさせることにある。
>
> 引用元 文部科学省（2017）「小学校学習指導要領解説」 ▶参考文献［4］　※下線は筆者が加筆。

　上記の下線部分から、「コードを書き、プログラミングの技能を習得することが目的ではない」ことが確かめられます。そして、プログラミング教育の目的は、論理的思考を育むことだと示されています。この論理的思考は「プログラミング的思考」と呼ばれています。言い換えるならば、プログラミングの考え方に基づいた論理的思考といえるでしょう。し

たがって、プログラミング的思考は「関連付ける」「比較する」「類推する」などの数多く考えられる論理的思考の一部を構成するものです。具体的には、プログラミングの世界では、「シーケンス（順序）」「ループ（繰り返し）」「条件分岐」の考え方等だといえます。これらの考え方は、具体的なプログラミングの体験を通して学ぶことができます。加えて、既存の教科学習の中にもすでに埋め込まれているのです。

▶ 3つ＋αの教育実践

上記のようなプログラミング的思考の捉えのもと、編著者である兼宗の考え方をもとにして、私たちは小学校プログラミングの教育を次の3つ＋αに分類し、これらを各学校の実情に応じて組み合わせて実施していくことが重要だと考えています ▶参考文献 [1] [7]。

1. コンピュータを使ってプログラミングを指導する授業

まず1つ目は、プログラミングを指導する授業、つまり普通のプログラミング教育です。もちろん、タブレット端末を含めたコンピュータやロボティクス教材を使ったり、Web上の学習サービス（プログラミン[※1]、Hour of Code[※2]等）を使ったりします。このタイプの授業は、総合的な学習の時間を使って授業されることが多いでしょう。

たとえば、茨城県古河市立大和田小学校では、音楽と総合的な学習の時間の合科として、球形のロボティクス教材（Sphero[※3]）を用いて授業が行われています。光と影の美しさを表現しようという学習課題のもと、音楽に合わせて球形ロボの動きや光り方をグループのメンバーと共に考えていきます。何度も試行錯誤した後、最終的には大勢の参観者の前で発表会を行っていました。

[写真1]は、4年生が車型のロボティクス教材（LEGO WeDo2.0[※4]）を使って、専用コースをゴールできることを目指す授業の一場面です。前時には、平たんなコースをゴールまで進み、センサーを感知してゴールしたら止まるということが目標でした。しかし、今回はコースが改良してあり、前時のプログラムのままではゴールできないようになっています。そこで、児童はどのようにすればゴールに到達できるのか、ペアで様々なアイデアを出し合います。「センサーの位置を高くすればいいかな」「モーターの

[写真1] 淡路市立大町小学校の授業（指導者：増子知美教諭）

※1 文部科学省が作成した簡単にプログラミングが体験できるウェブサイト。URL http://www.mext.go.jp/programin/
※2 多くの国で使われており年齢に応じたプログラミングが体験できるウェブサイト。URL https://hourofcode.com/jp
※3 スマートフォンやタブレットでプログラミングを行う球形ロボティクス教材。URL https://www.sphero.com
※4 レゴブロック、モーター等を使って組み立てタブレットでプログラミングを行う教材。URL https://education.lego.com/ja-jp

回転数を上げようか」など試行錯誤しながら目標を達成することができました。

このような授業では、十分な体験活動のもとでプログラミングの楽しさを存分に味わいながら児童が学習を進めていきます。しかし、課題もあります。ロボティクス教材の購入に関することや先生が指導に不安を感じること、そして何よりも総合的な学習の時間で行う以上はカリキュラムの開発が必要であることが挙げられます。議論の取りまとめにおいても「探究的な学習として適切に位置づけられるように」と留意事項が示されています ▶参考文献 [5]。本書においても、各学校の特殊性を考慮し、1事例のみの紹介としました。しかしすでに、渋谷区立代々木山谷小学校、荒川区立第二日暮里小学校、古河市立大和田小学校等では取り組みが進んでいます。今後も地域のモデル校を中心として、各学年のカリキュラム開発が待たれます。

2. 教科学習の目標達成のためにプログラムのよさを生かす授業

2つ目は、教科学習の目標達成のためにプログラミングを活用する授業です。小学校学習指導要領で例示されている第5学年算数科正多角形の作図（第2章 第3節 算数 第3の2 (2)）や第6学年理科電気の利用（第4節 理科 第3の2 (2)）は、この2つ目に当てはまります。ここでもコンピュータを使います。

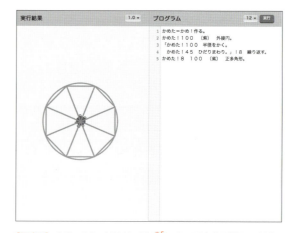

[写真2] 本書p.84、"ドリトル"※5 による正多角形描画を授業に取り入れた木村教諭の実践より。

たとえば、正多角形の作図において、様々な正多角形を児童が描くことは時間がかかりますし、手順が多ければ多いほど正確さに欠けるでしょう。しかし、コンピュータだと容易に描くことができます。コンピュータに様々な正多角形を作図させる指示を出し、児童と先生は正多角形に見られる共通点や作図の仕方に着目して学習を進めていきます。プログラムのよさを生かすことで、教科学習の理解がより深まるというわけです [写真2]。理科でも同じことがいえます。電気の性質や働きを理解するために、センサーを使った自動扉の仕組みを観察し、実際にその後作ってみる。自分たちで考え、組み立てることを通して、理解がより深まるということです [写真3]。

[写真3] 本書p.124、ロボティクス教材（うきうきロボットプログラミングセット※6）を授業に取り入れた田口教諭の実践より。

※5　教育用プログラミング言語。URL http://dolittle.eplang.jp/
※6　アーテックブロックとロボット用基板「スタディーノ」を使ってプログラミングを行う教材。URL http://www.artec-kk.co.jp/ukipro/

本稿の冒頭に示した小学校学習指導要領解説の最後の一節には、プログラミングに取り組むねらいとして「教科等で学ぶ知識および技能等をより確実に身に付けさせることにある」と書かれています。教科学習の中でプログラミングに取り組む以上は、学習目標の達成が第一義となるのは当然といえ、評価もこれまでと同様です。

　この２つ目にも、課題がないわけではありません。いったいどのような学習場面にプログラムのよさが生かせるのか、今後検討していくことが必要です。加えて、学習内容に適したプログラムを教員が開発することは非常に困難といえます。したがって、学習内容に適切なプログラム等を「未来の学びのコンソーシアム」[※7]を中心に提供していくことが求められます。本書においても、複数の実践事例を提示しています。その際、特に小学校学習指導要領で例示されている２つの学習場面については、同じ学習内容であったとしても、使用するプログラミング教材を変えて取り組んだり（理科の事例）、同じ学習内容かつ同じプログラミング教材（"ドリトル"で作成）であったとしても、異なる授業展開を示したり（算数の事例）することで、本書の主な読者である小学校の先生が自分の授業スタンスに応じて、取り組めるように配慮しました。さらに、算数で用いたプログラムについて、だれでも自由に使えるように公開しています。詳細は、白井が執筆した「**ドリトルではじめるプログラミング**」(p.189)をご覧ください。

3．プログラミング的思考を活用して教科学習の目標達成を目指す授業

　３つ目は、教科学習の目標達成のためにプログラミング的思考を活用する授業です。この授業では、コンピュータを使いません。

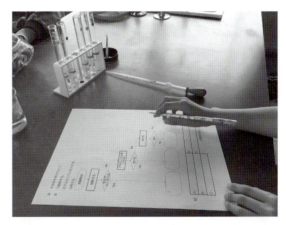

[写真4] 本書p.144、水溶液の性質を見分ける坂入教諭の実践より。

　たとえば、６年生理科において、水溶液の性質を見分ける学習ではリトマス紙を使い、酸性・中性・アルカリ性を見分けます。見分け方には、条件分岐の考え方が生かされています[写真4]。他にも、２年生算数科３桁の整数の大小を比較する学習においても、「もし百の位が○より大きかったら……」という条件分岐の考え方が生かされています[写真5]。さらに、図形の作図には順序の考え方が生かされています。このような水溶液の判別、数の大小比較、作図の方法などは、全国すべての当該学年で指導される内容です。しかも、特に算数科では内容を変えながら何度も同様の考え方が出てきます。

　この３つ目の小学校プログラミング教育は、特別に新しいことに取り組むということではありません。既存の教科学習を見直し、考え方の部分を焦点化し、授業を再構成するというイメージです。これまであまり意識されなかった考え方に着目することが特徴だとい

※7　URL https://miraino-manabi.jp/

えます。ただし、この3つ目が小学校プログラミング教育の主流になることはありません。小学校学習指導要領にも書かれているように「児童がプログラミングを体験しながらコンピュータに意図した処理を行わせるために必要な論理的思考力を身に付けるための学習活動」が主流となるべきでしょう。

本書においても、多数の実践事例を提示しています。ただし、第3学年の事例は少なくなっています。それは、拙書『コンピューターを使わない小学校プログラミング教育"ルビィのぼうけん"で育む論理的思考』にすでに多くの事例が収録されているためです。ぜひ、あわせて読んでいただければと思います

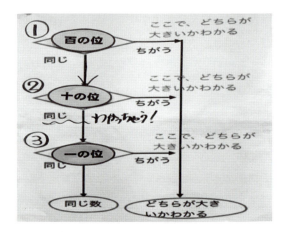

[写真5] 本書p.44、3桁の整数の大小を比較する藤原教諭の実践より。

▶参考文献［3］。また、臼井が執筆した「**プログラミングの考え方を取り入れた算数科授業づくりのポイント**」（p.182）においては、本書でも収録の多い算数科を例に挙げ、授業づくりのポイントについて解説しています。

＋α．コンピュータの仕組みそのものを学ぶ授業

さらに、プログラミング教育の位置づけをもう少し広い視野から確認してみると、プログラミング（言語）はコンピュータサイエンスという学問の一部を構成する分野です。したがって、プログラミングを学ぶだけではなく、プログラミングを入口にして、コンピュータサイエンスの一端でも学ぶことができれば、プログラミングの教え方の意味や有用性を再確認できるのではないかと私たちは考えています。これが私たちの考える＋α（プラスアルファ）の教育実践です。

まだまだ、私たちも研究の最中ですので、本書においては第6学年に限定して実践事例を提示しています。この実践事例においては、コンピュータサイエンスアンプラグドの考え方を参考にしています ▶参考文献［2］［6］。

▶ おわりに

3つ＋αの考えのもと、小学校プログラミング教育を学校の実情に応じて実践していくことは、小学校プログラミング教育の視点からのカリキュラム・マネジメントといえます。そして、これらの教育実践を積み重ねることで、上述した小学校学習指導要領解説に示されているような資質・能力を育むことにつながっていきます。それは、ICTがさらに進化し、今以上に広く一般化した未来の社会の有様を考えることとにもつながります。

最終的なゴールを意識しつつ、小学校段階で行うべきことを一言で述べるならば、それは「プログラミング的思考を育むための種まき」といえます。一度の授業で論理的思考や

気付きや態度を育むことはできません。各学年における多様な教育実践を通して、育まれるものだと考えています。小学校プログラミング教育は、中学校の技術・家庭科（技術分野）におけるプログラミング、再編される高等学校共通教科「情報」におけるプログラミングにつながる出発点に位置づけられています。そしてプログラミング的思考は、「プログラミングに携わる職業を目指す子どもたちだけではなく、どのような進路を選択しどのような職業に就くとしても、これからの時代において共通に求められる力である」とされています▶参考文献［5］。だからこそ種まきが必要なのです。

　本書では、ここまで示してきたように、多くの実践者の協力を得て3つ＋αについて、具体的な実践事例を多く収録しています。新しく始まる小学校プログラミング教育は、決して一部の先生だけが行う教育実践にしてはいけません。みんなで多様な方法で取り組むからこそ、子どもたちは成長するのです。小学校プログラミング教育の可能性を信じ、何とかソフトランディングさせるための術を、これからも共に考えていきましょう。

▶参考文献

［1］兼宗進「新課程におけるプログラミング教育とプログラミング的思考」、『指導と評価』2018年3月号 Vol.64-3、No.758、図書文化社
［2］兼宗進、白井詩沙香 監修（2017）『テラと7人の賢者：小学1～3年生（"ナゾとき"コンピュータのおはなし）』学研プラス、ISBN 978-4-0520-4653-7
［3］小林祐紀、兼宗進 編著・監修（2017）『コンピューターを使わない小学校プログラミング教育 "ルビィのぼうけん"で育む論理的思考』翔泳社、ISBN 978-4-7981-5261-5
［4］文部科学省（2017）「小学校学習指導要領解説」 URL http://www.mext.go.jp/a_menu/shotou/new-cs/1387014.htm
［5］文部科学省（2016）「小学校段階におけるプログラミング教育の在り方について（議論の取りまとめ）」 URL http://www.mext.go.jp/b_menu/shingi/chousa/shotou/122/attach/1372525.htm
［6］Tim Bell, Ian H.Witten, Mike Fellows（2007）『コンピュータを使わない情報教育アンプラグドコンピュータサイエンス』兼宗進 監訳、イーテキスト研究所、ISBN 978-4-9040-1300-7
［7］Y.Kobayashi, S.Kannemune, S.Shirai, H.Usui, T.Shimizu "Three Types of Practical Examples of Programming Education at Elementary Schools in Japan" EdMedia: World Conference on Educational Media and Technology, 2018.（in press）

プログラミング教育と論理的思考

兼宗 進（大阪電気通信大学）

▶ プログラミングを学ぶ意味

　時代は変わり、子どもたちは将来をITとともに生きていくことになりました。表面的な技術は時代とともに変わっていきますが、学校教育では変わらない本質を伝えることが重要です。では、変わらない本質とは何でしょう。それは、ITの本質である「コンピュータの仕組み」です。

　子どもたちにとって大切なことは、「生活を支える仕組み」ではないでしょうか。食べ物は田畑で作られます。農業を営む職業に就かなくても、栽培と飼育がどのように行われ、そして食べ物がどこから来るのか、ということを知っておくことは生きていく上で重要です。

　ITも同じです。コンピュータはパソコン、タブレット、スマートフォンに加え、ゲーム機や家電製品、自動車、天気予報など、生活のあらゆるところで私たちに密着しています。コンピュータはプログラムで動いていますし、そのプログラムは人間が作っています。誤って書けば誤って動きます。コンピュータは善悪を判断できません。そのような特徴を、プログラムを作る体験を通して実感することができるのです。

▶ プログラミングと論理的思考

　教科の中でプログラミングを扱うときは、授業の目標はプログラミングを学ぶことではなく、教科の内容を学ぶことになります。これは授業の中にプログラミングを取り入れるときの大きなヒントになります。本書で紹介されているように、プログラミングの考え方を取り入れることで、子どもたちが授業の中で教科の学びを深めることができ、教科の内容を整理したり筋道を立てて考えたりするための方法を体験できるからです。

　「プログラミングの考え方を授業の中で利用する」学習を通して、自然と子どもたちが「プログラミングの考え方を学び、活用できる」ようになっていく。それが教科の中でプログラミングを活用する秘訣かもしれません。

　プログラミングを通して学べることの1つに論理的思考力が挙げられることがあります。コンピュータはどのように動けばよいかという指示をプログラムという形で人間から受け取り、その通りに動作します。伝える指示が曖昧だったり情報が不足したりしていると正しく動いてくれません。このような性質をうまく利用すると、「プログラミング的な考え方をすることで、ものごとを整理して簡潔に考えられるようになる」ことにつなげられるかもしれません。

　ただし、論理的思考力という言葉はそれ自体が幅広い意味を含みます。プログラミングによって学べる論理的思考力についても、どんな能力がどんな活動によって養われるのか

を整理する必要がありそうです。本書で扱われた授業事例の中では、たとえばこのようなものがありました。

- ●計算や作業を手順に分けて順序立てる「シーケンス」の考え方
- ●手順のまとまりを繰り返して実行する「ループ」の考え方
- ●条件によって作業を切り替える「分岐」の考え方
- ●ものごとをYes/Noの組み合わせで考える「真偽値」の考え方
- ●ものごとの性質や手順のまとまりに名前を付ける「抽象化」の考え方

その他にも、「最初から完璧なものを作らなくても、少しずつ実行して直しながら完成させていけばよい」というデバッグの考え方も体験することができました。コンピュータを使うと、文書やプログラムを何度も修正しながら作成していくことが容易に行えます。このようなコンピュータの性質を理解して、適切に活用することも貴重な体験です。

プログラミングの体験を通してコンピュータの性質を知っていると、教室の中でそれを「全員が知っている知識」として共有することができます。たとえば、計算の手順を教え合うときに、「計算の手順を紙に書いて説明しよう」「受け取った人はコンピュータになったつもりでプログラムとして実行しよう」と伝えると、曖昧な手順を雰囲気で実行することはなく、「書いていないことは行わない」「間違って書かれていてもその通りに実行する」というコンピュータごっこを効果的に学習に取り入れることができます。

また、プログラムを書くときには、自分のプログラムが間違っていることが前提で、動かして結果を見ながらプログラムを修正して、よいプログラムを作っていきます。プログラムを正しく修正する作業はデバッグと呼ばれ、プログラミングの一部です。これは「答えが間違っていたら途中の計算を含めて全部消してなかったことにしてしまう」のではなく、「答えが違っていたら、どこで間違ったのだろう」と自分の計算手順を客観的に見直す習慣につながります。

▶ ドリトルでのプログラミング

本書では、私が開発して公開している教材も紹介されています。ドリトルは久野靖先生と設計した教育用のプログラミング言語です。子どもが自分で字を書いたり定規で線を引いたりすることが学びにつながるように、プログラミングも1文字ずつの入力を大切にしたいという考えから、命令を日本語で書ける言語を考えました。

ドリトルは本書で扱われているタートルグラフィックスの他に、音楽演奏やArduino、ラズベリーパイなどでセンサーやモーターなどを接続することができ、子どもたちのプログラム同士が教室内で通信できることが特徴です。最近はパソコンのWebブラウザで開発したプログラムを、QRコードでスマートフォンやタブレットに伝えて動かせるようになりました。先生が教材を作りタブレットで授業に使うことも行われています。

新しい教育課程では、社会や理科など様々な教科でデータの活用が重視されています。ドリトルでは本書の編著者でもある白井先生の協力で、数行のプログラムでデータを集計したり、グラフを描いたりする学習が可能になりました［リスト1］。

[リスト1] ドリトルのプログラム

```
通学データ＝テーブル！"data/school.tsv" ファイルから作る。
集計＝通学データ！"通学手段" "年度" クロス集計 表示。
集計！帯グラフ 描画。
```

出席番号	通学手段	住所	読書冊数	自宅までの距離	年度
1	徒歩	西宮市	0.5	0.28	2015
2	バス	西宮市	1	5.7	2015
3	電車	大阪市	3	14.7	2015
4	電車	京都市	2	37.1	2015
5	徒歩	西宮市	0.5	1.2	2015
6	電車	神戸市	2	9.2	2015
7	電車	大阪市	0.5	11.3	2015
8	自転車	西宮市	2	1.7	2015
9	自転車	西宮市	0.5	1.8	2015
10	電車	京都市	1	38.9	2015
11	電車	神戸市	2	11	2015
12	自転車	西宮市	1	1.6	2015
13	電車	生駒市	3	59.5	2015
14	自転車	西宮市	1	1.3	2015
15	電車	京都市	1	47	2015
16	自転車	西宮市	0.5	2.1	2015
17	電車	神戸市	2	30.6	2015
18	電車	大阪市	2	26.9	2015
19	電車	草津市	3	62.2	2015
20	電車	京都市	1	44	2015
21	電車	神戸市	2	20.6	2015
22	自転車	西宮市	1	1.2	2015
23	電車	京都市	2	52.4	2015
24	バス	西宮市	1.5	2.4	2015
25	電車	大阪市	1	26	2015
26	電車	大阪市	1	23	2015
27	バス	西宮市	1	2.3	2015
28	電車	生駒市	1	31.3	2015
29	電車	神戸市	1	23.4	2015
30	電車	大阪市	2	28.5	2015
31	自転車	西宮市	0.5	1.1	2015
32	電車	大阪市	1	12.2	2015
33	電車	大阪市	1	15.9	2015
34	電車	京都市	2	38.4	2015
35	電車	神戸市	1	17.8	2015
36	電車	京都市	2	36.5	2015
37	バス	西宮市	1		

▲サンプルデータ（school.tsv）

▲リスト1の実行で集計された結果の表

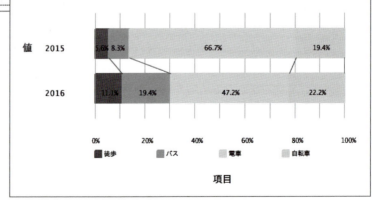

▼リスト1の実行で描かれるグラフ

小学校でのコンピュータ活用では、文字入力が重要視されています。特別な学習のときだけコンピュータを活用するのではなく、鉛筆やノートと同様に、様々なことを学習するためのツールとして活用することが求められています。

　子どもたちは自分たちが興味を持つことに熱中して取り組んでくれます。そこで私はドリトルという文字で書くプログラミング言語を開発し、公開しています。子どもたちは「プログラムを組みたい」「プログラムを動かしたい」「ロボットを動かしたい」という気持ちで、「文字を入力する」ことをプログラミングの手段として学んでくれることを期待しています。

▶ コンピュータの仕組みを学ぶには？

　コンピュータの仕組みについては、適切な学習の機会を用意してあげることが重要です。そのための教材として、コンピュータサイエンスアンプラグド（CSアンプラグド）[1]が注目されています。CSアンプラグドは、コンピュータの科学的な楽しさを小学生に体験してもらうために考えられた教材です。

　CSアンプラグドはカードやてんびんなどの教具を使った教育法で、次のように進めます。

- まず体験してみる（クイズやゲーム形式に夢中で取り組む）
- クイズを解いたり達成したりすることで、必死に考える（実はクイズを考えているように見えて、コンピュータの仕組みを考えている）
- 最後に、取り組んだり考えたりしたことが、コンピュータの仕組みと同じであることと、身の回りのどこで使われている技術かを説明する

　教材は小学校2年生程度から楽しむことができるように作られており、日本では10年間にわたり小学生向けの科学イベントで使われてきた実績があります。

▶ おわりに

　本書では様々な授業が紹介されていますが、その根底には「ドリトル」「CSアンプラグド」『ルビィのぼうけん』[2]といった、学校教育での科学教育のバックグラウンドがあります。ぜひ、これらについても授業で活用してみてください。

　子どもの可能性は無限です。できるだけ制約を設けず、発達段階に応じた適切な学習の機会を子どもたちに提供しましょう。よい教育は教室の現場から生まれます。そのために本書の編著者と実践者は、今後もプログラミング教育の実践と研究を進めていきたいと考えています。ぜひ一緒に進めていきましょう。

---

[1] URL http://csunplugged.jp/
[2] URL http://www.shoeisha.co.jp/book/rubynobouken/

授業の実践例

▶第1学年

1	3	国語	伝わるスピーチを考えよう！	黒羽 諒（那珂市立芳野小学校 教諭）	20
2	3	算数	このかたちはどんなかたち？	黒羽 諒（那珂市立芳野小学校 教諭）	24
3	3	学級活動	みんなでめざせ！給食の準備マスター！	黒羽 諒（那珂市立芳野小学校 教諭）	28

▶第2学年

4	3	国語	はっけん！ことばのふしぎ	藤原 晴佳（古河市立大和田小学校 教諭）	32
5	3	算数	たし算のしかたを考えよう	藤原 晴佳（古河市立大和田小学校 教諭）	36
6	3	算数	さがしだそう！いろいろな形！	藤原 晴佳（古河市立大和田小学校 教諭）	40
7	3	算数	どちらが大きいかな？	藤原 晴佳（古河市立大和田小学校 教諭）	44
8	3	生活	みんながなっとくするこたえをみつけよう	山中 昭岳（さとえ学園小学校 教諭）	48
9	3	学級活動	学級のきまりを考えよう！	藤原 晴佳（古河市立大和田小学校 教諭）	52

▶第3学年

10	3	算数	これでぼくらは「はかりマスター」	清水 匠（茨城大学教育学部附属小学校 教諭）	56

▶第4学年

11	3	算数	シーケンスの考え方を活用し、ドットの合計数を求めよう！	福田 晃（金沢大学附属小学校 教諭）	60
12	3	算数	ドット数の増加にかくされたループを探そう！	福田 晃（金沢大学附属小学校 教諭）	64
13	3	算数	めざせ！作図マスター	坂入 優花（古河市立駒込小学校 教諭）	68

▶第5学年

14	3	社会	みんなで考えよう！グラフ資料活用術	小島 貴志（茨城大学教育学部附属小学校 教諭）	72
15	3	社会	その違い、見逃しません！特色発見術	小島 貴志（茨城大学教育学部附属小学校 教諭）	76
16	3	算数	コンピュータでの作図　はじめの一歩！	木村 了士（那珂市立額田小学校 教諭）	80
17	2	算数	コンピュータでの作図　かめた！	木村 了士（那珂市立額田小学校 教諭）	84

凡例

1 コンピュータを使ってプログラミングを指導する授業 ……… **1 プログラミング指導**
2 教科学習の目標達成のためにプログラムのよさを生かす授業 ……… **2 プログラムのよさ**
3 プログラミング的思考を活用して教科学習の目標達成を目指す授業 ……… **3 プログラミング的思考**
+α コンピュータの仕組みそのものを学ぶ授業 ……… **+α 仕組みを学ぶ**

---

18 **2** 算数 コンピュータでの作図　続・かめた！　　　　木村 了士（那珂市立額田小学校 教諭）88
19 **2** 算数 プログラミングを活用した正多角形の作図　　須田 智之（さとえ学園小学校 教諭）92
20 **3** 算数 分岐でわかる！グラフの選択　　　　　　　清水 匠（茨城大学教育学部附属小学校 教諭）96

▶ **第6学年**

21 **2** 国語 つくろう、動くことわざ辞典　　　　　　　清水 匠（茨城大学教育学部附属小学校 教諭）100
22 **2** 算数 みんなのお小遣いは高い？安い？　　　　　山口 眞希（金沢市立大徳小学校 教諭）104
23 **2** 算数 進め、かめた！拡大図を書け！　　　　　　清水 匠（茨城大学教育学部附属小学校 教諭）108
24 **2** 算数 比例のグラフは直線か　　　　　　　　　　清水 匠（茨城大学教育学部附属小学校 教諭）112
25 **3** 算数 かき方の順序を見える化しよう　　　　　　田口 優（金沢市立杜の里小学校 教諭）116
26 **3** 算数 分岐で分類！拡大図・縮図　　　　　　　　清水 匠（茨城大学教育学部附属小学校 教諭）120
27 **2** 理科 自動ドアを動かそう　　　　　　　　　　　田口 優（金沢市立杜の里小学校 教諭）124
28 **2** 理科 つなげて見つけよう　電気の不思議　　　　坂入 優花（古河市立駒込小学校 教諭）128
29 **2** 理科 暮らしに役立つ装置の仕組みを考えよう　　広瀬 一弥（亀岡市立東別院小学校 教諭）132
30 **3** 理科 てこはどんなときにつり合うのか　　　　　田口 優（金沢市立杜の里小学校 教諭）136
31 **3** 理科 5つの水溶液の正体は？　　　　　　　　　田口 優（金沢市立杜の里小学校 教諭）140
32 **3** 理科 リトマス紙で発見！　　　　　　　　　　　坂入 優花（古河市立駒込小学校 教諭）144
33 **3** 理科 正体を見破れ！　　　　　　　　　　　　　坂入 優花（古河市立駒込小学校 教諭）148
34 **3** 家庭科 そうじのしかたをくふうしよう　　　　　山口 眞希（金沢市立大徳小学校 教諭）152
35 **3** 家庭科 どう作る？ナップザック　　　　　　　　坂入 優花（古河市立駒込小学校 教諭）156
36 **1** 総合的な学習の時間 Go Go! My robot!　　　　清水 匠（茨城大学教育学部附属小学校 教諭）160
37 **+α** 総合的な学習の時間 白黒カードのひみつ　　田口 優（金沢市立杜の里小学校 教諭）164
38 **+α** 総合的な学習の時間 数字で絵がかけちゃった　清水 匠（茨城大学教育学部附属小学校 教諭）168
39 **+α** 総合的な学習の時間 ひっくり返されたカードを見破れ！
　　　　　　　　　　　　　　　　　　　　　　　　　　山口 眞希（金沢市立大徳小学校 教諭）172

▶ コンピュータプログラムに関係する用語 …………………………………… 176

第1学年　国語科　3 プログラミング的思考

伝わるスピーチを考えよう！

黒羽 諒
那珂市立芳野小学校
教諭

学習目標	皆に話したいことを選び、話の順序を考えながら、丁寧な言葉を使って話すことができる
育てたいプログラミングの考え方	スピーチの内容を手順に分けて考え、メモを書き、わかりやすい順序で発表の練習を行うことを通して、順序（シーケンス）の考え方を学ぶ【順序（シーケンス）】

単元構成「はなそう、きこう」	
第1次	見通しを持ち、題材を決める
第2次	知らせたいことを付箋に書く（本時①）
第3次	付箋を順序よくワークシートに貼る（本時②）
第4次	グループに分かれて発表する

実践の概要

　本実践は、順序（シーケンス）の考え方を活用し、物事を思考するときに、小さく分けて考えることや、順序を考えることのよさを児童に感じさせることを意図している。そのために、スピーチの題材として、夏休みの体験を取り上げ、特に心に残った体験について付箋に書き（本時①）、友だちにわかりやすく伝わる順番でワークシートに貼るように指導した（本時②）。児童は、出来事を細かく分けて書くことや、順序を考えることで、わかりやすいスピーチができると感じられたようだった。

準備物・ワークシート

▶スピーチで話す順に上から付箋を貼り付けていくワークシート。最初に話す項目のみ、文章が用意してある。また、各項目の間に、接続語などを補わせてもよい。

▶ワークシートに付箋を貼り付けた状態。児童は、友だちとスピーチし合いながら最適な順序を考え、付箋を貼り替える学習を行った。

授業の流れ

時	本時の展開	指導上の留意点 ◉ 論理的思考に関わる働きかけ
1	**1 本時の課題をつかむ。** はなしたいなつやすみのことをきめて、じゅんじょよくすぴーちをするための、めもをつくろう。 (1) 前時に書いたノートから、伝えたい夏休みの体験を選ぶ。 (2) 教師の書いた凡例をもとに、付箋のかき方を知る。	●本時のめあてを確かめ、学習の見通しを立てる ●前時のノートを確認し、自分の伝えたい経験をすぐ選べるようにする。 ●伝えたい経験は、1個だけでなく2～3個選んでよいことを伝え、話を広げやすくなるようにする。 ●付箋には、「いつ」「どこで」「だれと」「なにを」「どうした」という観点で書くように指導する。
	2 選んだ経験について、伝えたいことを付箋に書き出す。	●書き足りないことや、加えて書きたいことがあれば、ノートに書き加えてよいことを伝える。
	3 シーケンスの考え方を用いて、順序を考えながら、付箋をワークシートに貼る。 (1) 教師の凡例をもとに、シーケンスの考え方について確認する。 (2) 伝わりやすい順序を考え、書き出した付箋をワークシートに貼る。 (3) 貼り終えたワークシートを友だちと見合い、わかりやすくスピーチできる順序について相談する。	◉伝わりやすい順序で並んでいるかどうか、友だちと読み合って、考えられるようにする。 ◉シーケンスの考えを生かしながら、順序を意識して付箋を貼っていけるように声をかける。
2	(4) 相談したことを生かして、ワークシートを作りあげた後、ペアで読む練習を行う。 (5) 練習したスピーチを全体の前で発表する。	●友だちと読み合うことで、がんばって書いたことや考えたことを認め合わせるようにする。 ●上手にスピーチできていた児童数名を練習の最中に見つけておき、次時の発表会につながるように手本として発表させる。
	4 本時のまとめと振り返りを行う。 (1) 学級全体で、スピーチの内容を細かい手順に分けて考えると、文章の順序を組み替えやすいことやわかりやすく話せることを確認する。 (2) 本時を振り返り、わかったことや考えたことを発表する。 (3) 次時では、本時の練習をもとに、各グループでの発表会を行うことを伝える。	●2時間の学習の流れを思い浮かべて、学んだことが確認できるように、声をかける。 ●文章でまとめることが難しいため、児童の発言を大切にして、他の児童に広げることで振り返りを行わせる。

授業のポイント

1 夏休みの出来事を自力で書く活動

2時間授業の1時間目として、付箋に夏休みの体験を書く活動を行った。児童は、1学期に「いつ・どこで・だれと（だれが）・なにを・どうした」という観点で行う、簡単なスピーチの仕方について学習している。その学習を生かして、詳しく書くように指導した。また、書かせていく中で、たくさん付箋が書ける体験やあまり付箋が書けない体験を見つけさせ、スピーチしやすいのはどの体験なのかについても考えさせた。

1 前時のノートから、自分の伝えたい体験を選び、付箋に詳しく書く活動の様子。

2 スピーチの順序について相談し合う活動

2時間授業の2時間目として、ワークシートに付箋を貼り付け、どういう順番でスピーチすれば、話すことが伝わりやすいかということについて、相談し合う活動を行った。「このつぎはなにしたの」といった質問から出来事を時系列に貼るとわかりやすいという考えや、「おいしいものってなにをたべたの」といった質問から内容をもっと具体的にしたほうがよいという考えなどが出てきていた。

2 友だちのワークシートについて質問している様子。

3 ワークシートをもとにスピーチを練習する活動

ワークシートに付箋を貼り終え、順序について納得がいった段階で、児童はペアを作り、それぞれスピーチの練習を行った。相手のスピーチのよかったところや、もっとこうするとよいと思うところについて、意見を伝え合い、そこでまた順序の入れ替えや、付箋を増やすことなどを考え、ワークシートを作成していった。多くの友だちと練習し合うことで、どんな順序で伝えるとよいのかについて、深く考える機会が得られた。

3 各ペアに分かれて、ワークシートをもとにスピーチの練習を行っている様子。

終末場面における留意点

終末場面では、本時の学習のまとめとして、物事を説明する際に、順序（シーケンス）の考え方を活用し、話す内容を適切に分け、順序立てて整理すると、わかりやすく説明できることを確認した。感想を聞いてみると、児童たちにとって、本時のようなワークシートのかき方は初めてであったが、思いのほか柔軟に活用できており、わかりやすい説明も追究できていたように感じられた。

板書例

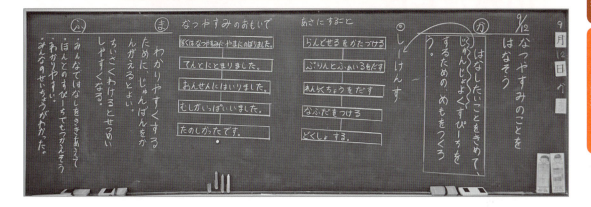

児童の振り返り

みんなで はなし を ききあえて、たのしかった。	ほんばんのスピーチでもワークシートがつかえそうだった。
ワークシートに、じょうずにメモをつくることができてうれしかった。	ともだちによくきいてもらえて、れんしゅうするのがたのしかった。
ちいさくわけて、じゅんばんをかんがえると、わかりやすいスピーチができた。	ワークシートをみたり、スピーチをきいたりして、みんなのせいちょうがわかった。
なつやすみのおもいでをたくさんおもいだすことができた。	わかりやすいスピーチをがんばってがんばってかんがえた。

 専門家のコメント

小林 祐紀（茨城大学）

　「順序（シーケンス）」の考え方を取り入れた黒羽教諭の実践は、話したいことを小さく分けたり、順序を入れ替えたりといった十分な体験活動を通して、子どもたちが考えることのよさを学んでいる点に特徴があります。さらに、友だちと相談したり確認したりして相互作用のよさも生かそうとしています。低学年にとっても扱いやすく操作性のよい付箋紙を用いることで、子どもたちは実際に動かしながら、対話していたことでしょう。スピーチの練習の際にもワークシートは活用されています。このような実際の活用を通して子どもたちは、順序の考え方のよさを感じていきます。プログラミングの考え方に初めて出会う学年の授業として、大変参考になる授業です。

第1学年　算数科　3 プログラミング的思考

このかたちはどんなかたち？

黒羽 諒
那珂市立芳野小学校
教諭

学習目標	立体図形について、形以外の属性を捨象して、立体図形の形の特徴を捉えることができる
育てたいプログラミングの考え方	●フローチャートを用いて立体図形を機能的な側面で分類できる　【順序（シーケンス）】【条件分岐】 ●各分類に命名することで、図形が整理しやすくなることを理解する　【抽象化】

単元構成「いろいろなかたち」	
第1次	具体物で物を作ったり遊んだりする
第2次	作ったり、遊んだりした具体物について発表する
第3次	立体を分類し、命名する（本時）
第4次	立体の面を使って、絵を描く
第5次	図形に色を塗る活動を通して、平面図形の特徴を捉える

実践の概要

　本実践は、立体の分類の仕方を表したフローチャートを活用して、様々な立体図形を分類し、それぞれの分類に命名する活動を通して、児童が根拠を持って図形の分類を行うことや、命名することにより図形が整理しやすくなることに気付くことを目指している。児童は立体図形の機能的な側面（積み上げられる、転がせる）に着目して、分類の根拠を述べることができていた。また、適用練習の"かたちあてゲーム"では命名した分類を用いて、ゲームを楽しむことができていた。

準備物・ワークシート

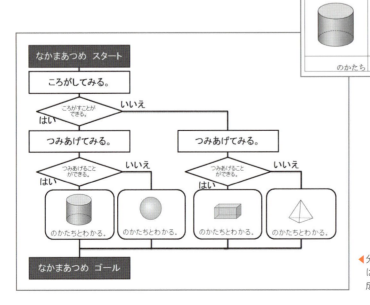

▲児童には、各分類の名前を書けるワークシートを配布した。シートは、ノートに貼り付けられるサイズにし、ノートの中でまとめられるように配慮した。

◀分類の仕方を表したフローチャートは、プレゼンテーションソフトで作成し、液晶テレビに映して見せた。

授業の流れ

本時の展開	指導上の留意点 ◎論理的思考に関わる働きかけ
1　本時の課題をつかむ。 (1) 前時に作った具体物を見て、学習したことを思い出す。 　　にているかたちをあつめて、なまえをつけよう。 (2) 本時は箱や缶、1つ1つの形に着目し、仲間集めをすることを伝える。	●前時に行った形作りの学習を振り返り、立体の機能的な面について、簡単にまとめたことを想起させる。 ◎教師が用意した立体をフローチャートを用いて、実際に分類して見せ、本時の活動について見通しを持たせると共に、分類の根拠を持たせる。
2　持ちよった立体で、形の似ている物の仲間集めを行い、各集まりに名前を付ける。 (1) フローチャートを用いて、各自が持ちよった箱や空き缶を似た形ごとに分類する。 (2) 立体の形に着目し、分類した結果について話し合う。 (3) 各分類ごとに名前を考え、ワークシートに書く。 (4) 分類ごとの名前を発表し合い、どの名前がわかりやすいか話し合い、名前を付ける。	◎持ってきた立体を積み上げたり、転がしたりしながら、フローチャートの流れを追わせることで、なぜこの立体がこの分類になるのかを意識させる。 ●用途、材質、色、大きさなどは無関係であることを確認し、仲間集めの観点をはっきりと意識できるようにする。 ●立体の形（平ら、丸い）や機能性（転がる、積み上がる）などを意識しながら話し合えるように、声をかける。 ●児童のつぶやきを取り上げ、日常的な言葉で各分類に、親しみやすい名前を付けられるようにする。
3　"かたちあてゲーム"を行う。 (1) 穴の開いた段ボールの中に手を入れて、入っている立体を、手探りで1つ選ぶ。 (2) 選んだ立体は、どの分類なのかについて、答えとわけをいう。	◎かたちを当てる際に、抽象化した各図形の特徴を思い起こさせる。 ●グループで活動を行うことにより、だれもが自分の言葉で伝え合えるように支援する。
4　本時の学習をまとめる。 (1) 各分類に付けた名前と、その理由について、全員で確認する。 (2) 3つの図形の特徴をもとに、立体を抽象化すると、整理しやすくなることを、全員で確認する。 (3) 本時を振り返り、わかったことや考えたことを発表する。	●各分類の形や機能性の特徴をもう一度しっかり押さえられるようにする。 ●身の回りの物が、本時の4種類とその他の形に分類できることを確実に押さえる。 ●振り返りを文章でまとめることが難しいため、児童の発言を他の児童に広げることで振り返りを行わせる。

授業のポイント

1 フローチャートを活用した立体の分類

授業の導入の場面で、フローチャートを用いた立体の分類の仕方を説明した。立体は4つのグループに分類することとし、まず転がせるかどうか、次に積み上げられるかどうかを児童一人ひとりが持ってきた立体について確かめることにした。実際に分類してみた後、児童になぜその分類にしたのか質問したところ、立体に対応して、転がせることや積み上げられることを根拠として述べていた。

1 フローチャートを用いて、自分の持ってきた箱を分類する活動の様子。

2 形の特徴に着目して命名する活動

立体の分類を行った後、それぞれの分類について、その形の特徴を表すような名前を考えさせた。児童は、それぞれの生活体験をもとに、円柱に「土管の形」や「いすの形」、球に「ボールの形」や「まんまるの形」、直方体に「お家の形」や「箱の形」、角錐に「テントの形」や「ピラミッドの形」というような名前を考えることができた。それぞれの発想を大切に取り上げることで、活動への達成感を持てるように配慮した。

2 形の特徴に着目して、分類ごとに命名する活動の様子。

3 適用練習として"かたちあてゲーム"を行う。

適用練習として、穴の開いた段ボール箱を用いて、そこに立体を入れ、手探りでどの分類に属する立体かを当てる、"かたちあてゲーム"を行った。フローチャートを使った活動を通して、3つの特徴で図形を抽象化できることを確認した。その後、"かたちあてゲーム"で実際に3つの特徴をもとに立体を分類させ、抽象化することで簡単に整理できることに気付かせようとした。

3 命名された分類をもとに"かたちあてゲーム"を行っている様子。

終末場面における留意点

本時のまとめとして、各分類の名前と機能性について押さえ、フローチャートでわかりやすく分類できたことや抽象化により立体を分類しやすくなることを確認した。抽象化の考えは、本時だけでは理解が難しく感じられたため、他教科・他単元でも取り上げて指導していく必要があると考えられる。

板書例

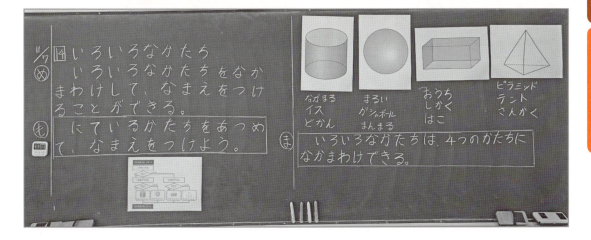

児童の振り返り

いろいろなかたちをみんなでわけるのが たのしかった。	フローチャートをつかうとかたちをじょうずにわけられた。
かたちのわけかたをフローチャートでじょうずにせつめいできた。	たくさんのはこをフローチャートですばやくわけられてよかった。
みんながいろんなかたちにおもしろいなまえをつけていて、すごかった。	かたちあてゲームをともだちとなかよくできてよかった。
いろいろなはこがにているかたちでわけられて、すごかった。	かたちあてゲームで、こたえがすぐにあてられて、うれしかった。

 専門家のコメント

臼井 英成（那珂市教育委員会）

　黒羽教諭の本実践では、小学校1年生の児童の発達段階を踏まえ、条件分岐（条件によって作業を切り替える）の考え方で作ったフローチャートを準備し、そのフローチャートをもとに立体図形を分類する活動を設定しています。児童は、条件分岐の考え方にのっとって、立体図形の機能的な側面「転がるか転がらないか」「積み上げることができるか、できないか」から判断して、立体図形を4種類に分類しています。また、形状の特徴に視点を当てて、4種類に分類した立体図形に名前を付けるなど、抽象化（物事の性質や手順のまとまりに名前を付ける）の考え方にも触れています。このように機能的な側面と形状の特徴の両面から立体図形を豊かに学ぶことができた実践といえます。

第1学年　算数科　このかたちはどんなかたち？

第1学年　学級活動　3 プログラミング的思考

みんなでめざせ！
給食の準備マスター！

黒羽 諒
那珂市立芳野小学校
教諭

学習目標	(2) キ　食育の観点を踏まえた学校給食と望ましい食習慣の形成 ●安全に配慮しながら、友だちと協力して能率的に配膳できる
育てたいプログラミングの考え方	順序（シーケンス）と条件分岐の考え方を用いて、給食の準備や片付けの手順を図に表すことができる 【順序（シーケンス）】【条件分岐】

単元構成「はなそう、きこう」	
第1時	今までの給食を振り返り、課題を見つける
第2時	能率的な給食の準備の手順表をつくる（本時）
第3時	手順表を使ってみて、気付いたことを話し合う

実践の概要

　本実践では、よりよい給食の準備の仕方について考え、フローチャートで表現する。その活動を通して、給食の各手順を並べ替えたり、足りない手順を補ったり、児童の動きを条件分岐で分けたりしながら、順序（シーケンス）や条件分岐を用いて考えることのよさに気付くことを目指している。実践してみたところ、児童はフローチャート作りを楽しみながら行い、各グループから「あれがたりない」「こうするといい」などのつぶやきが聞こえており、能動的に思考している様子が見られた。

準備物・ワークシート

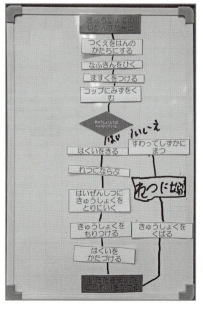

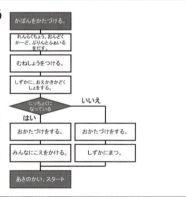

▲フローチャートの作り方についてのスライドをプレゼンテーションソフトで作成し、液晶テレビとタブレットPCを用いて説明した。導入の場面で全体に指導を行った。

◀A3サイズのホワイトボードに、給食の手順を印刷したマグネット、ホワイトボードマーカーを準備した。並べ替えや書き足しは、自由に行うように声をかけ、児童が進んで工夫できるように配慮した。

授業の流れ

本時の展開	指導上の留意点 ◉論理的思考に関わる働きかけ
① 本時の課題をつかむ。 (1) 前時の話し合いで見つけた給食の課題や提示された写真などから、本時の課題を確認する。 (2) 教師の凡例をもとに、手順表の並べ方や作り方を確認する。	●提示する写真は、課題とする場面だけでなく、よくできていた場面も取り上げ、がんばって身に付けてきたことをほめるところから始める。 ◉教師の凡例として、液晶テレビにフローチャートの作り方を実際に映してみることで児童に今後の活動のイメージを持たせる。
② グループに分かれ、ホワイトボードとマグネットを用いて、上手な給食の手順を考える。 (1) 給食当番でない児童が給食の時間にどのような手順で準備を行うかグループで相談して考え、ホワイトボードにマグネットを貼り付ける。 (2) 給食当番になっている児童についても、給食の準備の手順を考え、ホワイトボードにマグネットを貼り付ける。 (3) 2つの手順を比べ、どこの手順まで一緒なのかを考え、どこから分岐するのかを見つけ、ホワイトボードにフローチャートを完成させる。	●各グループに1組ずつ、マグネットとホワイトボードを用意し、相談しながら手順を入れ替えて、皆が素早くできる手順を作るように促す。 ●ホワイトボードマーカーも用意し、必要に応じて使ってよいことを伝え、児童の創意工夫を促す。 ◉給食当番のときとそうでないときの違いについて考えさせ、どこまで同じ手順で進めるのかに着目させる。
③ 各グループの手順表を見比べて、能率的な手順表について話し合う。 (1) 黒板に各グループのホワイトボードを貼り、同じ考えごとにまとめ、それぞれの班のよいところを発表する。 (2) どの手順がよさそうか、話し合う。	◉それぞれのグループのフローチャートについて、どこが違うのか、どこがよいのか、という観点で比べるように促す。 ●どうしてそう思うのかという理由まで発表できるように声をかけ、根拠を持って意見を出せるように指導する。
④ 本時の学習についてまとめと振り返りを行う。 (1) できあがった手順表を確認し、この手順で給食の準備を素早く行っていこうという気持ちを高める。 (2) 学級全体で給食当番になっているかいないかという条件によって作業が切り替わることを確認する。 (3) 本時を振り返り、わかったことや考えたことを発表する。	●自分たちで作った手順表を大事にしていこう、皆で守ろうという気持ちを持てるように配慮する。 ●文章でまとめることが難しいため、児童の発言を他の児童に広げることで振り返りを行わせる。

授業のポイント

1 フローチャートの作り方について全体に指導

授業の導入で、本時に作成するフローチャートの作り方について、全体で確認した。題材として、朝、学校に来てから朝の会が始まるまでを取り上げ、日直の児童と日直ではない児童で活動内容の条件分岐を行った。フローチャート作成の決まりごとについても、ポイントを絞って指導を行い、グループ活動中にいつでも振り替えられるように液晶テレビに提示しておいた。

1 液晶テレビとタブレットPCを用いて、フローチャートの作り方について映している様子。

2 グループで相談しながらフローチャートを作成

フローチャートの作成は、各グループで行った。各グループにA3サイズのホワイトボードを用意し、そこに貼り付けられるように、給食の手順（たとえば、机を班の形にする、コップに水をくむなど）をマグネットにしたものを渡した。話し合っていく中で、用意したマグネット以外に給食の準備に必要な手順が考えられた場合は、ホワイトボードマーカーで書き加えてよいことにし、児童が工夫できるようにした。

2 各グループで話し合いながら、フローチャートを作っている様子。

3 各グループのフローチャートを比較検討

お互いのフローチャートを見合い、違うところやよいところを発表する活動を行った。比べてみると、書き加えている内容や、準備が細かく違っていた。なぜ、その手順にしたのか、根拠を児童に問うと、それぞれ理由があり、簡単な議論を行うことができた。話し合うことで、よりよい手順について考えが深まるとともに、自分たちで手順を作ったという気持ちの高まりが見られた。

3 できあがったフローチャートを比べて、よりよく作りあげようとしている様子。

終末場面における留意点

まとめとして、児童たちと本時に作成したような図をフローチャートと呼ぶことや、フローチャートにはスタートとゴールがあり、途中の手順が四角で、条件分岐が斜めの四角（ひし形）で表されることを確認した。児童たちは条件分岐の考えを取り入れたフローチャートを作成するのは初めてだったが、自分たちで見て作れてわかりやすかったことや工夫できたことなどが事後の感想として挙がり、行動を見直す際のツールとして有用であることがうかがえた。

板書例

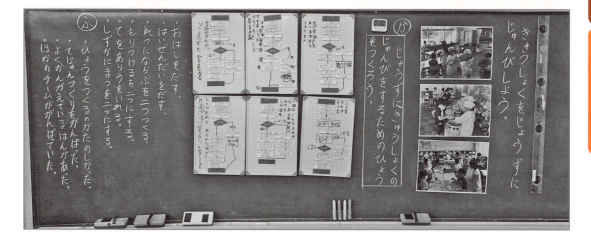

児童の振り返り

- ともだちとはなしあいながら、てじゅんひょう をつくるのがたのしかった。
- つくった てじゅんひょう をみんなでちゃんとまもりたい。
- きゅうしょくのじゅんびのしかたについて、よくかんがえている はん があった。
- たりないところをみつけて、くふうして てじゅんひょう がつくれた。
- ともだちときょうりょくして、てじゅんひょう をつくるのをがんばった。
- きゅうしょくのじゅんびのしかたがまえよりよくわかるようになった。
- フローチャートを見くらべると、ほかのはんががんばっているとおもった。
- じぶんたちのてじゅんひょう がほめられてうれしかった。

 専門家のコメント

小林 祐紀（茨城大学）

　「順序（シーケンス）」「条件分岐」の考え方を取り入れた黒羽教諭の実践は、グループごとに準備されたホワイトボードとマグネットを使って、順序立てて考えたり、条件によってやるべき行動の違いを考えたり、子どもたちが対話を通して学んでいる点に特徴があります。本実践において、フローチャートはやるべき行動を可視化するためのツールです。そして、可視化するからこそ、考えを伝え合ったり、他のグループと交流したりすることができます。1年生であっても、子どもたちはここまでできるのだ！ということを示す好事例（グッドプラクティス）といえます。

第2学年 　国語科　　3 プログラミング的思考

はっけん！ことばのふしぎ

藤原 晴佳
古河市立大和田小学校 教諭

学習目標	仲間になる言葉に関心を持ち、言葉を集めたり分類したりすることができる
育てたいプログラミングの考え方	同じ種類の言葉には、まとまりになる言葉があることに気付く　【抽象化】

単元構成「なかまになることばをあつめよう」	
第1時	なかまになることばって？
第2時	なかまになることばを考えよう
第3時	なかまになることばをあつめよう（本時）

実践の概要

「くだもの」などの抽象的な言葉から連想される具体的な言葉とは、「りんご・バナナ・みかん」などである。本単元では、このように抽象的な言葉から思い出すことのできる具体的な言葉を「仲間になる言葉」として扱っている。前学年では、「くだもの」や「乗り物」など、比較的生活の中で目にしているものを扱ってきた。本実践では、さらに視野を広げて「季節」や「方角」などの身の回りの言葉から、仲間になっている言葉に触れたり、探したりする活動を取り入れることで、抽象化と具体化の関係性をつかむことができるようにした。

準備物・ワークシート

▲仲間分けに使った絵カード。言葉だけでなく、イラストを見せることで、より仲間の分類がしやすくなった。また、体験活動を取り入れることで、意欲を高めることもできた。

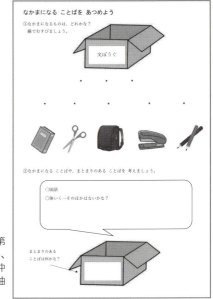

▶抽象化の考え方を生かしたワークシート。第1段階として、「文房具」になるものを探し、線で結べるようにした。第2段階として、仲間になる言葉を探し、最後にまとめとなる抽象化した言葉を考えられるようにした。

授業の流れ

本時の展開	指導上の留意点 ◉論理的思考に関わる働きかけ
① 課題の確認をする。 　なかまになる ことばを あつめよう。	●前学年で既習した学習を想起させ、仲間になる言葉について考えることができるようにする。
② 仲間になる言葉を考える。 (1) ワークシートを使い、文房具の仲間になるイラストを選び、線で結ぶ。 　●文房具だから、はさみや鉛筆かな？ 　●本はどうだろう？ (2) 絵カードを使い、同じ仲間に分ける。 　●キャベツは野菜だから、他には大根などがあるね。	●ワークシートや絵カードを使い、言葉だけでなく視覚化を図ることで、児童にイメージを持たせることができるようにする。 ●生活の中で目にする身近な課題を取り入れることで、仲間分けしやすいようにする。
③ 教室や本などの身の回りにある言葉から、仲間になる言葉を探す。 ●曜日の仲間に、月火水木金があるよ。 ●教科の仲間には、他にも音楽などがあるね。	●仲間になる言葉をさらに広い視野で見つけることができるように、教室内を自由に歩くことを促す。 ●なかなか見つからない場合には、教師が助言をし、気付かせるようにする。
④ 具体的な言葉から、抽象的な言葉を考える。 (1) 教室で飼育している生き物（ダンゴムシなど）の食べ物を、図鑑や資料を使って調べ、付箋に書き出していく。 (2) 書き出したものから、まとまりのある言葉を考える。 　●すべてダンゴムシが食べるものだから…。	●学級で飼育するために採取した生き物の生態について調べ、わかったことを付箋に書き出し、同じ仲間ごとにグルーピングする。 ◉グルーピングしたものに、それぞれまとまりのある言葉を付け足していく。 ◉生活の中で目にする身近な課題を取り入れることで、抽象化できるようにする。
⑤ 振り返りを行う。 ●仲間になる言葉は、詳しくわかるね。 ●まとまりのある言葉は、たくさんイメージしやすいね。	●学習を振り返り、仲間になる言葉は、同じまとまりのある言葉の中にあることに気付かせる。 ◉抽象化を行うことで、細かく説明しなくても、短い言葉で相手に簡単に伝わることに気付かせる。

授業のポイント

1 仲間になる言葉に気付く工夫

1つの抽象的な言葉に対して、具体的な複数の言葉を考えるため、ワークシートや絵カードを使用した体験活動を多く取り入れた。普段の生活の中で身近に関わっている「文房具」などの抽象的な言葉を取り入れたことで、具体的な言葉を考えやすくなったようである。また、「家族」という抽象的な言葉に対して、自分の家族構成を考えながらノートに書き出していくことで、その関係性に気付くことができるようにした。

1 絵カードから、同じ仲間になるものを探す活動。

2 身の回りから、仲間になる言葉を探す活動

仲間になる言葉を集めるため、教室にある掲示物やワークシート等を手がかりとして、具体的な言葉を集める活動を行った。あるグループは、「教科」の仲間になる言葉として、国語や算数などの言葉を探すことができた。また、あるグループでは、「生き物」の仲間になる言葉を、図鑑を使って調べながら、ライオンやキリンなど様々な動物を見つけることができた。このようにして、自分たちのまわりにある言葉に目を向け、抽象的な言葉と具体的な言葉の関係性に気付くことができた。

2 身の回りの言葉から、同じ仲間の言葉を探す活動。

3 具体的な言葉から抽象的な言葉を考える

今までの学習とは反対に、具体的な言葉から抽象的な言葉にまとめる活動を行った。たとえば、写真3にあるように、1つの生き物でも食べるものは複数あることから、食べ物をまとめる言葉として「エサ」と表現した。また、抽象的な考え方ができるように、図やイラストを十分に用いた。このように、思考を反転させたり、図式化したり、語彙を増やすことで、児童は言葉への理解をさらに深めていった。

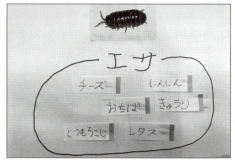

3 仲間になる言葉から、抽象的な言葉を考える。

終末場面における留意点

本単元で学んだことを生かして、自己紹介ゲームを行った。自己紹介のキーワードとして「好きなスポーツ」や「趣味」などの抽象的な言葉を設定した。児童は、抽象的な言葉から具体的な言葉を連想し、発表時には様々な言葉が飛び交った。本実践を行い、児童は抽象化のように言葉をまとめたり、具体的な言葉に細分化したりしながら、言葉の面白さに気付くことができた。

板書例

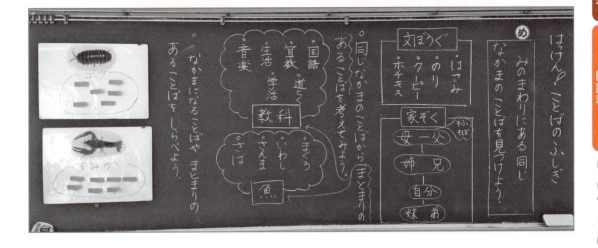

児童の振り返り

1つのキーワードから、なかまになることばを考えたことで、ことばのおもしろさに気づくことができました。おどうぐばこも、はさみやクーピーをまとめて、おどうぐというのかな？

同じなかまのことばを見つけることが、とても楽しかったです。あまり考えないでつかっていたことばも、なかまになることばや まとまりのあることばに分けられることを知りました。

まとまりのあることばをつかうことで、たくさんせつめいしなくても、友だちに つたわることがわかりました。それを ちゅうしょうか ということも わかりました。

みのまわりには、なかまになることばがたくさんあることがわかりました。スーパーにも、くだものコーナーにりんごやバナナがまとまってうられています。もっと、なかまになることばを さがしていきたいです。

 専門家のコメント

小林 祐紀（茨城大学）

「抽象化」の考え方を取り入れた藤原教諭の実践は、一見すると2年生には難しいと思われる抽象化と具体化の概念（考え方）を身近なものを例にして、わかりやすく指導している点に特徴があります。具体的な言葉から抽象的な言葉にまとめる学習活動だけではなく、逆思考も行うことで、子どもたちは二者の関係性に気付いていったことでしょう。子どもによって、具体化する言葉は異なります。友だちと関わり合いながら学習を進めることで、多くの言葉に触れることになります。振り返りからは、この学習を通して、言葉への関心が広がったことが読み取れます。

第2学年　算数科　3 プログラミング的思考

たし算のしかたを考えよう

藤原 晴佳
古河市立大和田小学校
教諭

学習目標	一の位がくり上がる2位数と1位数の加法の計算方法を理解し、筆算で計算できる
育てたいプログラミングの考え方	シーケンスの考え方を使って、正しい計算の順序を考えることができる【順序（シーケンス）】

単元構成「2けたのたし算」	
第1次	2けたのたし算
	第3時 くり上がりのある筆算（本時）
第2次	たし算のきまり
	まとめのれんしゅう

実践の概要

　本実践は、たし算の筆算のしかたをより細分化し、1つ1つ付箋に書いて視覚化したことによって理解を促した。前時には、2位数＋2位数のたし算の筆算を学習しており、位ごとに足せばよいことを理解している。しかし、くり上がりがあると作業が1つ増え、計算が複雑になる。筆算の順序を確かめたり、くり上がりを忘れないようにしたりするために、順序（シーケンス）の考え方を活用し、筆算の作業を細分化し順番に計算する活動を取り入れることで、筆算を行うときの足がかりとなるようにした。

準備物・ワークシート

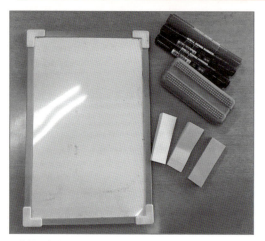

▶筆算の仕方を書いて貼るためのミニホワイトボード・付箋。毎時間、授業の中で付箋を書いて付け足したり、入れ替えたりできるようホワイトボードを利用した。

せんめんじょに行く

はぶらしをとって
はみがきこをつける

じぶんの はを みがく

はみがきこが なくなるまで
うがいする

せんめんじょを 出る

▶歯みがきの手順を正しく並べ替えるゲーム。順序についての理解を深めるため、身近な「歯みがき」の順序を考えるために使用。児童が話し合って5項目を並べ替える。

＊参考文献：ルビィのぼうけん（ISBN 978-4-7981-4349-1）

授業の流れ

本時の展開	指導上の留意点 ◉論理的思考に関わる働きかけ
① 本時の課題をつかむ。 　35＋28のひっさんのしかたをマスターしよう。	●前時までに学習した、たし算の方法を押さえる。 ●どんな計算をすればよいか、既習事項を確認しながら見通しを持つようにする。
(1) 35＋28の計算のしかたを考える。 　●35を30と5、28を20と8に分けたね。 　●数のまとまりごとにたし算を行ったね。	●既習事項の中から、同じ位で足せばよいという計算原理を押さえるようにする。
(2) 35＋28を筆算で考える。 　●くり上がりが出てきているね。	●前時のくり上がりを思い出し、一の位の和が10より大きくなるときはどうなったか考えるようにする。 ◉これまでにまとめた筆算のしかたを友だちと確認し合い、何を追加したらよいかに気付くようにする。
② 順序（シーケンス）の考え方を活用し、筆算のしかたをまとめる。 　ひっさんの手じゅんを たしてみよう。	
(1) 歯みがきのしかたを考え、順序（シーケンス）の考え方についての理解を図る。 　●歯みがきのしかたで、最初に行うものは何だろう？ 　●順序よく考えることで、うまくいったね。	◉日常生活での行動を順序よく考えることで、順序（シーケンス）の考え方を押さえていく。 ◉順序（シーケンス）の考え方を押さえるために、身近な課題で順序よく並べ替える活動を行う。
(2) 順序（シーケンス）の考え方を活用し、筆算のしかたをまとめる。 　●くり上がりの手順を追加しよう。 　●順序に気を付けて書いてみよう。 (3) まとめた筆算のしかたで友だちに解いてもらい、正しいアルゴリズムができているか確認する。 　●計算が正しくできたよ。 　●数が変わっても、筆算ができるね。	◉順序に気を付けて、言葉を付箋に書くことができるよう、声かけをしていく。 ●つまずいている児童には、キーワード（くり上がり）に気付き、必要な手順の言葉を書くことができるようにする。
③ 正しい筆算方法を確認し、本時のまとめを行う。 (1) 筆算で、どのように計算したか説明をする。	●まとめた手順通りに、計算のしかたを発表することで、計算方法を定着させていく。 ●付け加えた手順の説明や変更した順番も全体で共有する。
(2) コンピュータとのつながりを意識する。	◉順序よく筆算のしかたを書くことで、自分や相手に伝わるよさを知る。
(3) 振り返りをノートに書いてまとめとする。	●本時の目標であった「たし算の筆算のしかた」を意識させ、計算することができたか振り返りを行う。

授業のポイント

1 筆算の手順を付箋に書き出す活動

筆算の手順を書き出した付箋を活用した。青色付箋には「位をそろえて書く」「一の位を足す」といった筆算で中心的な役割を果たすものを、黄色付箋には筆算を書く作業を細分化したものを、そして赤色付箋には本単元において重要な繰り上がりを記している。学級全体で話し合いながら順序（シーケンス）の考え方を活用して筆算のしかたをまとめ、全員で共有することで、正しい筆算の手順を理解することにつながった。

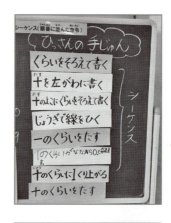

1 たし算の筆算の手順を3色に分けた付箋に書き出していく。

2 手順を意識して筆算を行う

全員で共有した筆算のしかたを、児童一人ひとりが「筆算の手順」として画用紙に付箋を貼りながら作成した。それを使いながら、個人で筆算する際に確認に用いたり、計算した後の確かめとして用いたりしていた。一人ひとりが筆算のしかたを手順としてまとめることで、それを授業中に使用したり、自宅に持ち帰って家庭学習で使用したりすることもできた。板書や掲示だけではなく、児童がいかに自分のものとして活用していけるかが大切であると感じた。

2 自分でまとめた筆算の手順を確かめている児童。

3 筆算の手順と理由を全体で共有する

まず、個人で「筆算の手順」を使いながら計算し、答えを出す。その後、グループで自分の考えを共有し合い、答えの確認や筆算の順序を確かめていき、必要であれば付箋を付け足したり、並べ替えたりする活動を行った。一の位同士を足して10以上になる場合には、一の位を足した後に「くり上がり」の手順を入れると間違えずに計算できることを、根拠付けをしながら考えることができた。

3 順序を意識して細かく筆算の手順を説明している児童。

終末場面における留意点

本学級では、シーケンスの考え方を活用してまとめた手順で毎時間、筆算を使って計算問題を解き、グループ内で練り合いながら、順序を確認したり答えを確認したりして説明する活動を行った。また、授業のまとめにおいて、洗濯機などの身近なコンピュータも、「スタート→洗い→すすぎ→脱水」などと、順序よく動作していることを関連付けて話をした。児童は、順序よく動作している身の回りのものを探し出そうと、意欲的な姿勢を見せていた。

板書例

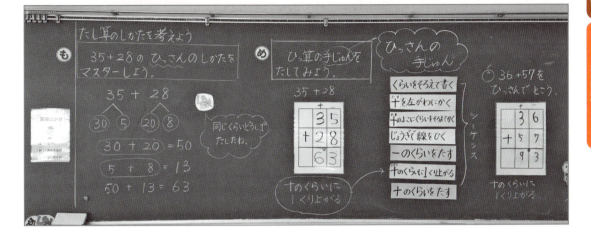

児童の振り返り

2年生になって、たす数が大きくなり、けい算が難しかったです。でも、じゅんじょを まもって けい算したら、まちがえないで こたえを 出すことが できました。

じゅんばんに、くらいごとに たしていけば いいことや、たして10より 大きくなっても くり上がりを して けい算していけばいいことがわかりました。

くり上がりを、いつやればいいのかわかりませんでした。でも、みんなでじゅんじょを話し合ったり、ホワイトボードにひっ算をけい算したりして、くり上がりをするじゅんじょがわかりました。

ひっ算のしかたを、じゅんじょどおりにやればできました。生活の中だけじゃなく、べんきょうにも じゅんじょの 考え方が あるのだとわかりました。

 専門家のコメント

小林 祐紀(茨城大学)

「順序(シーケンス)」の考え方を取り入れた藤原教諭の実践は、筆算の順序と操作内容を明確にするために、付箋紙の色を区別して算数的活動に取り組ませている点に特徴があります。さりげない工夫ですが、このことにより児童は本時においてもっとも重要な「十の位に1くり上がる」ことをきちんと学ぶことができます。また、計算するための順序を考える際にも、1枚の付箋紙には1手順というルールを作ることで、どうすれば正しい順序になるのか、新しく手順を挿入する場所をどこにすればよいのかといったことを検討しやすくなります。子どもたちが主体的に学習に向き合っている姿が想像できます。

第2学年　算数科　3 プログラミング的思考

さがしだそう！
いろいろな形！

藤原 晴佳
古河市立大和田小学校
教諭

単元構成「三角形と四角形」	
第1次	三角形と四角形
第2次	長方形と正方形
第3次	直角三角形
第4次	もようづくり
	第9時 いろいろな図形を見分けよう（本時）

学習目標	正方形、長方形、直角三角形の用語や構成要素（辺、頂点、直角）、定義や性質について理解することができる
育てたい プログラミング の考え方	それぞれの図形を見分けるための構成要素を考え、要素ごとにまとまりや違いを見つけ、仲間分けすることができる 【条件分岐】

実践の概要

　本実践は、図形を見分けるために、プログラミングの考え方を活用することによって、構成要素や性質をより着目できるようにした実践である。単元の中では、1つ1つの図形を分けて学習していく。しかし、生活の中では、様々な図形に囲まれているため、多くの図形から1つの図形を見分ける力が必要だと考えた。
　そこで、様々な図形の特徴を洗い出し、振り分けていくことに最適な条件分岐の考え方を用いることとした。授業で用いるための手だてとして、前時までにベン図を使用し、それぞれの図形（長方形や正方形など）が持つ構成要素を1つ1つ整理し、深い理解へとつなげた。

準備物・ワークシート

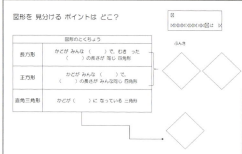

▲図形の特徴を整理するためのワークシート。また、そこから共通項を見いだし、判別（ひし形）に書き込めるようにした。

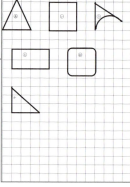

▶図形をマス目に沿ってWordで書いたもの。色厚紙で印刷することによって、角度を測ったり長さを比べたりして、児童が振り分けやすくなる。

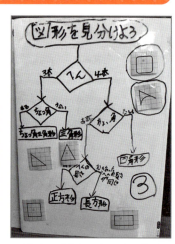

▲A2サイズ程度のホワイトボード。フローチャートを書く際に使用。様々な図形を振り分けた際、テープで貼り付けて使用した。

授業の流れ

本時の展開 | 指導上の留意点
◉論理的思考に関わる働きかけ

① 今までの学習を振り返る。
- ベン図※（右図）を使って、図形を見分けたね。

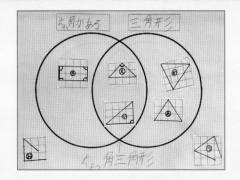

② 課題の確認をする。

いろいろな図形を見分けよう。

③ グループごとに分かれ、それぞれの図形の構成要素を考える。
- すべての辺が同じなのは正方形だけだね。
- それぞれの図形の直角の数はいくつ？

● ベン図の4つの領域（長方形、直角三角形、三角形、それ以外）を用い、視点を確認する。
● それぞれの図形の特徴を考えながら、どんな分岐が必要になってくるかを話し合う。

④ 図形の特徴を整理するためのフローチャートを考える。

(1) グループごとにフローチャートを書く。
- 四角形と三角形は、どんな視点で長方形や正方形に分けられるんだろう。

　● 直角の数
　● 辺の数

● 条件分岐の考え方を用いて、グループごとにフローチャートを作成する。
● 各グループに1枚ずつホワイトボードを使用する。
◉ フローチャートに表すことで、条件分岐の考え方や、図形の構成要素について見直すことができるようにする。
◉ フローチャートのルールを提示しておくことで、フローチャートを書くときの手助けになるようにする。

(2) 他のグループに発表し、練り合う。
- 最初に分ける視点は辺かな？

⑤ 完成したフローチャートを用いて、様々な図形を見分ける。
- 辺の数は何本かな？
- 三角形だから、まずは直角を確認しよう。

◉ 様々な図形を、フローチャートをたどりながら判別していく。

⑥ まとめ

図形を見分けるときには、へんの数や長さ、直角をかくにんすればよい。

◉ 見分ける視点を押さえながら、条件分岐や順序について押さえるようにする。

⑦ 振り返り
- 直角や辺の数で、図形が見分けられることがわかったよ。

◉ 条件分岐の考え方は、天気によって傘を用意する・しないなどを決めるなど、生活の中で多く使っている考え方であることを押さえる。

※ベン図とは、部分集合や集合の範囲を視覚的に表したもの。イギリスの数学者ジョン・ベンによって考案された。

授業のポイント

1 それぞれの図形の特徴を整理

本時までに、三角形や四角形をはじめとして、長方形や正方形、直角三角形を学習してきた。様々な図形を見分けるために、前時までに使用したベン図やワークシート等を振り返ることで、もう一度図形の特徴を整理し、共通しているところや違いを考える活動を導入で取り入れた。図形を見分けるためには、辺の数や長さ、直角の角の数などの図形の特徴の視点を置けばよいことに気付くことができた。

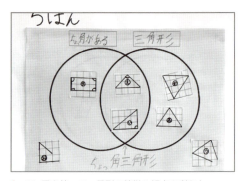

1 ベン図を使って、図形の特徴や視点を考えた。

2 フローチャートを書く活動

それぞれの図形に共通している特徴を考え、さらに順序よく見分けるために、考えが視覚化されたフローチャートを取り入れた。判別（ひし形）に入る言葉を考える際、様々な図形の直角の角の数と辺の数や長さについて毎時間押さえてきたことにより、視点が絞られていたように感じる。また、完成したフローチャートを他のグループと見せ合って考えることで、より深く考えることができた。

2 グループに分かれて、視点を考えながらフローチャートを書く。

3 フローチャートを使って図形を見分ける活動

完成したフローチャートを使って、図形を見分けていく。まず、三角形と四角形を見分ける必要があるため、最初の分岐で辺の数を見分ける。次に、直角の角の数を見分け、さらに視点を絞っていく。このようにして、児童が話し合いながら、根拠を持って見分けていく。フローチャートを活用したことにより、見分ける視点が視覚化されているため、児童が混乱することなく、見分けることができた。また、辺が曲線になったり、つながっていない図形も、どれにも分類されないことに全員が気付くことができた。

3 視点を見ながら、様々な図形をグループごとに判別していく。

終末場面における留意点

条件分岐の考え方は、生活の中で多く取り入れている考え方である。たとえば、天気予報を見て、晴れなら何も持たず、雨なら傘を持って出かける。このように普段の生活の中で、すでにプログラミング的思考をしていることや条件分岐の考え方で、より複雑な課題が解決できることに気付かせようと心がけた。

板書例

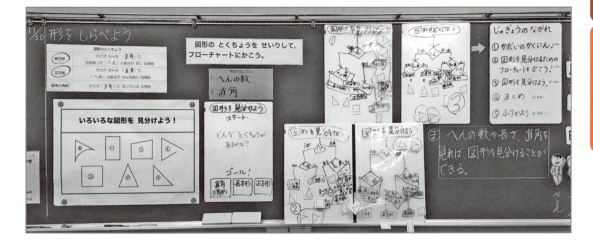

児童の振り返り

> フローチャートを使うことで、図形を見分けやすくなりました。図形にも とくちょうがあることや とくちょうごとにせいりしていけば 図形が見分けられることも わかりました。

> してんを考えてフローチャートを書くことができました。それから、へんの数や長さ、直角を見れば、図形を見分けることができることがわかった。

> 分きの考え方で、図形が見分けられることにおどろきました。たくさんある図形も、ひとつひとつしてんを見て分けていけば、長方形や正方形、直角三角形がわかりました。

> 算数がにが手だったけど、みんなと話し合ったり、プログラミングの考え方をつかったりすれば、図形をかんたんに見分けることができました。算数がすきになりました。

専門家のコメント

臼井 英成（那珂市教育委員会）

　藤原教諭の本実践では、長方形、正方形、直角三角形等の構成要素の共通点や相違点を明確にするために、前時に「ベン図」を用いたこと、本時の学習において、根拠を持って図形を分類することができるように条件分岐（条件によって作業を切り替える）の考え方を取り入れたこと、などの工夫点が見られます。

　児童は、「辺の数」「直角の有無」「辺の長さの関係」といった判断する条件（分岐）を考えたり、どのような順番の分岐をすれば正しく分類できるのかについて考えたりすることができました。このような活動を通して、図形の構成要素の理解を深めることができた実践です。

第2学年　算数科　3 プログラミング的思考

どちらが大きいかな？

藤原 晴佳
古河市立大和田小学校
教諭

学習目標	3位数の大小比較のしかたを理解することができる
育てたいプログラミングの考え方	「もし〜なら〜、そうでなければ〜」という考え方を用いて、2つの数の大小を比較することができる【条件分岐】

単元構成「100より大きい数」	
第1次	数の表し方
第2次	数のみかた
第3次	数の大小
	第1時　数の大きさを比べよう（本時）
第4次	たし算とひき算

実践の概要

本実践は、数の大小比較を行うために、比べる位を条件分岐の考え方を用い、根拠を持って見つけ出していくものである。児童は、普段の生活の中で大小比較する場面があっても、どの視点で位を比較していけばよいか理解していない。そこで、運動会の得点発表をきっかけとし、数の大小比較への関心を持たせ、数字カードを用いて実際に比較していく体験活動を取り入れることにした。その中で、どの位から比較していけばもっとも早く数の大小がわかるかを条件付けて考えた。

準備物・ワークシート

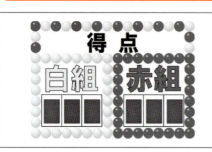

▶導入で提示した運動会の得点発表。大型ディスプレイに投影し、位ごとの得点部分に紙を貼ってめくれるようにした。

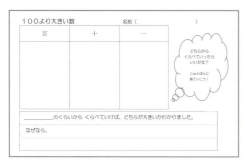

▶好きな数字カードを位ごとに置き、3位数を作るワークシート。ペア学習の際に大小比較を行うときに使用した。

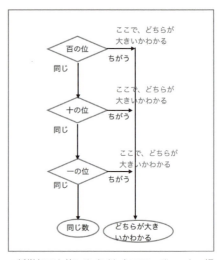

▲低学年でも使いやすくしたフローチャート。児童には、判断（ひし形）の中だけ、比較する位を考え書き入れることができるようにした。位ごとに比較を行い、矢印に従って進んでいく。

授業の流れ

本時の展開	指導上の留意点 ◉論理的思考に関わる働きかけ
1 本時の学習課題を知る。 うんどうかいの さいしゅう とくてんを はっぴょうします。どこの くらいから、紙を めくればよいでしょう。 どこのくらいでくらべたら、どちらが大きいかわかるだろうか。	●学習問題を掲示し、位ごとに大きさを比べることに気付かせる。 ●運動会の得点発表という身近な題材により、児童が興味・関心を持って、主体的に取り組むことができるようにする。 ●本時のめあてを示し、十進位取り記数法の見方・考え方に気付かせる。
2 本時のめあてを捉える。 ●一の位から順番に見ていこうかな。 ●百の位から比べればいいんじゃないかな。	●位が違うと比べられないということから、同じ位同士で見ればよいことにも気付かせていく。
3 ペアになり、それぞれ数字カードで3位数を作り、数を比べる。 ●一の位から、比べてみよう。 ●一の位より十の位のほうが大きいから、もう1回比べなくてはいけないね。	●比べる活動を取り入れることで体験的に何の位に着目したらよいかに気付かせる。 ●使うカードを指定する（1～5）。 ◉条件分岐の考え方「もしも～だったら」を使い、体験的に理解する場を保証する。
4 話し合ったことをもとに、全体で話し合う。 (1) 根拠をもとにして、順序立てて説明する。 　●百の位から比べたほうが早くわかった。 (2) フローチャートを使って、思考の可視化を図る。 　●一の位から比べると、全部の位を比べなくてはならないね。	●何の位から比較していくかについて、根拠をもとにペアで話し合い、考えを深められるようにする。 ◉低学年にも理解しやすいよう、簡単なフローチャートを用いて、児童の思考を可視化していく。 ◉フローチャートのひし形の部分に位を入れて、比較する数によって同じなら下へ、異なる場合は右へ進むようにする。
5 本時のまとめをする。 数をくらべるときには、大きいくらいから じゅんばんに見ていくと はやくわかる。	●一の位から比較するというゆさぶりをかけ、フローチャートを用いて一の位から比較していくと、すべての位を確認しなくてはいけないことに気付かせる。 ●桁数が大きくなっても、同様に大小比較することができることに触れる。 ●数の大小比較には、不等号を用いることを知らせる。
6 適用問題に取り組む。 ● 6 4 7 □ 6 5 9 ● 3 ? 8 □ 4 ? 1	●適用問題に取り組むことにより、大小比較の定着を図る。 ●本時の学習を振り返る時間を十分に確保し、自分の思考の流れを確認させる。
7 本時の振り返りをし、本時のまとめとする。 ●百のくらいから比べていけば、どちらが大きい数かわかった。 ●どんな数でも大きい数から見ればよいのは変わらない。	

授業のポイント

1 ICTを活用した導入

2年生で学ぶ数の大小比較は、どちらかというと教え込みに近く、児童が根拠を持って何の位から比較していけば、早くわかるかを説明することは難しい。だからこそ、身の回りにある題材（運動会の得点発表等）を生かして、児童が主体的に考えられる工夫を取り入れた。児童たちは何の位から比較するかを考え、それぞれ意見を出し合うことができた。また、得点発表のスライドや活動説明を可視化することで、児童が意欲的に授業に取り組むことができた。

1 児童の意欲を高めるためのICTを活用した導入。

2 ペアで数の大きさを比べる活動

数字カード（1〜5）を使って3位数を作り、予想した位から数を比較し合う活動を行った。ここで、児童たちは一の位から順に比較していくことと、一番大きい百の位から比較することの違いについて体験を通して気付くことができた。また、気付いたことを明らかにして説明できるよう、フローチャートを取り入れた。位に視点を置くことで、何の位から比較すべきかを根拠を持って考えることができた。

2 ペアで数字カードを並べている様子。カードを位の枠に並べ、大きさを比べていく。

3 フローチャートを使い、考えを全体で共有

低学年の1学期では、分岐の考え方が定着していないため、簡易的なフローチャートを用いることとした。しかし、分岐の数を減らし、順序よく比較できるようにしたことで、位に着目して比較することができた。「一の位から比べても、結局百の位まで比べなくてはいけないので、三度の手間になってしまう」とフローチャートを用いて発表する児童もいた。フローチャートを取り入れることで、思考の可視化につながり、児童は自信を持って発表することができた。

3 何の位から比べるか、自分の考えを全体で発表。

終末場面における留意点

分岐「もし〜だったら〜。そうでなければ〜」の考え方は、たとえば信号のある歩道を横断するときに「赤なら止まる、青なら進む」などと、日常的に行っていることを授業のまとめの中で話した。また、「もし、おなかがいっぱいだったら"ごちそうさま"する。そうでなければおかわりする」などと、日常生活を想起して発表する児童もいた。生活とプログラミングを結びつけながら、学習に取り入れることで、児童の意欲と関心が高まるのではないだろうか。

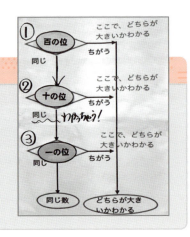

板書例

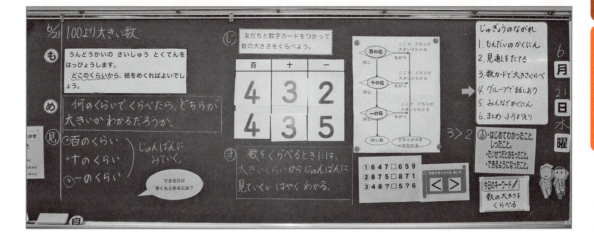

児童の振り返り

- はじめは、何のくらいから くらべていけばいいか、わかりませんでした。でも、いちばん大きい くらいを見れば、すぐに大きい数が見つけられることが わかりました。

- 分きという考え方をしり、いろいろな考え方をためすことができました。なぜ、そうなるのかがわかって、じしんをもってこたえを出すことができました。

- 分きの考え方をやったことで、大きいくらいから くらべていけばいいことを せつめいすることが できました。そして、分きはしんごうなどの まわりのコンピュータも行っているのだとしり、おどろきました。

- 友だちと数字カードをつかって、数をくらべたことで、楽しくこたえを考えることができました。小さいくらいから くらべると、じかんが かかってしまうことも わかりました。

 専門家のコメント

臼井 英成（那珂市教育委員会）

　児童は、普段なにげなく数を比較して、どちらが大きいかを判断しています。藤原教諭の本実践は、条件分岐（条件によって作業を切り替える）の考え方を取り入れて、普段なにげなく行っている数の大小判断について論理的に考えさせているところが特徴です。条件分岐の考え方を取り入れたことで、児童は、「もしも百の位が同じだったら……」「もしも百の位が違っていたら……」「もしも一の位から比べたら……」と条件によって比べる位を替えながら、どこの位から比べればいち早く大小の判断ができるかについて考えています。このような活動を通して、十進位取り記数法の仕組みの理解にもつなげています。

第2学年　生活科　3 プログラミング的思考

みんながなっとくする
こたえをみつけよう

山中 昭岳
さとえ学園小学校
教諭

単元構成「生きものといっしょに」	
第1次	クラスのオリジナル水そうって？
第2次	育てたい生きものをきめよう
第3次	生きものをしらべよう
第4次	水そうに入れる生きものを決めよう
	第1時　自分の調べたことをつたえよう
	第2時　話し合ってきめよう（本時）
第5次	水そうをつくろう
第6次	生きものたちのお世話をしよう
第7次	オリジナル水そうをふりかえろう

学習目標	水槽に入れる生き物について、比べたり、調べたことをもとに話し合ったりして決めることができる
育てたい プログラミング の考え方	たくさんある生き物の中から、みんなが納得できる理由をもとにして、水槽に入れる生き物を選択することができる　【条件分岐】【真偽値】

実践の概要

　本校には本格的な水族館がある。1年生では、クラスで小さい水槽を水族館担当の教員よりもらい、大きくならないと種類がわからない稚魚（淡水魚）を育てる実践を行っている。2年生では、少し大きめの水槽をもらい、さらに自分たちで生き物たちを選び、水族館の中に展示してもらえることとなった。児童自ら入れたい生き物を決め、そして調べる。こうして、児童からは、多くの入れたい生き物たちが提案された。

　たくさん出てきた生き物たちからどの生き物を選ぶ（絞る）かが本単元のプログラミング的思考を活用する場面である。実際に水槽に入れられる生き物たちを自分たちで見つけた視点、専門家の教員のアドバイスなどをもとに情報を整理していく場面でプログラミング的思考を活用し、問題解決を行った。

準備物・ワークシート

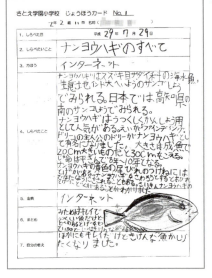

◀一人ひとりが自分の提案する生き物について情報を収集するためのカード。自分の提案する生き物については何を質問されても答えられるようにするため、何枚も貯めておき、活用する。

▲いつでも調べられる環境として、図鑑とタブレット端末を準備する。また根拠集めのために5つの視点を常に意識できるように工夫したワークシートを活用して調べたことのメモをとる。

授業の流れ

本時の展開	指導上の留意点 ◉論理的思考に関わる働きかけ
① 今まで調べてきた情報をもとに話し合うことを知る。 ● たくさんの種類の生き物から水槽に入れる生き物の種類を絞ることに気付く。 ● 自分の好き嫌いだけではなく、調べてきたことを根拠として発言する。	◉「22種類の生き物たちすべて水そうに入れるのかな？」と、児童の課題意識を引き出す問いかけで導入する。 ● 22種類の生き物の名前の書いたカードを準備し、黒板にバラバラに貼っておく。 ● 実際に使用する水槽を前に提示しておく。
② 本時のめあてについて確認する。 　水そうに入れる生き物たちを決めよう。 ● 事前に専門家の教員や自分たちで話し合って決めた以下の5つの視点を理由として、フローチャートを使って入れる生き物を見つけていくことを知る。 　1. 大きさ（20cm以下） 　2. 住んでいるところ（あたたかいところ20℃以上） 　3. 食べ物（22種類の中にいない） 　4. 泳ぐスピード（ゆっくり動く） 　5. 水の中のどの場所にいるか（下にいる） ● フローチャートの使い方を知る。	◉ 事前に決めた左記の5つの視点を理由として問題を解決するための方法として、物事をYes/Noの組み合わせで判断する考え方を知る。 ◉ 条件分岐の考え方を使うことで、みんなが納得する理由を見つけられることを促す。
③ グループで入れる生き物を決める。 ● 自分の入れたい生き物についてみんなが納得する理由を見つけるためのフローチャートの使い方を知る。 ● 自分たちの考えが整理され、その便利さに気付く。 ● グループで入れたい生き物を、フローチャートを使って根拠を説明できる。	● グループにつき1枚のフローチャートの書かれたワークシートを準備しておく。 ● 各グループ用の22種類の名前の書いたカードを準備しておく。 ◉ グループのメンバーがそれぞれの視点で担当となって手分けして根拠を見つけていく方法も提示する。
④ 全体で交流する。 ● グループで決まった生き物について、フローチャートを用いて根拠を明確にして発言する。 ● グループの話し合いで迷った生き物について提案する。	● 児童は、自分の考えを可視化して伝えるために、板書されたフローチャート上にカードを移動する形で示しながら発言することを促す。 ◉ 意見が異なる場合、フローチャート上の根拠の差で判断することを促す。
⑤ 振り返りをする。 ● 自分たちの生活の中でフローチャートを使って解決できることはないかを見つける。 ● 決まった生き物から次は水槽の環境作りをすることを知る。	◉ 何か問題があったときに、学んだ条件分岐の考え方を用いて解決できることがないか、問いかける。

授業のポイント

1 整理したくなるバラバラな情報

授業の導入場面で、児童が調べて提案してきた22種類の生き物の名前が書かれたカードを黒板にバラバラに並べて「これらすべて水そうに入れるの？」と問いかける。児童に「絞る」という課題意識を持たせ、そのために必要な思考をする場面の必要性を生み出す。ただ自分たちの思いや願いでの判断ではなく、「みんなが納得できる理由を見つけて決定する」というルーブリック作りへとつなげることができる。

1 児童が提案した生き物の名前が書かれたカード。あえてバラバラにして提示する。

2 判断する基準が明確になる視点

低学年の児童にとって、自分の提案する生き物を水槽に入れたいという思いは強い。そのまま話し合いをすれば決定することができず、平行線で終わってしまう。そこで、明確な判断をする基準が必要となる。本実践での判断基準は、水槽の大きさ、自分たちで作ることができる環境（水温など）、生き物の特徴などを専門家の教員と児童が相談しながら作った5つの視点であり、Yes/Noで答えられる工夫をした。

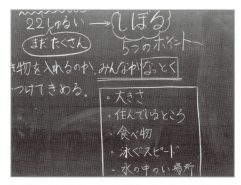

2 判断のもととなる5つの視点。Yes/Noで答えられるものとなっている。

3 思考を可視化する

正解があるわけではなく、児童の納得解を求めていくのが本時の課題であった。そのため、一人ひとりが互いの考えがわかるようにするためにフローチャートや生き物の名前を書いたカードを準備し、カードを動かすことで自分たちの思考が目に見える形となるようにした。このことで、互いの根拠が明らかとなり、水槽に入れる生き物たちを児童の納得のもと、決めることができた。

3 生き物の名前の書いたカードを動かすことで、自分たちの考えを表現することができる。

終末場面における留意点

児童はよくケンカをする。ケンカの原因のほとんどが互いの思い込みである。児童には「ケンカすることは悪いことではない。ただケンカした限りは仲直りまでやりとげなさい」と伝えており、本時ではその仲直りの方法の1つにこのフローチャートが役立つことを気付かせた。実際に自分の行動のどの部分に問題があり、そこを正しく対応していればケンカにはならなかったということが可視化され、児童は納得して仲直りができるのである。

板書例

児童の振り返り

やっと水そうに入れる生きものがきまってほっとしました。YesとNoで答えていくだけなのに、たくさんあった生きものたちをわかりやすく分けることができてびっくりしました。

22しゅるいの中からえらべるかなと思ったけど、5つのポイントでみんなで話し合ったらなっとくできる生きものがえらぶことができました。このやり方でいろいろな問題をといてみたいです。

フローチャートをつかうと、みんなの意見がわかりやすくてなっとくしやすかったです。自分たちがケンカしたときにつかってみたいなと思いました。

話し合いでフローチャートをつかうとみんながなっとくできる答えがみつかった。こんど自分でフローチャートをつくってみたい。

 専門家のコメント

臼井 英成（那珂市教育委員会）

　山中教諭の本実践では、真偽値（物事をYes/Noの組み合わせで考える）の考え方を取り入れることで、22種類の生き物から水槽に入れる生き物を「みんながなっとく」して絞ることができるような工夫がなされています。ここで大切なことは、「みんながなっとく」するための条件設定です。水槽に入れることができる条件は、専門家と子どもたちで事前に相談して決めています。自分たちで決めた条件でYes/Noの真偽をするからこそ「みんながなっとく」するのです。児童の生き物に対する思いを大切にした、そして、校内に水族館があるというダイナミックな環境を生かした生活科の実践です。

　なお、今回の実践では、フローチャートの条件分岐を検討することも行っています。

第2学年　学級活動　3 プログラミング的思考

学級のきまりを考えよう！

藤原 晴佳
古河市立大和田小学校
教諭

学習目標	学校のきまりを守って、意欲的に2年生の生活を送ろうとすることができるようにする
育てたいプログラミングの考え方	シーケンスの考え方を活用して、日常の行動を見直すことができる　【順序（シーケンス）】

単元構成「今日から2年生」	
第1次	学校のきまりを考えよう
	第2時　学級のきまり（本時）
第2次	1年生をむかえよう

実践の概要

　学級活動の学習指導要領の中の共通事項（2）イに「基本的な生活習慣の形成」という言葉が示されている。本実践では、生活のきまりを考える活動を通して、他者と協働しながら生活する大切さと生活のルールや秩序を育むことをねらいとした。本実践で行った生活のきまりとは、掃除の仕方や着替えの手順などである。
　学級のルールとして、共通理解できる「きまり」を設定することで、自分で自分のことを行うための手だてにもなり、他者と助け合ったり、声をかけ合ったりするきっかけにもつながると考えた。

準備物・ワークシート

◀動きのカード※。他にも、「まわる」「キック」など数枚あり、好きな動きの組み合わせができる。一番下のカードまで動き終わると、また最初のカードに戻り、終了の合図まで繰り返し行う。

※「ルビィのぼうけん」ワークショップ・スターターキットの「ダンス、ダンス、ダンス」マグネットシートを利用。
http://www.shoeisha.co.jp/book/rubynobouken/kit

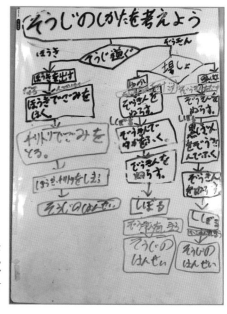

▶ホワイトボードに、掃除の順序をフローチャートで書き表したもの。黒色で書いたものに、友だちのアドバイスなどを青色で加筆修正することで協働学習を深めた。

授業の流れ

本時の展開	指導上の留意点 ◉論理的思考に関わる働きかけ
① 課題の確認をする。 　生活のきまりを考えて、よりよい生活をおくろう。	●前時までの学習を振り返り、整頓にもきまりがあることを想起できるようにする。
② シーケンスの考え方を理解するためのゲームを行う。 (1) 手をたたく→足ぶみ→ジャンプ→キックの順で動く。 ● 順番通りに動くのは難しいね。 ● 何回か繰り返すと疲れちゃうよ。	◉動きのカード（ジャンプ、手をたたくなど）を順番に掲示し、その通りに動くように声をかける。 ◉ストップの合図を出すまで、順番通りに動き続けることを注意点として知らせる。 ◉ロボットは、疲れずに何度も指示通りに動くことができることについて触れておく。
③ グループに分かれ、生活のきまりを考える。 (1) グループごとに、身近な課題について考え、ホワイトボードに書き出していく。 (2) 書き出した順序が合っているかを確認する。 ● この順序でやると、足りない言葉があるね。 ● 順序を入れ替えないとうまくいかないよ。	●グループごとにホワイトボードを用意し、黒色で書いていくようにする。 ◉順序に気を付けて、書いていくようにする。 ◉グループ内で、指示を出す役とロボット役に分かれ、動きながら順序の確認をし、必要であればホワイトボードに青色で加筆修正を行う。
④ 全体で共有する。 (1) グループごとに前に出て、考えたシーケンスの発表を行う。 (2) アドバイスを出し合う。	◉ホワイトボードを黒板に貼り、それぞれのシーケンスが見えるようにする。
⑤ 完成したシーケンスをもとに、掲示物を作成する。 ● みんなが見やすいように、番号をふろう。 ● どこに貼ったら、みんなが確認しやすいだろう？	●画用紙や鉛筆・ペンなどを用意し、グループで考えたシーケンスを書けるようにする。 ●それぞれのシーケンスが確認しやすい場所に貼りに行くように声をかける。
⑥ まとめを行う。 (1) 順序を守って行動する大切さについて、共有する。	◉物事には順序があるということや、順序通りに行動しなければうまくいかないことに気付くように話をする。
(2) 順序は、プログラミングと関係していることに気付く。	◉身の回りのコンピュータ（洗濯機など）も、順序通りに動いていることに気付かせ、生活とコンピュータが深く関わっていることを伝える。

授業のポイント

1 体を使って、順序（シーケンス）の考え方を理解する導入

導入では、教師側が動きのカードを順番に提示し、児童がロボット役になって、その順序通りに動くゲームを行った。順序を間違えたり、とばしたりすると、ゲームオーバーとなる。また、ゲームのまとめとして、順序を意識したり、間違えずに動きを行ったりする難しさを児童と共有し合った。さらに、ロボットは命令された指示に従い、正確に行動できるといった人間との違いにも触れた。

1 動きのカードを見ながら、順番に動くゲーム。

2 身の回りのきまりを正しい順序で考える活動

本学級では、5つのグループに分かれ、それぞれ身近にある「給食の準備、朝の準備、手洗い、体育の準備、授業の準備」について、行動の順序を考えた。まず、グループ内で意見を出し合い、ホワイトボードに正しい順序で書き出していく。次に、実際に指示を出す役とロボット役に分かれ、順序が合っているかを確かめ、加筆修正する。最後に、できあがったものを全体に発表し、行動の順序やルールを共有した。

2 考えたきまりを全体で発表・共有。

3 きまりを活用し教室環境の工夫を図る

全体で共有した生活のきまりを、画用紙やカラーペンを使ってグループごとに書く。教室の背面黒板や廊下、水道など、きまりを確認したい場所にそれぞれ貼り、いつでも確認できる環境を整えた。教師が強制して決めたきまりではなく、児童が考えたきまりを掲示することで、納得感と使命感を持って行動することにつながった。また、忘れてしまっている友だちに声をかけ合いながら生活でき、規範意識も高まった。

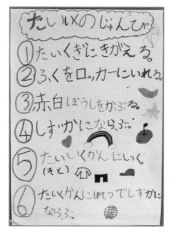
3 きまりを画用紙に書き、掲示物として活用。

終末場面における留意点

普段、生活の中で順序よく行動しているものがあっても、どんな場面で順序よく行動しているかを、低学年で具体的に想起することは難しい。そこで、身近な行動についての順序を考えさせるゲームを行った。自分が無意識に順序よく生活していることや、順序（シーケンス）という考え方に気付くことができた。プログラミング的な考え方と生活とが密接に関わっていることを意識付けしていくことが大切である。

板書例

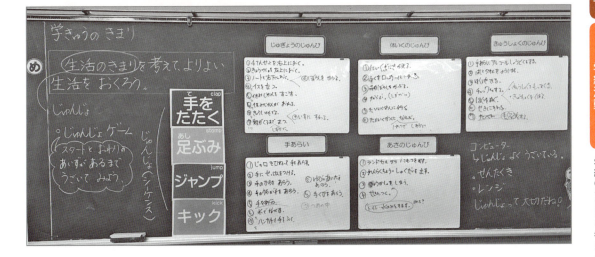

児童の振り返り

2年生になって、じぶんのことをしっかりやろうという気もちになりました。なんでもできるようにしたいです。

いろいろなこうどうに、じゅんじょがあることをしりました。じゅんじょをまもって、できるようにしていきたいです。

どんなふうに こうどうしたらよいか まよっていたけれど、ともだちと かんがえたことで じしんを もって こうどうできそうです。

コンピュータにも、じゅんじょがあるなんて おどろきました。にんげんのように つかれないで うごいていられるので、すごいです。

 専門家のコメント

小林 祐紀（茨城大学）

「順序（シーケンス）」の考え方を取り入れた藤原教諭の実践は、子どもたちが学校生活を見直し、行動の改善につなげるために、行動を可視化させようとしている点に特徴があります。グループごとに考え出されたきまりは、決して無理があるものではなく、また子どもたちの学校生活を窮屈にするものでもありません。ホワイトボードに書き出し、納得感を持って決めていったからでしょう。そして順序立てて書き出すことで、何をするべきか（何をしていないのか）一目瞭然となり、実行しやすくなります。考えたきまりは、絵に描いた餅で終わらずに、実際に目に付く場所に掲示され活用されている点も秀逸です。

第3学年　算数科　3 プログラミング的思考

これでぼくらは「はかりマスター」

清水 匠
茨城大学教育学部
附属小学校
教諭

学習目標	いろいろな秤量のはかりのめもりを正確に読み取り、正しく重さをはかることができる
育てたいプログラミングの考え方	●目的の結果を得るために必要な行動を細分化し、それらの順序に注目して並べる【順序（シーケンス）】 ●具体的な物事を、それ以外の場合にでも適用できる形に一般化する【抽象化】

単元構成「重さを調べよう」

第1時	重さの単位
第2・3時	はかりの使い方
第4時	いろいろなはかりの読み方（本時）
第5時	もっと重いもの
第6時	はかり方の工夫
第7時	単位のしくみ

実践の概要

　この単元では、はかりが示す重さを読み取る問題にとまどう児童が多い。はかりの種類が変わると、めもり1つ分の大きさも変わる点に難しさがある。そのため、「めもり1つ分の大きさ」をもとに読み取る必要がある。そこで本時では、はかりを読み取るときに見るべきポイントを、順序（シーケンス）の考え方を活用し手順としてまとめることで、抜けのない順序ではかりを読むことができるようにする。さらには、特定の問題を解くための具体的な手順を作り、それを抽象化することで、どんな問題にも当てはまるものに練り上げていく。

準備物・ワークシート

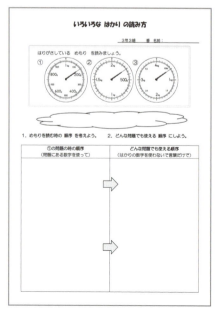

◀シーケンスの考え方を使って、ある問題を解くための手順をまとめるスペースと、それをもとにどんな問題でも解ける手順に抽象化していくスペースを、横に並べたワークシート。

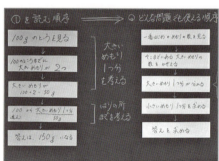

▶児童がシーケンスの考え方を活用して手順をまとめる際、いろいろ試したり、順番を入れ替えたりすることを容易にするため、付箋紙や短冊を用意した。

授業の流れ

本時の展開 / 指導上の留意点（◉論理的思考に関わる働きかけ）

1 本時の課題をつかむ。
(1) 前時の復習をする。
- 細かいめもりを読むのが大変だったな。

(2) 本時の問題を捉える。

はりがさしているめもりを読みましょう。

(3) 本時の課題をつかむ。
- 針が同じところを指していても、めもりが違うから、わかりづらいよ。

どのようにめもりを読んだらよいのかな。

● 基本的なはかりの読み方を復習しておくことで、本時におけるいろいろな秤量のはかりを読む活動がスムーズに進むようにする。

● あえて同じ方向を指しているが秤量の違う3種類のはかりを提示することで、児童が今まで親しんできた長さとは違って、1つ分の大きさがはかりによって変わることに気付かせ、本時の課題に迫る。

2 めもりを読む順序について話し合う。
(1) 問題①について、順序（シーケンス）の考え方を活用し、めもりを読む順序を付箋に書いて手順としてまとめる。
- まずは、100gのところを見る。
- そこまで、大きいめもり2つで区切られている。
- 大きいめもり1つ分は、50gになる。
- 小さいめもり1つ分は、10gになる。
- 針が指しているのは、100gから大きいめもり1つ進んだところなので、150gになる。

● シーケンスの考え方を活用して手順をまとめる際、付箋を利用して考えていくことで、たくさんの考えを出してから取捨選択したり、いろいろに入れ替えて試したりするなど、自分の考えを練り直していく姿を生み出す。

◉ どんな順序ではかりを読んでいったか、具体的な問題をもとに確認していく中で、順序（シーケンス）の考え方の特徴をつかませる。

(2) どんな問題でも当てはまる手順になるよう、言葉を抽象化する。
- 一番はじめにある数字のめもりを見る。
- そこまでに大きなめもりがいくつあるか数える。
- 大きな（小さな）めもり1つ分の大きさを求める。
- 針の指しているところを求める。

◉ 具体的な数値を含んだ手順では、その問題のときにしか使えないことに気付かせ、どんな問題でも使える手順にするためには、言葉を抽象的なものに修正することが必要であることを確認し、抽象化の概念を捉えさせる。

3 本時の問題を解き、本時のまとめを行う。
(1) 作った手順を用いて問題を解く。
- ①：150g　②：300g　③：600g

(2) 振り返りを記入し、本時のまとめとする。
- 1めもりいくつなのかを考えることが大切だね。
- シーケンスの順序で解くと、間違えないね。

◉ 日常生活の中で順序を間違えると失敗してしまう例（はみがき、洗濯の手順など）を提示し、コンピュータには、シーケンス（順次処理）によって正確に動くよさがあることに気付かせる。

授業のポイント

1 同じ方向を指していても重さが違うという驚きから

本時の問題を提示する際、あえて同じ方向を指しているが、1めもり分の重さが違うはかりを3つ提示した。児童は、はじめはすべて同じ重さだと考えていたが、よく見るとめもりの数字が違っていることに気付き、針の指す方向だけでなく、めもりもよく見ないと問題が解けないことに気付いていった。めもり1つ分の大きさを求める手順が重要であることが意識化できた。

1 重さが違うのに、同じ方向を指したはかりを見て、めもり1つ分の大きさの重要性に気付く。

2 特定の問題を解くための手順作り

順序（シーケンス）の考え方を活用し、はかりが示す重さを読み取る手順を整理してまとめる活動を行った。まずは、特定の問題をもとに具体的な数字を用いて手順としてまとめた。「ぼくははじめに100gのところを見たよ」「針に一番近いめもりだね」などといいながら、付箋に手順を書き出し、順番に並べていった。順序（シーケンス）の考え方で手順をまとめることで、自分がどのように問題を解いていたのか、意識化される様子が見られた。

2 はかりを読み取る手順を付箋に書き出す。

3 どんな問題にでも対応できるように抽象化する

②で作った手順で別の問題を解こうとしても、具体的な数字やめもりの大きさが書かれており、特定の問題にしか当てはまらないことに気付いた。そこで、どんな問題にでも対応できる手順にするため、書かれている具体的な数字や言葉は何を表しているのか考え、抽象化していった。グループで相談しながら進めたが、少し難しかったようで、最終的には全体で整えていった。

3 作った手順を抽象化し、どんな問題にでも対応できるようにする。

終末場面における留意点

抽象化した手順を用いていろいろな問題に挑戦した。どの児童も「めもり1つ分の大きさ」を判断してから、針の指すめもりを読み取る姿が見られ、シーケンスの考え方を活用することで抜けなく考えることができたようであった。授業の最後に、シーケンスはコンピュータで使われている考え方であることを伝えた。コンピュータもプログラムで指示された処理を順番に行っていることを確認した。

板書例

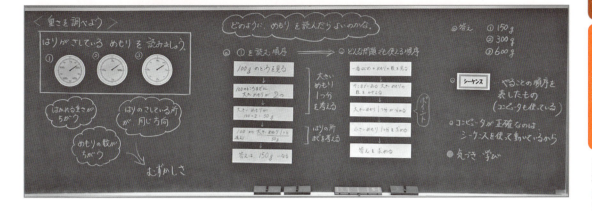

児童の振り返り

今日やった読み方をすると、ほとんどまちがえないということを学んだ。前はたくさん時間がかかっていたけれど、今日はすぐにとけた。コンピュータが使っている考え方なので、まちがえにくいのだと思う。

はりがさしているところが同じでも、めもりをよく見て答えを求めないと、正しく答えが出ないことがわかった。手順にまとめると、やりやすくなったし、楽しくなった。他の手順もつくってみたい。

シーケンスの考え方はすごく大事だと知った。順序をまちがえただけで、できなくなってしまうこともある。算数も、順序をまちがえないようにしっかりと問題をとくことが大切だと気付いた。

コンピュータは、シーケンスのおかげで、正かくなんだと思う。順序をまちがえると大もんだいになる。ほかにあるきかいも、みんなシーケンスを使っているのか、知りたくなった。

 専門家のコメント

小林 祐紀（茨城大学）

「順序（シーケンス）」「抽象化」の考え方を取り入れた清水教諭の実践は、対象を絞り具体的な問題を通して、めもりの読み方の順序を明らかにするだけでなく、その読み方を一般化しようと試みている点に特徴があります。他の問題には対応できないとわかった子どもたちは、必要感を持って一般化のための学習活動に取り組んだことでしょう。難しい学習内容のように感じるかもしれませんが、本事例の学習は3年生を担当するすべての教員が指導する内容です。考え方を可視化したり、一般化したりすることを繰り返す中で、学習内容とともにプログラミングの考え方も身に付いていきます。

第4学年　算数科　3 プログラミング的思考

シーケンスの考え方を活用し、ドットの合計数を求めよう！

福田 晃
金沢大学附属小学校
教諭

学習目標	ドット（点）の数を求めるにあたり、ドット数のまとまりを見つけたり、ドットを移動してひとかたまりにしたりなど筆算を工夫して考え、1つの式で表すことができる
育てたいプログラミングの考え方	数を求めるための計算や作業を手順に分けて順序立てて立式する　【順序（シーケンス）】

単元構成「計算のやくそくを調べよう」

第1時	（ ）のある式
第2時	四則混合の式の計算の順序
第3時	計算の順序の整理
第4時	ドット数の求め方（1）（本時）
第5時	ドット数の求め方（2）
第6〜8時	計算のきまり

実践の概要

　ドット数を数える際には、様々なまとまりの見方や移動の仕方が考えられる。それぞれのまとまりの見方や移動の仕方によってドット数を求める式が異なってくるため、立式までのプロセスが大切になってくる。そこで、順序（シーケンス）の考え方を活用し、立式までのプロセスを具体的な手順としてまとめることを通して、自分の考えを整理し、他者に伝わりやすいような手だてを考えた。このことにより、考えにおける1つ1つの手順が明確になり、多様な考え方の理解促進につながった。

準備物・ワークシート

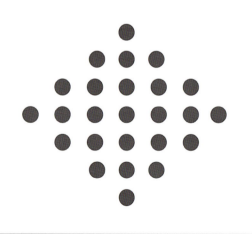

▲ドットを印刷したプリント。自分の手元で考えを書き込むことを可能にするために一人ひとりに配布した。なお、多様な考え方ができるように必要な枚数分持っていってもかまわないということを伝えた。

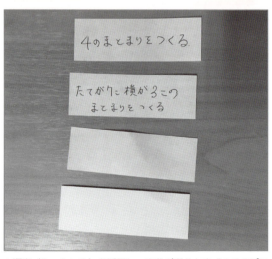

▲順序（シーケンス）を活用し、自分が考えた立式までのプロセスを手順としてまとめていく。その際に手順を書くための付箋紙を配布した。なお、全体で共有する際には教室後方部からも見ることができる短冊を用いることとした。

授業の流れ

本時の展開	指導上の留意点 ◉論理的思考に関わる働きかけ
1 **本時の課題をつかむ。** ●1+3+5+7+5+3+1で求められるけど大変だな。 ●もっと簡単な式で求めることはできないかな。 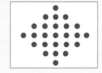 どんな見方をすれば簡単な式でドット数を求めることができるかな。	●課題意識を明確にさせるために、1+3+5+7+5+3+1の式だと煩雑であるということを認識させる。 ●ドットの数を数える上で、数の見方を意識させるために、1+3+5+7+5+3+1をどのように見たかを確認する。
2 **順序（シーケンス）の考え方を活用し、個人で考える。** (1) 順序（シーケンス）の考え方を確認する。 ●順序（シーケンス）の考え方を用いると、どうやって求めるかがすぐわかるだろうし、人にも伝わりやすくなりそうだな。	◉順序（シーケンス）の考え方を想起するために、課外で行った『ルビィのぼうけん』れんしゅう20（「こまったこと」の入浴の手順）※を確認する。
(2) 個人で考える。 ●大きな四角形と見て、全体から引くということをしよう。 ●ドット3このまとまりを8つと残りドット1こ、として考えてみたよ。	●最小化した手順を意識させるために短冊カードを配布する。 ●最小化した手順ではなく、複数の手続きを同じ付箋に書いている児童には、**一緒に考える**。
3 **全体で確認する。** ●「4このまとまりを作る」→「3このまとまりを作る」→「4このまとまりの数を数える」→「3このまとまりを作る」→「これまでを式で表す」 ●「1つの辺に7このドットがある四角形を書く」→「追加したドットを赤で囲む」→「大きな四角形のドット数を求める」→「赤で囲んだドット数を求める」→「これまでを式で表す」	◉立式の理由を共有するために、みんなが考えた手順を板書に位置づける。 ●手順に即して、自分の考え方を他者に説明させる。 ◉順序（シーケンス）の考え方を活用し、立式までのプロセスを細分化し、順序立てて整理することで他者にも伝わりやすくなるということを確認する。
4 **本時の学習をまとめる。** 同じ数のまとまりを作ってドットをまとまりで見れば、ドットの数を求めることができた。また、求め方は1つではなく、見方によっていろいろあった。	●学習を自分たちの言葉でまとめさせるために、それぞれの考えに共通しているのは同じ数のまとまりを作っているということに気付かせる。
●まとまりで見ることで、簡単な式を作ることができたよ。 ●順序（シーケンス）の考え方を活用し、整理したことで物事がわかりやすく見えてくるな。	◆ドット数の求め方を、ドットをまとめたり、移動させたりするなど工夫して考え、1つの式で表そうとしている。[発言・ノート]

※『ルビィのぼうけん　こんにちは！プログラミング』(ISBN 978-4-7981-4349-1) の「れんしゅう２０：　デバッグ（バグつぶし）」(p.104)。

授業のポイント

1 順序（シーケンス）の考え方の例を想起する

教科書にも記載されている煩雑なドット数の求め方を提示する。式が長く、計算が複雑化することもあり、児童からは「もっと簡単な求め方があるのに」というつぶやきが聞こえてきた。そこで、どのように求めることができるかを、順序（シーケンス）の考え方を用いて、個人のノートに書くように指示した。その際には、順序（シーケンス）の考え方を活用して入浴の手順を表現した例を想起させ、作業を手順に分けて順序立てることで自分も他者もわかるという確認をあらためて行った。

1 以前行った『ルビィのぼうけん』れんしゅう20の入浴手順を提示し、内容を想起する。

2 個人でドット数の合計を求める

ドット数をどのようなまとまりで見るか、ドットをどのように移動させて数えるかがドット数の合計を求める上で大切になってくる。そこでまずは、ドット図に書き込むことを行った。その後、立式し、合計数を求める。その後、立式までのプロセスが他者にも伝わるように手順としてまとめる作業を行った。児童からは「手順は細かく分けることが大事だったよな」といった順序（シーケンス）の考え方を意識するつぶやきが聞こえてきた。

2 立式までのプロセスを考えながら手順を付箋に書いていく。

3 考えを他者に伝える

児童には、まとめた手順に即して自身の考えを他の児童に説明してもらう発表をしてもらった。立式までの作業を細かく分けて順序立てることによって、それぞれの考え方の工夫が具体的な手順として共有することができた。また、4人目の考え方からは口頭での説明を省略し、まとめた手順を見て、どのような考え方をしたのかを考える学習活動を行った。

3 立式までのプロセスを手順に沿って説明する。

終末場面における留意点

順序（シーケンス）の考え方を活用することで手順が明確になり、自分の考えが整理されるだけではなく、他者にも考えが伝わりやすくなる。授業の前半部では児童がその必要性をあまり感じていなかったが、後半部になると順序（シーケンス）の考え方を活用することのよさを感じていたようなので、あらためてそのよさの確認を行った。なお、日常場面で、この考え方を用いるとわかりやすくなりそうなことは何か児童に問いかけたところ、「料理を作るときはこれがぴったりくる」という発言があった。そこで、休み時間に児童と一緒にカレー作りの手順を考えた。

板書例

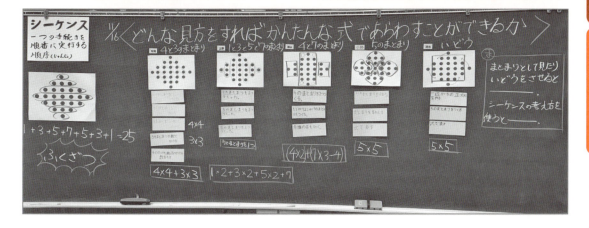

児童の振り返り

最初はふくざつな式でしか求められなかったけど、まとめたり、いどうしたりすれば、かんたんに求められることがわかりました。また、てじゅんで表すと、人の考えもぱっと見てわかるのでとても便利だなと思いました。

まとまりで見ることでしか、ぼくは考えることができなかったけど、みんなの考えを知って、移動させるというのもかんたんに表せられるんだなと思いました。また、シーケンスの考え方で細かく分けるということは、なにか人に説明するときに使えそうだなと感じました。

最初は、いどうするという考え方のいろんなパターンでドット数を求めていたけど、と中からまとまりで見たほうがわかりやすいということに気がつきました。シーケンスの考え方を使うことは自分の頭の中をせいりできるのでちょっとべんりだなと思いました。

まとめたり、いどうしたりすることでかんたんな式であらわすことができました。シーケンスの考え方を算数でつかったのははじめてだったけど、これならほかにも使えると思いました。

 専門家のコメント

臼井 英成（那珂市教育委員会）

　式には「自分の思考過程を表現することができ、それを互いに的確に伝え合うことができる」という働きがあります。福田教諭の本実践は、「自分の思考過程を表現する」といった式の働きについて児童に実感させているところに特徴があります。自分が考えた求め方をシーケンスの考え方（計算や作業を手順に分けて順序立てる）を取り入れ、付箋に考え方の手順を言葉で可視化することで、自分の思考過程を式に表現しやすくしています。児童は、式中の演算記号や数値の役割について、図と照らし合わせながら考えることができました。このことは、式から問題解決の思考過程を読むという「式を読む力」の育成にもつながる実践です。

第4学年　算数科　3 プログラミング的思考

ドット数の増加にかくされたループを探そう！

福田 晃
金沢大学附属小学校
教諭

単元構成「計算のやくそくを調べよう」	
第1時	（　）のある式
第2時	四則混合の式の計算の順序
第3時	計算の順序の整理
第4時	ドット数の求め方（1）
第5時	ドット数の求め方（2）（本時）
第6～8時	計算のきまり

学習目標	規則性に着目して、ドット（点）の数を求めることができる
育てたいプログラミングの考え方	ループの考え方を活用し、ドット数を効率的に求めることができる　【ループ（繰り返し）】

実践の概要

　ドット数を数える際には、「まとまりで見る」「移動する」といった工夫をすることがポイントであることを前時に確認した。だが、ドット数がさらに増えていくと、既習で取り上げた2種類の考え方では容易に求めることができなくなってくる。そこで、ドット数の増え方に規則性があるのではないかという見通しを持った後、ドット数の増え方にかくされている規則性を明らかにしていった。実際には、差の差に注目する考え方や、差が4の倍数になる考え方が出てきた。

準備物・ワークシート

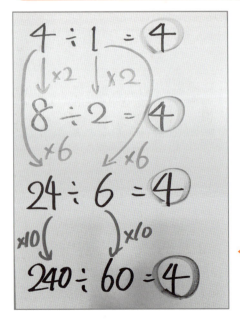

一辺のドット数	1	2	3	4	5
ドットの合計数					

▲ドット数の合計数と一辺のドット数の関係をわかりやすくするために表を配布。この表があることによって必然的に数の変化に目を向けることにつながると考えた。実際に児童たちは、どのように変化しているのかという課題意識のもと、表における数の変化に注目していた。

◀わり算の学習でわる数、わられる数がそれぞれ2倍、3倍、4倍……となったときに商は変わらないという学習を想起する。そのために、以前活用した学習掲示物を提示した。

授業の流れ

本時の展開	指導上の留意点 ◎論理的思考に関わる働きかけ
1 学習の見通しを持つ。 (1) 前時の確認をする。 ● まとまりで見れば、ドット数を求めることができたよ。 (2) 規則的に増やしたドットを提示する。 ● この前の考え方を使えばできそうだね。 ● どんどん増えていくと複雑になってくるよ。	● 課題意識を明確にさせるために、**1＋3＋5＋7＋9＋7＋5＋3＋1**の式だと煩雑であるということを認識させる。
2 本時の課題をつかむ。 ● すべて計算していくと、とっても大変だな。 ● 何か規則性があるのかもしれないな。 どんな規則性があるかな？	● 一辺のドット数が多くなるほど、求めることが複雑になることを実感させるため、規則的に増やしたドットを黒板に位置づける。
3 ループの考え方を活用し、個人で考える。 (1) ループの考え方を確認する。 ● わり算の性質のときのような規則性があるかもしれないな。	◎ ループの考え方を想起するために、前の単元で行ったわり算における性質（規則性）を確認する。
(2) 個人で考える。 ● 表を書いてみると見えてくるものはないかな。 ● 差に注目してみたけど、差は一定ではないな。	● 規則性を意識させるために、2つの数量が記載されている表を配布する。 ◎ 見つけた規則性はノートに言語化するよう指示する。 ● 見つけた規則性を共有するために、黒板の表を活用しながら説明させる。
4 全体で確認する。 ● 差の差に注目すると規則性が見えてきたよ。 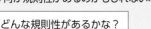 | 一列の数	1	2	3	4	5	6 | |---|---|---|---|---|---|---| | ドット数 | 1 | 5 | 13 | 25 | 41 | 61 | ● 差の差は4になっているな。	
5 学習をまとめる。 ● 規則性に注目すると面倒な計算は省略できたぞ。 同じ数のまとまりを作ってドットをまとまりで見るのではなく、ドットの数を求めるには規則性に着目する考え方もあった。規則性に注目すると物事を効率的に見ることができそうだ。 ● 身の回りにも規則性を使っているものもあるんじゃないかな。	● 学習を自分たちの言葉でまとめさせるために、事象の裏側にある規則性に着目してきた過程を振り返る。 ● ループの考え方を活用することで効率的に考えられるということを確認する。その際に、日常的な場面におけるループの事例を提示する。 ◆ 規則性に着目して、ドット数を求めようとしている。 [発言・ノート]

授業のポイント

1 学習の見通しを持つ

　学習の見通しを持つ上で、規則性に注目させることは、本時の学びに必要不可欠なことであると考えた。そこで、「わり算の筆算を考えよう」の単元において、商が等しいわり算の式から規則性を見いだす学習を想起する場面を設定した。規則性を想起することによって、ドット数の増え方についてもなんらかの規則性があるのではないかという見通しを持たせることができた。

1　どのように考えると簡単にドット数を求められるか相談し、見通しを持つ。

2 様々な手段を用いて規則性を見いだす

　ドット数の増加を記した表から規則性を探っていく。しかし、本時における規則性はいわゆる階差数列であり、児童にとって規則性に気付くことは決して容易なことではない。児童は悩みながらも自力で規則性を見つけようとしていた。その際には、手元の表に数の変化を書き記す中で試行錯誤を行っていた。また、近くの仲間との交流を通し、規則性を明らかにしようとしている姿も見られた。

2　自分が見つけた規則性をノートに書く。

3 考えを他者に伝える

　教材研究の段階では、本時で児童は差の差に注目することで規則性を見いだしてくると考えていた。実際に机間指導の際に確認したところ、クラスの4分の3の児童がそのように考えていた。しかし、残り4分の1の児童は「ドット数の合計÷一辺のドット数の数」という考え方も出てきた。全体共有の場面では、2つの考えについて取り上げた。

3　見いだした規則性を他者に説明する。

終末場面における留意点

　本時では、「ループ」という概念を授業導入場面で取り上げなかった。その代わりに、授業終末部分で、コンピュータでは規則性が見られる部分を繰り返し処理（ループ）として表現できる、そしてループの考え方を用いることで効率的に考えることができることを確認した。また、その際には本時で取り上げたドット数の増加に関するループ以外に目を向けるため、日常場面でどのようなループがあるのか児童に問いかけた。その結果、信号機、チャイムなどの発言があったことから、児童がループの概念を日常生活の事象に結びつけて考えることができていることがわかった。

板書例

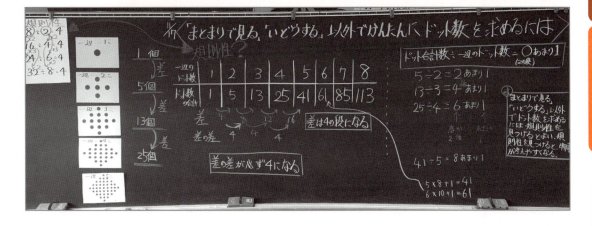

児童の振り返り

まとまりで見たり、移動するという考え方でも求められないことはないけど、少し大変です。だけど、ループの考え方を使える部分がないかなと探すことで一辺の数を簡単に求めることができました。これなら、一辺のドット数がどれだけになっても簡単に求められるなと思いました。

ループって言葉は初めて聞いたけど、今日の算数だけじゃなくて、今までの学習にも繰り返しはあったと思います。たとえば、かけ算の問題で、かけられる数を2倍、3倍・・・すると積は2倍、3倍・・・になるというのがあると思います。他にも繰り返しがないか探してみたくなりました。

差の差が4になるということに気がついたときはとてもうれしかったです。ぴーんときて、それだけだと思ったけど、他にもあると知って、さらにおどろきました。ループっていうのは算数だけじゃなくて、ふだんの生活にもあることに気がつきました。

最初は、自分の考えが持てなかったので、ドットの数を求めることができなかったけど、Aさんの考えを聞いて、差は4の段になるということを使えば、求めることができるようになりました。ループっておもしろいと思いました。そういえば、信号にもループが使われていると思いました。

 専門家のコメント

小林 祐紀（茨城大学）

「繰り返し（ループ）」の考え方を取り入れた福田教諭の実践は、ドットの数を数える際に、規則性が見られる部分を繰り返しの処理として表現している点に特徴があります。授業の導入では、本時に活用する考え方である繰り返しについて、既習事項を用いて想起させ見通しを持たせています。また、規則性を見つけ出すために十分な時間を確保し、友だちとの交流を通して、考え方の多様性にも気付かせようとしています。そして、終末場面では算数科としてのまとめに加えて、社会の中で使われている繰り返しの考え方の事例に目を向けさせています。このような学習を通して、児童は身の回りのものを見る目が変わっていきます。

第4学年　算数科　3 プログラミング的思考

めざせ！作図マスター

坂入 優花
古河市立駒込小学校
教諭

学習目標	分度器を用いて角の大きさを測定したり、必要な大きさの角をかいたりすることができる
育てたいプログラミングの考え方	角のかき方を順序立てて考え、正しく作図することができる【順序（シーケンス）】

単元構成「角度」	
第1時	角の大きさ
第2〜4時	角度のはかり方
第5時	角の作図（本時）
第6時	三角形の作図
第7時	まとめの学習

実践の概要

　算数科における作図は、手順がきちんとしていないと成功しない。ここでは、1つ1つの作業を書き出し、手順を並べていく活動を通して、正しい作図方法を習得することができるような授業構成を考えた。付箋紙を使い、手順を並べていくことで、児童はただ頭の中で覚えるだけでなく、自ら考え、視覚的に理解した上で作図の方法を習得することができる。また、付箋紙の色を変え、足りない手順を補ったり、条件が異なる図形の手順を付け加えたりすることで、学んだ知識を生かしながら考えを広げていくことができる。

準備物・ワークシート

▲順序（シーケンス）の考え方を活用し、付箋紙を使って自分のノート上に角のかき方の手順をまとめていく。1枚の付箋紙に1つの作業を書くと設定し、角がかけるように並べていった。付箋紙には何度も貼り直しができるというよさがあり、児童が試行錯誤しながら考えていくことができた。

▲条件によって色を変えられることが付箋紙の利点である。色を変えることで、視覚的に理解しやすくした。

授業の流れ

本時の展開	指導上の留意点 ◉論理的思考に関わる働きかけ
1 本時の課題をつかむ。 　角のかき方を考えよう。	●前時までの学習を振り返り、角のはかり方を再確認し、本時の課題につなげる。
2 本時の問いを捉え、見通しを持つ。 　60度の角をかこう。 ●90度より小さいよ。 ●かくのに分度器が使えそうだよ。	●手で角度を表したり、三角定規を使って直角と比べたりして大きさのイメージを持たせる。
3 かき方を考える。 (1) どんな作業が必要か考える。 (2) 順序（シーケンス）の考え方を活用し、角のかき方の手順をまとめていく。 　①5cmの直線アイを引く。 　②分度器の中心を点アに合わせ、60度をはかる。 　③60度のめもりのところに点ウをとる。 　④点アから点ウを通る直線を引く。 　⑤必要な数字を書き込む。 (3) できた手順を使い、ペアで作図し合う。 　●私のは、○○という手順が足りないな。 　●ここの順序を変えたらいいかな。 (4) 手順に補足し、完成させる。 (5) 全体で共有する。	◉初めての角の作図であるため、全員でどんな作業が必要か挙げていく。書き出す際にピンク色の付箋紙を使う。 ◉スタートを「5cmの直線アイを引く」、ゴールを「必要な数字を書き込む」と設定することで、全員が同じように見通しを持って手順をまとめることができるようにする。 ◉作図し合う際には、「いわれたとおりの動きしかしてはいけない」「どうすればいいかわからなかったら動きを止める」というルールを設定し、考えた手順の不完全さに気付くことができるようにする。 ◉足りない手順を補足する際には、後から見返したときにわかるように赤色で記入する。
4 適用問題を解く。 　①75度　②160度　③210度 ●この手順じゃかけないよ。 ●○○という手順が必要になるから付け足そう。	◉考えた手順を見ながら、角度が変わっても同じように作図できるか確かめる。 ◉展開3：(4)で完成させた手順で作図できなかった場合、手順を付け足す。その際に黄色の付箋紙を用いることで、視覚的に捉えやすくする。
5 本時のまとめをする。 (1) 手順を確認し、まとめとする。 (2) 振り返りをノートに記入する。 　●手順を並べることで、正確にかくことができたよ。 　●角度が大きくなったら、手順が増えたよ。 (3) ペアで伝え合う。	◉既習事項である計算の手順だけでなく、作図する際にも手順を確認することで、抜けなく完璧に作図できることを全体で共有する。

授業のポイント

1 付箋紙を使って手順をまとめる

順序（シーケンス）の考え方を活用して作図の手順をまとめる際に、付箋紙を使用した。1枚の付箋に1つの作業というルールを設定した。付箋紙を使うことで、手順の並べ替えが簡単にできた。また、課題の条件が変わったときに、付箋紙の色を変えることで、条件が変わった際にどんな作業が増えたり減ったりするのかを視覚的に判断することができた。

1 付箋紙を使うことで並べ替えが簡単にできる。

2 スタートとゴールを設定

本時は角の作図の1時間目で、児童は初めて角の作図に触れる。手順を並べる際にとまどいが見られたため、スタートを「5cmの直線アイを引く」、ゴールを「必要な数字を書き込む」と設定した。こうすることで、全員が同じゴールに向かって活動することができた。さらに適用問題で角度や条件が変わった際には、自分の力でどんな手順が必要かを考えて付け足していくことができた。

2 スタートとゴールは全体で同じように設定することで考えやすくなる。

3 できた手順をペアで伝え合い作図し合う

それぞれが考えた手順をペアで伝え合い、作図する活動を取り入れ、指示通りに実行するコンピュータと、指示を出すプログラマの関係を感じられるようにした。その際に、「相手の指示通りにかく」「自分で想像して付け足さない」「指示がわからなかったら止まる」というルールを設定した。動きが止まってしまったり、できあがった図が間違っていたりするときは、「どんな指示が必要だったのかな」「どの順番が違ってしまったのかな」と、順序（シーケンス）の考え方を活用して手順をまとめる作業を再考することができた。

3 ペアで作図し合うことでコンピュータとプログラマの関係を体験する。

終末場面における留意点

授業のまとめで、第3学年で実施したかけ算の筆算の学習のときにも、本時と同じように順序（シーケンス）の考え方を活用して手順をまとめたことを振り返り、他の学習でもシーケンスの考え方が使われているものはないかを探した。児童からは、四則計算、小数や分数の計算、グラフのかき方、図形のかき方など、様々な学習が挙げられた。算数科に限らず、学習する中で、自分たちが自然と順序立てて考えていることに気付くことができた。

板書例

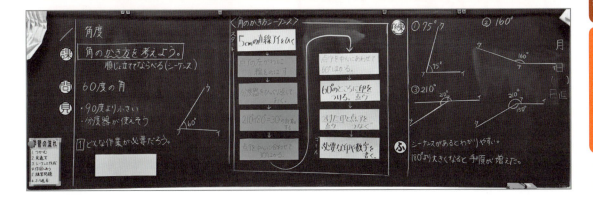

児童の振り返り

> ふせんを使って手順をならべながら、角のかき方を考えることができた。手順がちがうと、きちんと角がかけなかった。手順どおりにやることが大切だとわかった。

> 3年生でかけ算の筆算の勉強をしたときも同じようにシーケンスの考え方を使って手順を作ったことを思い出した。計算も図をかくときも正しい手順が必要だとわかった。

> 角度が変わったときには、最初に作った角のかき方に手順を付け足してできるようになった。三角形をかくときにも、角のかき方の手順が使えた。

> 今日は、角のかき方の手順を考えました。自分のノートに手順をまとめたので、次に何をするかまよったときにすぐに見ることができました。宿題でやるときも、わからなくなったらかくにんします。

専門家のコメント

小林 祐紀（茨城大学）

「順序（シーケンス）」の考え方を取り入れた坂入教諭の実践は、「自ら考え、視覚的に理解した上で作図の方法を習得する」ために、操作性のよい付箋紙を用いて対話的に学習を進めている点に特徴があります。児童全員が見通しを持つために、スタートとゴールの指示をそろえたり、ペアで作図する際には、指示を出す人間役と指示通りにしか動けないロボット役のように役割分担して取り組んだりするといった細やかな配慮も見られます。また、適用問題までしっかりと行っていることから、これまでの授業の中に、プログラミングの考え方を見いだし、焦点化したとしても、現状の学習内容を大きく変える必要がないことを示す好事例といえます。

第5学年　社会科　3 プログラミング的思考

みんなで考えよう！
グラフ資料活用術

小島 貴志
茨城大学教育学部
附属小学校
教諭

学習目標	日本の輸出入の特色について、グラフ資料を読み取る活動を通して自分なりの考えを持つことができる
育てたいプログラミングの考え方	決められた順序に従って物事を実行していくことで、だれでも同じ結果が得られることに気付く【順序（シーケンス）】

単元構成「これからの工業生産」	
第1時	日本の輸出入の特色（本時）
第2時	日本の工業生産の今
第3時	持続可能な社会を目指して
第4時	これからの工業生産

▶ 実践の概要

　社会科の学習では様々な資料を活用する。その1つにグラフ資料がある。グラフ資料は、そこから読み取ることができる情報が多いため、活用を苦手としている子も多い。そこで、順序（シーケンス）の考え方を使うことで、グラフ資料から必要な情報を抜けなく読み取ることができるようになってほしいと考えた。グラフ資料を読み取るための手順を考えて、日本の輸出入額の割合の変化を示したグラフから読み取った情報をもとに、今後の変化や日本の貿易のあり方について、自分なりの考えが持てる児童の姿を目指していく。

準備物・ワークシート

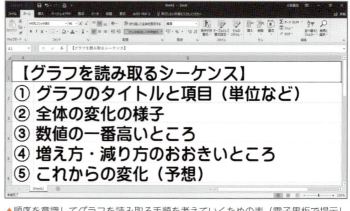

▲順序を意識してグラフを読み取る手順を考えていくための表（電子黒板で提示した）。表計算ソフトを利用して、手順の順番を入れ替えられるようにしている。

◀最初に、順序（シーケンス）の考え方を体感するための一例として歯みがきの手順に挑戦。短冊を用意して、歯みがきの手順を書き込んでいく。6つの順序よく並んだ命令で歯みがきが終わるようにした。

授業の流れ

本日の展開	指導上の留意点 ◉論理的思考に関わる働きかけ
① 本時の学習の課題を知る。 　日本の輸出入にはどんな特色があるのだろう。 ●どんな順序でグラフを見ればいいのかな。	●2つのグラフを提示し、その違いに着目させることで、どんな特色があるといえるのか、考えようとする意欲を高めるようにしたい。
② 抜けなく物事を行うときに便利な順序（シーケンス）の考え方を知る。 ●歯みがきをするには、まず、洗面所に行かないといけないね。 ●順序が正しいと、きちんとできるよ。 ●コンピュータはプログラムに書かれた命令を1つずつ順番に実行する。この処理構造をシーケンス（順序）というんだよ。	●歯みがきの順番を考える活動を通して、児童が順番（シーケンス）の考え方を押さえられるようにする※。 ◉ペアを作り、実際に動いてみることで手順が間違っていないか確認する。間違っていた場合は修正する。その際、デバッグの考え方についても触れていく。
③ グラフ①（主な輸出品の取りあつかい額のわりあいの変化）を題材に、グラフを読み取る手順をまとめる。 ●最初にタイトルと単位を確認するんだね。 ●どこが一番多いか、は大事だね。 ●全体の変化も見ないといけないと思うよ。	●児童が考えた「グラフを読み取る順序」を黒板に掲示することで、順序（シーケンス）の考え方を意識しながら活動できるようにする。 ●想定する手順が児童の意見として出なかった場合、教師からの提案として提示し、グラフを読み取る手順に不足がないようにする。
④ 考えた手順をもとに、グラフ②（主な輸入品の取りあつかい額のわりあいの変化）から読み取れることをまとめる。 ●これは日本の輸出入の額の変化を表しているね。 ●輸出も輸入も年々額が増えているよ。 ●外国とのつながりは日本にとって重要だね。	●読み取った情報をもとにその後の変化を予想し、自分の考えとしてまとめる時間を確保することで、グラフの読み取りを通して自分なりの考えを持つことができるという本時の目標に迫っていく。
⑤ わかったことをノートにまとめる。 ●今後も輸出入の額は増えると予想されるので、外国とよい関係を築いていくことが必要だよ。 ●順序（シーケンス）の考え方を使うと、グラフをきちんと読み取ることができるんだね。	◉これまでのグラフの読み取り方と比較することで、順序（シーケンス）の考え方をグラフの読み取りに生かしていくよさを児童が実感できるようにする。

※ 参考文献『ルビィのぼうけん　こんにちは！プログラミング』(ISBN 978-4-7981-4349-1)「れんしゅう1：　シーケンス（順番に並んだ命令）」(p.71)。

授業のポイント

1 順序（シーケンス）の考え方を体験的に学ぶための導入

本時の学習課題を捉えた後、歯みがきの手順を考え、試す活動を通して、順序（シーケンス）の考え方を学んだ。子どもたちは「そんなの簡単だよ」といいながら歯みがきの手順を考えたが、実際に友だち同士で試してみると、途中で止まってしまうことも多かった。そうした失敗を繰り返しながら、物事をうまく行うためには作業を細分化して、その順序を考えることが大切であることを理解していった。

1 歯みがきの手順を考え、試すことで順序（シーケンス）の考え方を体験的に学ぶ。

2 グラフを読み取る手順を考えるための話し合い活動

日本の主な輸出品の取り扱い額の割合の変化を示すグラフを提示し、読み取っていく内容と順序について話し合って決めた。その結果、①グラフのタイトルと項目、②全体の変化の様子、③数値の一番高いところはどこか、④増減の大きいところはどこか、⑤これからどのように変化していくのか、という順序で読み取っていくという手順ができた。

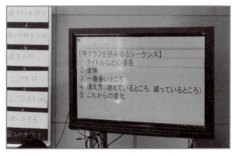

2 グラフを読み取るための手順を話し合いによってまとめていく。

3 考えた手順を使ってグラフを読み取る活動

順序（シーケンス）の考え方を活用し、グラフを読み取る手順をまとめた後、実際に使ってみた。読み取っていく内容と順番が明確になっているので、児童は迷うことなくグラフから様々な情報を読み取っていった。順序（シーケンス）の考え方を活用することで、だれもが、抜けなくグラフから必要な情報を読み取ることができたことを実感し、本時の学習を終えた。

3 自分たちでまとめた手順を使ってグラフを読み取っていく。

終末場面における留意点

下級生に掃除の仕方を教えるとき、児童は無意識に「下級生でもできる掃除の進め方」という手順を頭の中で組み立てている。そのことを例に挙げ、順序（シーケンス）の考え方は日常生活の中でも生かされていることを伝えた。また、グラフを読み取る手順は、読み取った情報をもとに自分なりの考えを持つこと（今回は「これからの変化を予想すること」）が大切であることを伝えた。

板書例

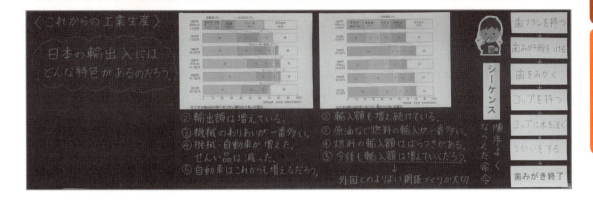

児童の振り返り

歯みがきにも順序があることがわかっておもしろかった。シーケンスの考え方は掃除や給食の準備など身の回りにもいろいろありそうなので、これから探してみたいと思った。

輸出額も輸入額も増えてきていることがわかった。これからも増えていくと思う。これからの日本は、外国と仲よくして、よい関係をつくっていくことが大切だと思った。

シーケンスの考え方を活用した手順のおかげで、グラフのどこに注目して見ればよいのかがわかっているので、大事なことを短時間で読み取ることができた。シーケンスの考え方はグラフの読み取りに役に立つと思った。

みんなで考えた手順を使ったことで、今までとは違った見方ができて、グラフからたくさんのことに気付くことができた。これからもシーケンスを意識してグラフの読み取りをおこなっていきたい。

 専門家のコメント

臼井 英成（那珂市教育委員会）

　コンピュータを使わずに、プログラミング的思考を活用して教科学習の目標を達成するための1つのモデルが、小島教諭が実践した本授業です。具体的には、本時で扱うプログラミング的思考に関連した「身の回りの簡単なモデルを見せる」→「十分な具体物を使った操作体験の場を設定する」→「学習のまとめの段階で身近な社会とのつながりを考える」という展開です。本時では、この展開の中に順序（シーケンス）の考え方を取り入れ、グラフから読み取る内容と順序について話し合うことで、グラフから必要最低限の情報を読み取ることができるようにしています。児童のグラフの読み取りについての苦手意識の軽減につながっています。

第5学年　社会科　3 プログラミング的思考

その違い、見逃しません！特色発見術

小島 貴志
茨城大学教育学部
附属小学校
教諭

学習目標	どこの工業地域・工業地帯かを当てるクイズを作る活動を通して、それぞれの工業地域・地帯の特色を捉えることができる
育てたいプログラミングの考え方	「もし〜なら…する」という条件分岐を使って物事の特徴を明確にしていくことができる【条件分岐】

単元構成「工業生産と工業地域」	
第1時	くらしの中の工業製品
第2時	日本の工業生産の特色
第3時	工業のさかんな地域
第5時	工業地域・工業地帯とその特色（本時）

実践の概要

これまでの学習で、児童は日本の工業生産と工業地域の特色を概観してきた。本時は、学習のまとめとして、どこの工業地域・工業地帯かを当てるクイズ作りを行う。その際、条件分岐の考え方を使い、それぞれの工業地域・工業地帯の特色が答えのヒントとなるようにしていく。そうすることで、それぞれの工業地域・工業地帯の特色について、これまでよりも掘り下げて捉え直していこうとする児童の姿が見られた。

準備物・ワークシート

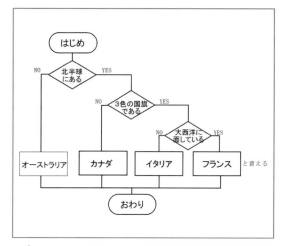

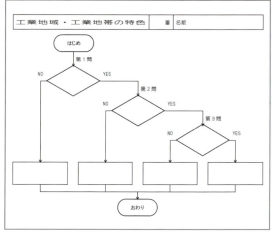

▲「もし〜なら…する」という条件分岐の考え方を理解するために提示したクイズ。地理的条件や国旗の特色をヒントにしている。Noなら（国が特定されるので）答える、Yesなら次のヒントをもらうことになる。

▲それぞれの工業地域・工業地帯の特色をヒントとしてクイズを作っていくためのワークシート。このワークシートを使うことで、児童は無理なく条件分岐の考え方を理解することができる。

授業の流れ

本時の展開	指導上の留意点 ◉論理的思考に関わる働きかけ
① 本時の学習の課題を知る。 　日本の工業地域・地帯には、それぞれどんな特色があるのだろう。 ●工業生産額にはずいぶん違いがあるね。 ●他にどんなところに違いがあるのかな。	●資料集で、前時に学習した9つの工業地域・地帯について、名称と場所を確認する。 ●工業生産額の違いに着目させて、それ自体がそれぞれの工業地域・地帯の特色の1つであることに気付けるようにする。
② 国当てクイズをもとに条件分岐の考え方を知る。 ●最初に「北半球にある」でNOになるのはオーストラリアだね。 ●次に「3色の国旗である」でカナダがNOになるよ。 ●最後に「大西洋に面している」でNOになるのはイタリアだね。 ●「もし〜なら…する」という命令を、条件分岐というんだね。	◉フランス、イタリア、カナダ、オーストラリアの4か国について、場所や国旗の特色からどの国か当てるクイズを考える活動を通して、児童が条件分岐の考え方を理解できるようにする。 ◉フローチャートを提示し、国当てクイズとしてどんな条件分岐を設定すれば正しい答えにたどり着くことができるのか、児童が考える手がかりとなるようにする。
③ 条件分岐の考え方を使って、どこの工業地域・地帯かを当てるクイズを考える。 (1) 工業地域・地帯を当てるクイズを作る。 ●中京工業地帯、北陸工業地域、東海工業地域、京葉工業地域を当てるクイズを作ろう。 ●最初に「太平洋に面している」でNOになるのは北陸工業地域だね。 ●次に「機械のしめる割合が一番多い」で京葉工業地域がNOになるよ。 ●最後に「生産額が日本で一番多い」でNOになるのが東海工業地域だね。 (2) 友だちのクイズを試す。 ●友だちのクイズに挑戦すると、それぞれの工業地域・地帯の特色がもっとわかるようになるね。	●設定する条件につまずいているときには、本時の導入で確認した各工業地域・地帯の特色から、共通項を見つけていくことで設定できることを伝えていく。 ◉答えが2つ（条件分岐が1つ）のクイズを例題として示し、どのような条件分岐を設定していけばよいのか、見通しを持てるようにする。 ◉答えが4つ（条件分岐が3つ）のクイズを基本とするが、児童の実態に応じて答えが3つ（条件分岐が2つ）のクイズでもよいこととする。 ◉友だちのクイズを試す時間を設けることで、それぞれの工業地域・地帯には様々な特色があることに気付けるようにする。
④ わかったことをノートにまとめる。 ●日本の工業地域・地帯には、生産額や立地場所の条件など、それぞれ他とは違った特色がある。 ●条件分岐の考え方を使ってクイズを作ると、特色が捉えやすくなる。	◉社会的事象を条件分岐の考え方を使って見ることで、その特色をより明確にできるよさを児童が確認できるようにする。 ◉「交通費を節約したいならバス、交通費より時間を節約したいならタクシーを使う」など、日常生活でも物事の特色を捉えながら条件分岐を使っていることに気付かせる。

授業のポイント

1 条件分岐の考え方を楽しみながら理解するための導入

授業の導入場面では、地理的条件や国旗の特色をヒントにして該当する国を選んでいくフローチャート作りを体験した。

「最初に『北半球にある』でNOになるのはオーストラリアだね」
「次に『ユーラシア大陸にある』でカナダがNOになるよ」
「最後に『国旗に青を使っている』でNOになるのがイタリアだ」

クイズを作るように、児童はフローチャートを作りながら条件分岐の考え方を理解することができた。

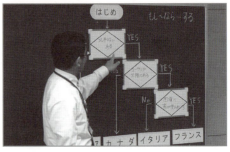

1 条件に当てはまる国を選んでいくフローチャート作りを通して、条件分岐の考え方を理解する。

2 工業地域・工業地帯を特定していくフローチャート作り

日本の主な工業地域・工業地帯から4つを選び、3つのヒントでどの場所かを当てるクイズにするためのフローチャート作りを行った。工業生産額や生産品目の割合、地理的条件など、他との違いが顕著な部分をヒントとして選ぶことで、自分の選んだ工業地域・工業地帯の特色をこれまでよりも鮮明に捉えられるようになっていった。

2 工業地域・工業地帯を特定していくフローチャートを作りながらクイズを考えていく。

3 工業地域・工業地帯の特色への理解を深めるための交流活動

できたクイズを友だち同士で試してみる時間を設定した。友だちのクイズをやって「自分はこんな特色を見つけたけど、他にもこんな特色があるんだ」と気付いたり、「○○工業地域にはこんな特色があるんだ」と気付いたりするなど、日本の工業地域・工業地帯の特色への理解を深めていく姿が見られた。

3 できたクイズを互いに出し合い、日本の工業地域・工業地帯の特色への理解を深めていく。

終末場面における留意点

児童は、フローチャートを上手に使いながらクイズ作りを楽しんでいた。"他との違い"を見つけることでヒントとして活用できること、そして、それこそが"特色"であることを伝えた。本時の学習の振り返りでは、「交通費を節約したいならバス、交通費より時間を節約したいならタクシーを使う」というように、普段の生活においても、私たちは自然と物事の特色を捉えながら条件分岐を使っていることを伝えた。

板書例

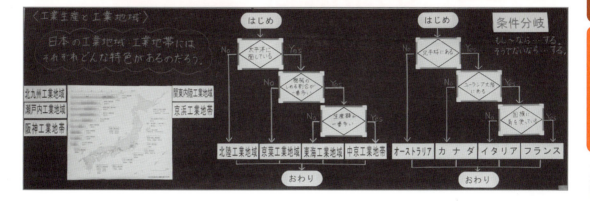

児童の振り返り

- 工業生産額や立地条件など、日本の工業地域や工業地帯にはたくさんの違いがあることがわかった。違いを見つけてクイズにしていくのはおもしろかった。

- 4つの工業地域を3つのヒントでわかるようにするために、地図やグラフをよく見て特色や違いを探した。難しかったけど、今まで気付かなかった特色や違いに気付くことができた。

- フローチャートを作ってみて、自分が選んだ工業地域にどんな特色があるのかよくわかった。同じ工業地域なのに、人によって違うフローチャートができるのがおもしろいと思った。

- 普段の生活の中で無意識に条件分岐を使っていることもあることを知ってびっくりした。他にもどんなときに条件分岐を使っているのか、よく思い出してみたい。

専門家のコメント

小林 祐紀（茨城大学）

「条件分岐」の考え方を取り入れた小島教諭の実践は、フローチャートを作ることを目的とせず、学習のまとめとしてのクイズ作りに条件分岐の考え方を生かし、フローチャートを用いて表現している点に特徴があります。考え方を生かすことは、ツールを使うことと同意ではありません。本実践においても、クイズ作りを通して、児童は「これまでよりも堀り下げて捉え直していこう」としています。そして、友だちとできあがったクイズを交流することで、新しい気付きが生まれています。このような楽しい活動を通して、条件分岐の考え方に触れる機会を作っていくことはとても大事なことだといえます。

第5学年　算数科　3 プログラミング的思考

コンピュータでの作図はじめの一歩！

木村 了士
那珂市立額田小学校
教諭

学習目標	正多角形の意味や性質をもとに、円と組み合わせて作図の仕方を考えることができる
育てたいプログラミングの考え方	●図形を観察する際に、着目すべき部分を抽象化する　【抽象化】 ●作図に必要な操作を細分化し、それらの順序に着目して並べる　【順序（シーケンス）】 ●まとまりを見つけてループを設定することで、煩雑な作業手順を簡潔に表現する　【ループ（繰り返し）】

単元構成「正多角形の作図」	
第1時	正多角形の定義
第2時	円を用いた正八角形のかき方（本時）
第3時	ドリトルを用いた正多角形のかき方
第4時	円を用いた正六角形のかき方
第5時	ドリトルを用いた正多角形のかき方

実践の概要

　本単元では、円を用いて正多角形をかく。本時はまず、前時に円形の紙を折ったり切ったりして作った正八角形を観察することで正八角形のかき方を考える。次に、正八角形の外接円の中心部分を8等分するためには、どのような操作が必要かをノートに書き出し、それらを順序よく手順としてまとめる。この過程で、児童は順序（シーケンス）の考え方のよさを感じる一方、同じ操作の繰り返しを記述することの煩雑さに気付く。最後に、ループ（繰り返し）の考え方をフローチャートで示すことで、ループの考え方のよさや表現の簡潔さに気付かせる。

準備物・ワークシート

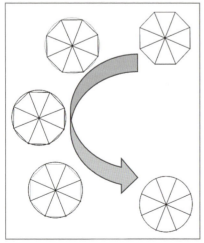

▲前時に円を折ったり切ったりすることで作った正八角形の図を提示することで、着目する部分を抽象化できるようにする。

①円をかく。
②半径をかく。
③45°ずらす。
④半径をかく。
⑤45°ずらす。
　　　⋮

◀どの程度操作を細分化するのかを共通理解するために、手順が全部でいくつぐらいになるのか、目安を示した。

▶最後にループの考え方をフローチャートで表したものを示し、最初にまとめた手順と並べて提示することで、ループの考え方のよさや表現の簡潔さに気付かせる。

授業の流れ

本時の展開	指導上の留意点 ◉論理的思考に関わる働きかけ
1 前時の学習内容を振り返る。 ●円形の紙を切って正多角形を作った。 ●正多角形は辺の長さがみんな等しく、角の大きさもみんな等しい。	●正多角形の定義を振り返り、辺の長さと角の大きさが等しいことを確認する。
2 本時の問題を捉える。 三角定規やコンパス、分度器を使って正八角形をかこう。	
3 見通しを持つ。 ●円に着目すればよい。 ●二等辺三角形に着目すればよい。 ●正八角形の角の部分の角度に着目すればよい。 ●円の中心部分の角度（円周）を8等分すればよい。	◉前時の正八角形（折り目あり）を提示することで、図形を観察する際に着目すべき部分を抽象化できるよう支援する。
4 本時の課題をつかむ。 円の中心部分の角度を八等分する方法を考えよう。	
5 課題に取り組む。 (1) 正八角形をかく。 (2) かき方をシーケンスにまとめる。 ①円をかく。 ②半径をかく。 ③４５°ずらす。 ④半径をかく。 　　　　⋮ ●手順を書くのが面倒だけど…。 ●同じことの繰り返し。	●かいた後で、辺の長さや角の大きさを調べ、正八角形になっていることを確かめさせる。 ◉順序（シーケンス）の考え方を活用し、正八角形のかき方の手順をまとめることで、かき方をわかりやすく表現できることに気付かせる。
6 フローチャートを理解する。 **7 本時のまとめをする。** 45°ずつずらしながら、8本の半径を引いていけば、円の中心部分を八等分することができる。	◉ループ（繰り返し）の考え方を使うことで、同じことを繰り返す操作を簡単に表現できることに気付かせる。 ◉日常生活でも、電化製品など身近なところで順序（シーケンス）やループ（繰り返し）の考え方が使われていることを伝える。 

授業のポイント

1 大切な部分だけに着目する

前時に折り紙で作った正八角形を提示し、よく観察することで、どこに着目するべきかを考えさせた。二等辺三角形や円、半径など様々な意見が出された。その後、全体での話し合いの中で、円と半径に着目し円の中心部分の角度を8等分すれば、簡単に正八角形をかくことができそうだという見通しを持つことができた。児童は最初、なんとなく図を見ているだけだったが、大切な部分だけ見ればよいこと（抽象化）に気付くことができた。

1 折り紙で作った正八角形を観察し、着目点を考える。

2 正八角形をかくための手順をまとめる

実際に正八角形をかき、その作業を振り返りながら、順序（シーケンス）の考え方を活用し、手順をまとめる活動を行った。活動においては、完成形の見通しを持たせるため、手順が全部でいくつぐらいになるのか目安を示した。児童はこの過程で、手順通りに操作すれば正八角形がかけることのよさに気付いた。その一方で、同じ操作の繰り返しを記述する煩雑さを訴える児童も多く、ループ（繰り返し）の考え方の必要感を持たせることができた。

2 グループで話し合いながら、手順をまとめる。

3 フローチャートの見方とループの考え方を知る

同じ操作を繰り返し書くのが面倒だという意見が多くなってきたところでフローチャートを示し、フローチャートの見方やループの考え方を指導した。児童にとっては初めての内容であったが、比較的簡単にこれらの内容を理解していた。前段階で記述の煩雑さを訴えていたこともあり、ループの考え方を用いたフローチャート表現の簡潔さ、便利さを感得させることができた。

3 フローチャートの見方と、ループの考え方を知る。

終末場面における留意点

授業の最後に、日常生活で順序（シーケンス）やループの考え方が使われている例をいくつか示し、その考え方の大切さを感得させられるようにした。歯みがきや入浴など順序通りにしなければ、目的が達成できない例（シーケンス）や洗濯機などの電化製品で同じ操作が繰り返される例（ループ）を提示することで、プログラミング的思考と日常生活のつながりを印象づけられるようにした。

板書例

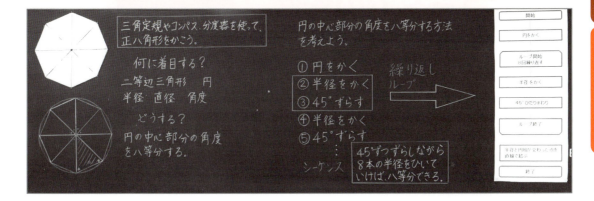

児童の振り返り

自分は最初正八角形の角の部分の角度に注目していたけど、円の中心部分の角度に注目したほうが簡単にかけることがわかった。いろいろな見方をすることが大切だと思った。

最初はなんとなく図を見ていたけど、少しずつ大切な部分だけが見えるようになってきた。正八角形をかく時も、最初はなんとなくかいていたけど、順序を意識することが大切なことがわかった。

正八角形をかくことは簡単だったけど、かき方をシーケンスにまとめるのが難しかった。同じ操作を何度も繰り返して書くのが面倒だったが、ループの考え方を使うと簡単に書くことができてすごいと思った。

フローチャートはわかりやすいと思った。ループの考え方も日常生活の中にたくさんあることがわかった。自分の行動にも、ループの考え方があるか探してみたいと思った。

 専門家のコメント

小林 祐紀（茨城大学）

　本実践は、新しい学習指導要領に例示のある学習であり、最終的にはプログラムのよさを生かして教科学習の目標達成を目指します。前時に作成した正八角形を観察し、かき方を1つ1つ手順として書き出しています。そうすると児童は、繰り返しのあまりの多さから、何か別の示し方はないものかと考えます。児童の必要感が高まった段階で、木村教諭は繰り返し（ループ）の考え方を指導しています。児童の思考に寄り添った実践といえます。振り返りからも、順序（シーケンス）および繰り返しの考え方の有用性を捉えていることが読み取れます。考え方を可視化（表現）するフローチャートとの出会いも初めてでしたが、本実践のように学習の文脈の中で見方などを指導することが望ましいでしょう。

第5学年　算数科　2 プログラムのよさ

コンピュータでの作図 かめた！

木村 了士
那珂市立額田小学校
教諭

単元構成「正多角形の作図」	
第1時	正多角形の定義
第2時	円を用いた正八角形のかき方
第3時	ドリトルを用いた正多角形のかき方（本時）
第4時	円を用いた正六角形のかき方
第5時	ドリトルを用いた正多角形のかき方

学習目標	正多角形の外接円の中心部分の角度に着目して、正多角形をかくことができる
育てたいプログラミングの考え方	●特定の条件が満たされるまで処理が繰り返されることを理解する　【ループ（繰り返し）】 ●入力する数値を変えるだけで、様々な正多角形を簡単にかくことができることのよさに気付く　【変数】

実践の概要

　本時は、ドリトル（p.189）を使用して、角度やループの回数などを変数として設定し、それらを変えるだけで様々な正多角形を作図できることを体験していく。児童は試行錯誤を繰り返しながらプログラムの意味を読み取り、様々な部分を変数と見たり定数と見たりしながら実際にコンピュータの画面上で正多角形をかいていく。最後に児童は自身の活動を振り返り、前時に確認した正八角形のかき方のフローチャートを正〇角形のかき方のフローチャートに一般化する。

準備物・ワークシート

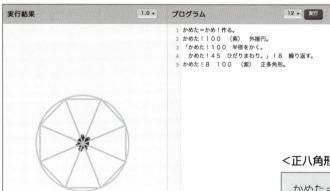

▶使用したドリトルの画面。かめのキャラクター「かめた」が円を描き、中心部分の角度を八等分する。その後、半径と円周の交点を結ぶことで、正八角形をかく。

▼正八角形をかくためのプログラムを配布し、他の正多角形をかく場合はどこを直せばよいのか考えさせた。この際、変数にあたる部分をあえて□や〇にしないことで、自由に考えられるよう配慮した。

＜正八角形をかくための「かめた」の指示＞※

```
かめた＝かめ！作る。
かめた！100　（紫）外接円。
「かめた！100　半径をかく。
　かめた！45　ひだりまわり。」！8　繰り返す。
かめた！8　100　（紫）正多角形。
```

※ 本実践で使用したドリトルのプログラムは小学校向けサイト（p.194）で利用できます（一部、実践時とプログラムが異なる場合があります）。

授業の流れ

本時の展開	指導上の留意点 ◉論理的思考に関わる働きかけ
① 前時の学習内容を振り返る。 ●円の中心部分の角度に着目することで、正八角形をかいた。 ●正八角形のかき方をフローチャートにまとめた。	●円の中心部分の角度に着目したことを確認し、前時と本時とのつながりを意識させる。
② 本時の問題をつかむ。 「かめた」に命令して、正○角形をかこう。	
③ プログラムについて知る。 ＜正八角形をかくための「かめた」への指示＞ かめた＝かめ！作る。 かめた！１００ （紫） 外接円。 「かめた！１００ 半径をかく。 　かめた！４５ ひだりまわり。」！８ 繰り返す。 かめた！８ １００ （紫） 正多角形。	●実際にプログラムを入力し、コンピュータで作図を行う。 ●「かめた」が円の中心にいることを確認し、前時と本時のつながりを意識させる。 ◉「かめた」の動きに着目させることで、同じ作業を繰り返していることに気付かせる。 図1（フローチャート：開始→円をかく→ループ開始 8回繰り返す→半径をかく→45°ひだりまわり→ループ終了→半径と円周が交わった点を直線で結ぶ→終了）
④ 本時の課題をつかみ、課題に取り組む。 どんな数値を入力すればいいのかな。 (1) 話し合った数でプログラムを実行する。 　●円の中心部分にできる角度を入力すればいい。 　●正多角形の角の数だけ繰り返せばいい。 　●１００って何だろう。 (2) 他の正多角形ではどうなるか話し合い、プログラムを実行する。 　●正三角形なら１２０と３。 　●正六角形なら６０と６。	●フローチャートとプログラムを並べて提示することで、プログラムの読み取りを支援する（図1）。 ●適当に数値を入力するのではなく、結果を予想して数値を入力するよう伝える。 ◉「かめた」の動きに着目させることで、同じ作業を繰り返していることに気付かせる。 ◉入力する数値を変えるだけで、様々な正多角形を簡単にかくことができることのよさに気付かせる。
⑤ 本時のまとめを行い、フローチャートを一般化する（図2）。 ●角度の部分には３６０÷○の数値を入力し、繰り返す部分には○を入力すればよい。 ●入力する数値を変えるだけで、いろいろな正多角形がかける。	◉日常生活でも、電化製品など身近なところでループ（繰り返し）や変数の考え方が使われていることを伝える。 図2（フローチャート：開始→円をかく→ループ開始 ○回繰り返す→半径をかく→(360÷○)°ひだりまわり→ループ終了→半径と円周が交わった点を直線で結ぶ→終了）

授業のポイント

① 活動をつなげる

第1時の具体的操作から本時までが、円滑につながるよう配慮した。第2時で確認したフローチャートと本時のプログラムを並べて提示することでプログラムの読み取りを支援した。また、第2時では外接円の中心部分の角度に着目したが、本時もかめのキャラクターが円の中心部分にいることや同じ動きを繰り返していることを確認し、前時とのつながりを意識させた。

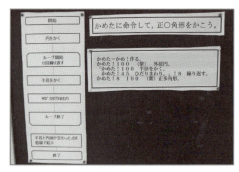

1 前時と本時をつなげる。

② 入力する数値を変えることで、様々な正多角形をかく

正八角形をかくためのプログラムを配布し、他の正多角形をかくために修正すべき部分を考えさせた。児童は、すぐにプログラムの意味を理解し、様々な正多角形をかくことができた。正多角形の大きさや色を変える児童も見られ、楽しみながらプログラミングをする様子が見られた。数値を変えるだけで、手作業でかくよりも簡単に美しい図形をかくことができることに驚きの声をあげる児童も見られた。

2 グループで話し合いながら、ドリトルに数値を入力する。

③ フローチャートを一般化する

最後にフローチャートを一般化することを試みた。正〇角形をかくときに、何回繰り返すかという部分は簡単に答えることができた。しかし、角度については難易度が高かった。正八角形なら45、正六角形なら60というように個別の場合についてよく理解していた児童も、一般化は難しかったようだ。そこで、全体指導で個別のつぶやきを拾いながら、360÷〇という式にまとめていった。その後、一般化されたフローチャートを適用することで正三十六角形をかいた。

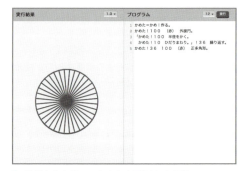

3 ドリトルを使ってかかれた正三十六角形。

◆ 終末場面における留意点

前時と同様に授業の最後に、日常生活とプログラミング的思考の関わりについて話すことで、その考え方の大切さを感得させられるようにした。入力する数値を変えるだけで様々な正多角形を簡単にかくことができる利便性を確認し、同様の考え方は日常生活においてもエアコンの温度設定など様々な場面で使われていることを紹介することで、変数の考え方の有用性を意識できるようにした。

板書例

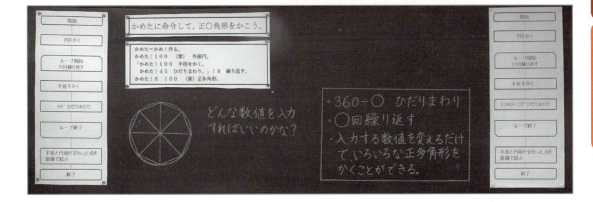

児童の振り返り

- 自分では正三十六角形を正確にかくのは無理。コンピュータは入力する数を変えるだけで、簡単に正確にかけるからすごい。正三十六角形はほとんど円。正百角形なんかも描いてみたい。

- いろいろな図形を簡単にかくことができたけど、その後に正○角形の場合を考えるのが難しかった。角度の部分は３６０÷○で表せることがわかったから、次は何角形でもかける。

- フローチャートとプログラムは何となく似ていると思った。かめたの動きも前の時間に自分がやったことと同じように動いていると思った。

- コンピュータとプログラムは数をちょっと変えるだけで、簡単に図がかけるからすごい。面倒な繰り返しの部分も、ループのプログラムにすれば、簡単に入力できるから便利だと思った。

 専門家のコメント

小林 祐紀（茨城大学）

　本時では、教室にノートパソコンを持ち込み、正八角形を皮切りにたくさんの正多角形を「かめた」にかかせています。教育用プログラミング言語だからこそ、5年生の児童は記述したプログラムの意味をすぐに理解し、他の正多角形を自由に作図しています。プログラムのよさが生きた場面です。そして、多くの正多角形の作図体験から、正○角形の作図へと思考を導くことで、教科内容の確実な理解につなげようとしています。また、一般化されたフローチャートを用いて、コンピュータだからこそできる正三十六角形をかいてみるといった児童の学習意欲を高める手だても見られます。そして、終末場面には、身近な生活と学習内容とのつながりを示すことで、子どもたちの関心は教室の外へも広がっていきます。

第5学年　算数科　2 プログラムのよさ

コンピュータでの作図
続・かめた！

木村 了士
那珂市立額田小学校
教諭

単元構成「正多角形の作図」	
第1時	正多角形の定義
第2時	円を用いた正八角形のかき方
第3時	ドリトルを用いた正多角形のかき方
第4時	円を用いた正六角形のかき方
第5時	ドリトルを用いた正多角形のかき方（本時）

学習目標	正多角形の内角に着目して、正多角形をかくことができる
育てたいプログラミングの考え方	●特定の条件が満たされるまで処理が繰り返されることを理解する 【ループ（繰り返し）】 ●物事の性質や手順のまとまりに名前を付ける【関数】

実践の概要

　本時は第3時と同様、ドリトル（p.189）を活用して、角度やループの回数などを変数として設定し、それらを変えるだけで様々な図形を作図できることを体験していく。第3時では円の中心部分の角度に着目したが、本時では正多角形の内角に着目して正多角形をかく。その後自身の活動を振り返り、フローチャートを一般化するのは第3時と同様である。最後にループの部分に"正多角形をかく"という名前を付けた（関数の考え方）。

準備物・ワークシート

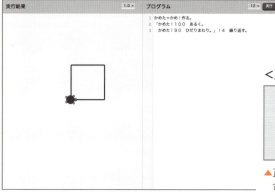

◀使用したドリトルの画面。かめのキャラクター「かめた」が直進した後、指定された角度分左に曲がることを繰り返すことで正多角形をかく。

＜正四角形（正方形）をかくための「かめた」への指示＞※

かめた＝かめ！作る。
「かめた！１００　あるく。
　かめた！９０　ひだりまわり。」！４　繰り返す。

▲正方形をかくためのプログラムを配布し、他の正多角形をかく場合はどこを直せばよいのか考えさせた。

＊ 本実践で使用したドリトルのプログラムは小学校向けサイト（p.194）で利用できます（一部、実践時とプログラムが異なる場合があります）。

		正三角形	正方形	正五角形	…
予想	□ひだりまわり。	60	90	108	
	△繰り返す。	3	4	5	
結果	□ひだりまわり。	120	90	72	
	△繰り返す。	3	4	5	

◀予想と結果両方を記述できるワークシートを準備した。このことで、正三角形の１２０の部分を３６０÷３ではなく、１８０－６０と見られるよう支援した（小学校では外角は未習のため）。

授業の流れ

本時の展開 | 指導上の留意点
◉論理的思考に関わる働きかけ

1 本時の問題をつかむ。

「かめた」に命令して、正○角形をかこう。

(1) 正方形の場合の結果を予想し、プログラムを実行する。
　● 9 0 ˚で4回繰り返す。
(2) 正三角形について話し合い、プログラムを実行する。
　● 6 0 ˚で3回繰り返す。

```
かめた＝かめ！作る。
「かめた！1 0 0　あるく。
　かめた！□　ひだりまわり。」！△ 繰り返す。
```

- ◉「かめた」の動きに着目させることで、同じ作業を繰り返していることに気付かせる。
- ●フローチャートとプログラムを並べて提示することで、プログラムの読み取りを支援する（図1）。
- ●正三角形の場合の予想と結果のズレを課題につなげる。

図1

2 本時の課題をつかむ。

どんな数値を入力すればいいのかな。

3 課題に取り組む。

(1) 話し合った数でプログラムを実行する。
　● 正六角形で6 0？　1 2 0ではないか？
　● 6 0と1 2 0はどのような関係か？
(2) 予想と結果のズレについて話し合う。
　● □×△＝3 6 0
　● 1 8 0－正多角形の角の部分の角度

- ●試行錯誤の結果を表にまとめることで、プログラムの読み取りを支援する。
- ●表は予想と結果の両方を記入できるようにし、予想と結果のズレについて考察できるようにする。

図形		正三角形	正四角形	…
予想	□	6 0	9 0	
	△	3	4	
結果	□	1 2 0	9 0	
	△	3	4	

4 本時のまとめを行い、フローチャートを一般化する。

- ●□に180˚－正○角形の角の部分の角度を入力する。
- ●△に正○角形の角の数（○）を入力する。
- ●入力する数値を変えるだけで、いろいろな正多角形がかける。

- ◉入力する数値を変えるだけで、様々な正多角形を簡単にかくことができることのよさに気付かせる。

5 別のプログラムで正多角形をかくことで、関数の考え方を知る。

かめた！6　1 0 0　（紫）　正多角形

- ◉図2のフローチャートと図3のフローチャートを並べて提示し、関数の考え方を理解できるよう支援する。

授業のポイント

1 予想通りにならない導入場面

まず正方形をかく場合について児童に予想させた。児童は直観的に「９０ひだりまわりで４回繰り返せばよい。」と答えることができた。そこで、正三角形の場合を予想させると「６０ひだりまわりで３回繰り返せばよい。」という答えが返ってきた。実際にプログラムを実行してみると、正三角形をかくことができなかった。意外な結果に課題意識が生まれ、その後の課題へとつなげることができた。

1 予想外の結果にとまどう児童。

2 入力する数値を変えることで、様々な正多角形をかく

正四角形（正方形）をかくプログラムを配布し、他の正多角形をかく場合にはどこを修正すればよいか考える活動を行った。この際、予想と結果両方を書き込むことができるワークシートを使用し、予想と結果のズレを考察できるようにした。「〜ひだりまわり」の部分が難しかったようだが、試行錯誤を繰り返すことで徐々に任意の正多角形をかくことができるようになっていった。

2 グループで話し合いながら、入力する数値を考える児童。

3 結果を考察する

「〜ひだりまわり」の部分について全体で確認した。表の考察から□×△＝３６０という意見も出されたが、これは中学校で学習する外角の考え方であることを確認した。他の考え方はないかとの発問に対し、１８０からかきたい図形の角の部分の角度を引けばよいという意見が出された。そこで、正三角形の場合には、なぜ６０ではなく１２０なのかということについて、全体で確認してまとめにつなげていった。

3 正三角形の場合について、なぜ６０ではなく１２０なのか説明する児童。

終末場面における留意点

まとめとして一般化されたフローチャート（「授業の流れ」の図２）を提示した後で、フローチャートのループ部分を「正多角形をかく」に修正したもの（「授業の流れ」の図３）を提示し、関数の考え方を紹介した。関数の考え方については、児童は比較的容易に理解できたようである。最後に関数の考え方を利用した別のプログラムを示し、正多角形をかいて見せることで、関数の考え方に対する理解を促進できるようにした。

板書例

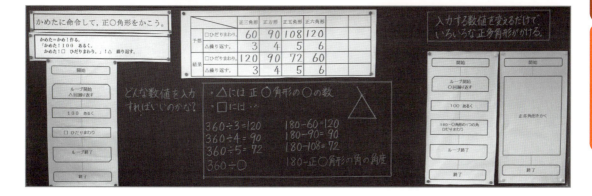

児童の振り返り

前回よりもプログラムの意味を読み取るのが難しかった。正三角形の場合に、なぜ６０ではなく１２０なんだろうと思ったが、かめたになったつもりで考えるとよくわかった。

前回もそうだったけど、入力する数値を変えるだけで簡単に図がかけるのはすごいと思った。最後に別のプログラムで図を描いたのもすごいと思った。自分もプログラムを作ってみたい。

「～ひだりまわり」の部分が難しかったけど、説明を聞いたらよくわかった。関数の考え方がおもしろいと思った。普段の生活の中で、関数の考え方が使われている例を探してみたい。

コンピュータは、面倒な操作でも間違えずに正確にできるからすごい。正十角形とか、同じことを何度もやるから、自分だったら途中で嫌になるかズレるかしてしまいそう。

 専門家のコメント

臼井 英成（那珂市教育委員会）

　木村教諭の本実践での大きな特徴は、簡単なプログラムを読む活動を設定することで、自分が意図した正多角形をコンピュータで描画するために、入力する数値を考える必然を生み出しているところです。児童は、予想した数値とプログラムを実行して得られた数値が異なることから、異なってしまう理由を探りたくなります。本実践では、数値を変えながら何度もプログラムを実行し、得られた結果を表にまとめ考察することで、児童は、正n角形をかくために入力する数値について、「１８０°－（１つの内角）」「３６０°÷n」という２つのきまりを見つけ、学習を深めています。算数の学習の目標を達成するためにプログラムのよさを生かした参考となる実践です。

第5学年　算数科　2 プログラムのよさ

プログラミングを活用した正多角形の作図

須田 智之
さとえ学園小学校
教諭

学習目標	● 図形を構成する要素（辺の長さ、角の大きさ、対称性など）に着目して、正多角形の性質を捉えようとする ● 正多角形の概念やその作図の仕方について理解する
育てたいプログラミングの考え方	● 正五角形を構成する要素に着目して、ドリトルで正五角形を作図することができる【ループ（繰り返し）】 ● プログラミング体験を通して、正多角形の性質を理解し、正五角形以外の場合にでも適用できる形に一般化をすることができる【抽象化】

単元構成「円と正多角形」

第1時	正多角形について
第2時	円周の長さ
第3時	円の面積
第4時	おうぎ形
第5時	組み合わせた図形
第6時	正多角形や円と角
第7時	正多角形の定義およびドリトルでの正多角形の作図（本時）
第8時	ドリトルを用いた正多角形の作図および正多角形の性質の理解

実践の概要

　本時では、今まで自分たちがコンパスや定規を用いて行っていた作図について、ドリトル（p.189）を用いて作図する。作図の手順を言語化することで、正多角形の作図は「繰り返し（ループ）」の考え方を用いていることに気付くことをねらいとした。また、「抽象化」の考え方を用いて正多角形の作図を一般化することも目指した。

準備物・ワークシート

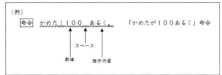

◀ドリトルの使用マニュアル（左）とワークシート（右）。プログラミングの新しい指示（くりかえす）を発見し、マニュアルに書き足す。振り返りとまとめを行うことで、プログラミングと算数の結びつきを確認する。作図的な視点から正多角形を自分なりの言葉で表現する。

授業の流れ

本時の展開	指導上の留意点 ◉論理的思考に関わる働きかけ
① 前時の学習内容を振り返る。 ● 正方形の作図方法を復習する。 ● ドリトルの入力方法を確認する。	● 100あるく　90ひだりまわり ●「！」「。」「スペース」の入力の確認
② 本時の課題をつかむ。 ● 問題を捉える。 　　正五角形を作図しよう。 ● 作図の方法→プログラムを検討する。 ● 連続入力、繰り返し入力を活用する「くりかえす」。 ● 内角108°ではない！→ 72°を入力する。	◉ 児童の「めんどくさい」を拾う。 ◉ 同じ言葉を何度も入力することの面倒さに共感し、よい方法（言葉）がないか促す。 ● プログラムの内容を思考・発言しているか。
③ 課題に取り組む。 ● 話し合った方法でプログラムを実行する。 ＜ドリトルで正五角形を書くプログラム例＞ 「かめた！100　あるく　72　ひだりまわり。」 ！5　くりかえす。	● 主体的、協働的に活動しているか。 ● できた子には他の正多角形の作図をするように指示する。 ● 他の正多角形の性質のうち、必要な要素を見いだすことができているか。 ● プログラムと図形の性質を正しくつなぎ合わせ、応用することができているか。
④ 一般化する。 ● 他の正多角形にするためにはプログラムのどこを変えればよいか。	◉ プログラム内の「くりかえす」という言葉を引き出し、着目するように促す。
⑤ 本時のまとめを行う。 ● プログラミングを通して、 　「正多角形は　　　　　　　　　　」 　を自分なりの言葉で表す。	
⑥ 振り返りシート（自己評価）を記入する。	
⑦ わかったことのまとめ。 ● 正多角形の作図は同じ作業の繰り返しであること。	◉ プログラミングと日常を結びつける例を挙げる。 　＜例＞（信号機）→「くりかえす」プログラム

授業のポイント

1 正五角形を作図する

プログラムの内容を確認してから正多角形の作図に入った。作図の際にドリトルのかめた🐢の視点になってどちらに何度回転しなければいけないかを考える。失敗をしながらも自力、または協働しながら作図する。作図方法については板書で理解を共有しながら進めた。実際にかめたを動かすことで、内角・外角についても理解を深める機会となった。

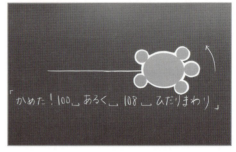

1 正五角形の作図では、外角を108度ではなく72度と入力することを押さえる。

2 正六角形、正八角形など正多角形を作図する

正五角形を作図したら、それを一般化する。具体的に「正六角形だったら？」「正八角形だったら？」と話を進めていくと「正100角形も作れる！」のように、児童からどんな正多角形も作図できるという発言が出た。正五角形のプログラムに着目し、同じ指示が「繰り返し」使われていることに気付く。正多角形は同じ作業を繰り返すことで作図することができ、角度・繰り返す回数を操作すれば、様々な正多角形が作図できることを確認する。

2 「くりかえす」プログラミングで正多角形を作図する。

3 自分なりの言葉で正多角形を表現する

プログラミングを通して、作図する視点から正多角形を考えた。そのことを生かして、自分なりの言葉で正多角形を表現する。定義については定められたもののため、「教わる」ことが多く、そこに疑問や思考はないことが多い。しかし、定義を知った上で自分なりの言葉で表現することにより、その定義をあらためて見つめ直すとともに新しい言葉で図形への理解を深めることを目的とした。「同じ指示」や「くりかえす」などの言葉を使って表すことができるとよい。様々な角度から図形を捉えることで学びを深める。

3 ワークシートに取り組み、正多角形とプログラミングについて振り返る。

終末場面における留意点

正多角形の作図に関するプログラミングは、入力方法基本マニュアルを見れば、児童にとっても難解ではないが、活動を通して正多角形の作図についての理解を深めていく。「正多角形とは？」と問われたときに出る「すべての辺の長さ、内角の大きさが同じ」というお決まりの解答だけではなく、作図的視点を含めた外角や繰り返しの表現が児童から出てくることで、新たな理解がプログラミングを通して児童の理解を深めていくことへとつなげる。

板書例

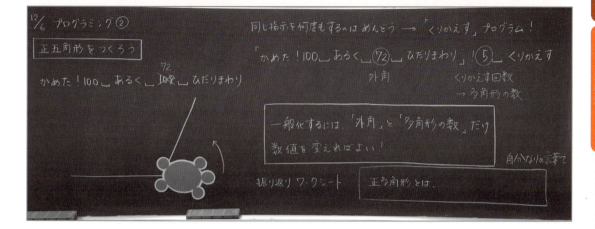

児童の振り返り

- ドリトルでの正多角形の作図では、辺と角がわかったらそれを繰り返せばよいことがわかった。
- 正六角形、正八角形も作ってみたら、上手に作れたのでよかったです。
- 友だちと協力して取り組めたので楽しかった。
- 自分で正十角形を書くのは大変だけど、プログラムをかくと、きれいにかけてすごいなぁと思いました。
- 最初はめんどくさいと思ったけど、やり方がわかると簡単でおもしろかったです。
- 108ではなく72！

 専門家のコメント

小林 祐紀（茨城大学）

　本実践は、新しい学習指導要領に例示のある学習であり、最終的にはプログラムのよさを生かして教科学習の目標達成を目指します。正五角形、正六角形、正八角形と順にプログラムを用いて作図していくと、どんな正多角形も嫌な顔せず作図してくれるコンピュータのよさを子どもたちは感じたことでしょう。そして、「繰り返し」の部分に気付き、さらに発展的な学習へつながっています。最終的には、できあいの正多角形の定義を覚えるのではなく、多くの作図体験から実感した自分の言葉を用いて、正多角形を表現することで深い理解につなげようとしています。

第5学年　算数科　3 プログラミング的思考

分岐でわかる！グラフの選択

清水 匠
茨城大学教育学部
附属小学校
教諭

学習目標	伝えたい内容に合ったグラフが選べるフローチャートを作成する活動を通して、既習のグラフ（棒・折れ線・円・帯）の特徴を整理し、目的に応じた適切なグラフを判断して選択することができる
育てたいプログラミングの考え方	●どんな条件で振り分けるのか、各グラフの特徴を抽出し、分岐の順序を適切に判断していく【抽象化】 ●「もし〜なら〜、そうでなければ〜」という考え方を用いて、物事を分類していく【条件分岐】

単元構成「グラフに表そう」	
第1時	帯グラフと円グラフの意味
第2時	帯グラフと円グラフに表そう
第3時	グラフの表し方の工夫
第4時	適切なグラフの選択（本時）
第5時	伝えたい内容に合ったグラフを書こう

実践の概要

児童は、3〜5年生までに様々なグラフを学んできている。しかし、それぞれが個別に学習されているため、各グラフの相違点を十分に捉えていないことが多い。そこで、各グラフの特徴を洗い出して同じ観点で整理（抽象化）し、それをもとに条件分岐の考え方を活用したフローチャートを作成する活動を設定した。児童は「割合の変化を表したいなら、帯グラフを使う」というように、目的に応じてグラフを判断する姿が見られ、それぞれのグラフの特徴を理解していくことができた。

準備物・ワークシート

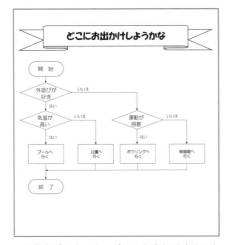

▲日常生活の中でも、どこにお出かけするのか迷ったとき、天気や好みなどの条件を加味して、少しずつ絞って選択していくことが多い。そんな日常場面をもとに自作したフローチャートで、条件分岐の考え方を捉えていく。

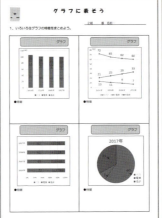

▲既習のグラフを並べて表示し、それぞれを見比べて共通点を抽出するワークシート。それらをもとに、フローチャートを実際に自分で作成していくためのワークシート。

授業の流れ

本時の展開	指導上の留意点 ◉論理的思考に関わる働きかけ
① フローチャートを用いた診断ゲームを行い、プログラミングの考え方を体験する。 ●何かを選択したいときにこの方法を使えば、正しく判断できるかもしれないよ。	●児童になじみがあるよう、どこに遊びに行くかを判断する場面を想定することで、条件分岐の考え方を楽しく体験できるようにする。 ●設問に従って分岐を繰り返していくことで分類ができるよさに気付かせることで、本時の問題を解決するための足がかりとなるようにする。
② 本時の問題を捉え、課題をつかむ。 (1) 本時の問題を捉える。 　チラシを配る地域を選んで、グラフを用いてわかりやすく理由を説明しましょう。 　●人数が増えている地域に配ったほうがよいね。 　●今まで習ってきたグラフのどれが効果的かな。 (2) 本時の課題をつかむ。 　どんなグラフで表したらよいのかな。	●伝えたい内容によって選ぶグラフが変わることを押さえ、本時の課題を導き出す。 ●導入での診断ゲームを想起させ、本時の活動の見通しが持てるようにする。
③ 既習の様々なグラフの特徴を整理する。 (1) グループごとにグラフの特徴を話し合う。 (2) 全体で特徴を確認する。 　●棒グラフは、どこが多いかすぐにわかるね。 　●折れ線グラフは、線の傾きで変化がわかるな。 　●帯グラフは、割合の変化を伝えるときに最適だね。 　●円グラフは、1つの割合が見てすぐわかるよ。 (3) 目的に応じた適切なグラフを選ぶためのフローチャートを作成する。 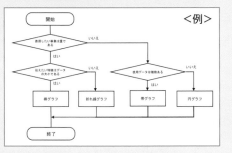	◉ある程度共通の項目で特徴を整理して板書にまとめることで、フローチャートを作る際の条件設定(抽象化)がしやすくなるようにする。 ◉条件となる部分をどう設定するのか、文言に悩む場合は、条件分岐の考え方を損なわない範囲で、児童の言葉で表現していけるようにし、無理なく条件分岐の考え方を活用していけるようにする。 ●条件設定にとまどっている児童には、各グラフの特徴を再確認するよう促し、フローチャートを下から上に考えていくように声掛けすることで、考えやすくする。
④ 本時のまとめを行う。 (1) ペアになり、作ったフローチャートを用いて、相手の目的にあった適切なグラフを教え合う。 (2) 本時のまとめ(算数科・プログラミングの考え方)を行い、振り返りをワークシートに記入する。 　●割合で表すか調べた数で表すかによって、選ぶグラフが変わることがわかったよ。 　●どんな特徴を条件にするのか、どんな順番で判断するのかを決めるのが難しかったな。	◉お互いに質問し、答えを教え合う活動を通して、本時の学習内容の定着化を図るとともに、コンピュータと人間との関係を疑似体験できるようにする。 ◉日常生活の中で「もし〜なら〜」という条件分岐の考え方を用いたコンピュータの例として、お掃除ロボットやエアコンで用いられていることに気付かせる。 ●本時では、グラフ選びを通して各グラフの特徴を理解することに焦点化し、次時には実際にグラフを書く活動を行うことを伝え、意欲付けとする。

授業のポイント

1 条件分岐の考え方を自然に体験する導入

授業の導入場面では、お出かけに行く場所を選ぶフローチャートを体験した。「外で遊ぶのが好き」に対して「いいえ」なら左、「室内で過ごすのが好き」に対して「はい」なら右などと設問に答えると、「映画館に行く」と自分の考えにあった場所が提示される。児童は、「もし〜なら、〜をする」という条件分岐を積み重ねることで、どんな行動をするのかスムーズに選択できることに気付いていった。

1 どこにお出かけするのか選ぶことができる、フローチャートを体験する。

2 各グラフの特徴を抽出する話し合い活動

既習のグラフである棒グラフ・折れ線グラフ・帯グラフ・円グラフの4つを並べて、それぞれどんなことを表すのに適しているのか話し合った。4つを見比べながら特徴を洗い出すことで、「割合で表すか量で表すか」「変化がわかりやすいか、総数がわかりやすいか」など、共通の視点で4つのグラフの特徴を抽出していった。4つのグラフが児童の中で抽象化され関連付いていく様子が見られた。

2 既習のグラフの特徴を整理して、どんなことを表すのに適しているか話し合う。

3 グラフの選択を簡単にするフローチャート作り

4つのグラフの特徴が整理されたところで、導入場面で扱ったフローチャートを思い出させ、自分の伝えたい内容に適したグラフが選べるフローチャート作りを行った。どんな順番でどんな条件を設定するか悩む中で、4つのグラフの特徴を再確認する姿が見られた。完成したフローチャートで、自分や友だちの伝えたいことに適しているグラフを実際に選び合い、本時の学習を終えた。

3 自分が伝えたいことを表すのに適したグラフが選択できるオリジナルのフローチャートを作成する。

終末場面における留意点

条件分岐の考え方は、お掃除ロボットやエアコンの動作で活用されていることを伝えた。児童は、ロボットの動きに関心を持つとともに、自分も自然と使っている考え方であることに気付いていった。次時には、フローチャートで選んだグラフが、本当に自分の伝えたいことを表すのに適しているのか、タブレット端末でグラフを表示して確認しながら、グラフの作成に取りかかった。ボタンを押すとすぐにグラフが表示されるコンピュータのよさにも目を向けることができた[※]。

※ 本実践で使用したドリトルのプログラムは小学校向けサイト (p.194) で利用できます (一部、実践時とプログラムが異なる場合があります)。

板書例

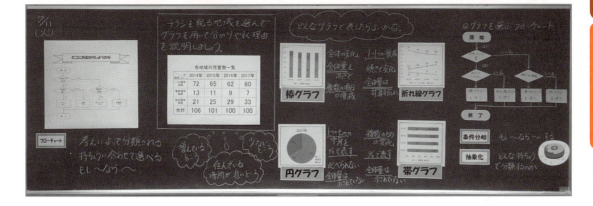

児童の振り返り

フローチャートに整理したことで、4つのグラフの特徴を確認できた。また、何を伝えたいのかによってグラフを変えると、より相手にわかりやすくなることから、しっかりと目的を持つことが大切だと思う。

私たちが毎日使っている考え方には、例えば「もしけがをしたら保健室に行く」など、たくさんの条件分岐があることがわかった。コンピュータも同じようなことをしているのだと知ることができた。

人数で表すか割合で表すかによってグラフの種類を変えることで伝えることがよりわかりやすくなる。フローチャートを使うことで、その人・ものに合ったものが、より探せるということに気付いた。

条件分岐を応用すると、お掃除ロボットの動きができる。けれど、プログラムで教えなければ人間みたいにしっかりと行動することはできない。家のお掃除ロボットを観察してみたい。

 専門家のコメント

臼井 英成（那珂市教育委員会）

次期学習指導要領では、「生きて働く知識・技能」とうたわれています。児童は、これまで学習してきた棒グラフ、折れ線グラフ、帯グラフ、円グラフについての知識をもっています。これらの知識が「生きて働く」ようにするために、清水教諭は、抽象化（物事の性質や手順のまとまりに名前を付ける）や条件分岐（条件によって作業を切り替える）の考え方を取り入れ、目的に応じた適切なグラフを判断する場を設定しています。抽象化によりそれぞれのグラフの強みを明確にしたり、条件分岐により、その強みをもとに目的に応じたグラフ選択ができるようにしたりすることで、児童に活用する力を育んでいます。

第6学年　国語科　2 プログラムのよさ

つくろう、動くことわざ辞典

清水 匠
茨城大学教育学部
附属小学校
教諭

学習目標	ことわざの意味や由来を友だちに説明するためのアニメーションを作る活動を通して、ことわざの意味や由来を理解して、適切に他者に説明している
育てたいプログラミングの考え方	表現したい動きを1つ1つの動きに分解して配列し、全体の構図を意識しながらブロックをつなげて、プログラムを作る

単元構成「ことわざに親しもう」

第1時	ことわざの意味を調べよう
第2時	アニメーションで意味を伝えよう（本時）
第3時	ことわざを紹介しよう
第4時	いろいろなことわざを使おう

実践の概要

「犬も歩けば棒にあたる」ということわざを知っていても、意味を正確に理解している児童は少ない。犬が歩いていたら棒にあたるという様子と、本来の意味「余計なことをしたので、災難にあう」には、ギャップがあるからだろう。そこで、ことわざの意味を表すアニメーションをプログラムして相手に伝える活動を取り入れた。児童は、ことわざの意味を踏まえながら、相手に伝わるような動きを考え、プログラムを作っていった。その中で、自然とことわざの意味を理解していく姿が見られた。

準備物・ワークシート

◀実際にプログラムする前に、紙面上でスケッチをかくことにした。ある程度のストーリーの骨格を作り、見通しを持ってプログラミングをさせたいと考えたためである。

授業の流れ

本時の展開	指導上の留意点　◉論理的思考に関わる働きかけ
❶ 前時の復習をし、本時の課題をつかむ。 (1) 前時の復習をする。 　●ぼくが選んだことわざは、こんな意味だったよ。 　●思っていた意味と違ってびっくりしたよ。みんなに伝えたいな。 (2) 本時の課題をつかむ。 　┌──────────────────────┐ 　│どんなアニメーションにすれば、選んだことわざの│ 　│意味が表現できるのだろう。│ 　└──────────────────────┘ (3) プログラムを簡略化する方法として、ループの考え方に触れる。 　●1つのブロックを繰り返す設定だけではなく、ひとかたまりの動きをセットにして繰り返しが設定できるんだね。 　●斜めに動かしたりするときに、楽に設定できるね。	●ことわざの意味や由来を動きで表しやすいものを教師が事前に提示しておき、その中から選ぶことで、無理なく活動に取り組めるようにする。 ◉アニメーションで表現することで、映像で意味や由来を伝えることができ、わかりやすく覚えやすいという利点があることを伝え、本時の活動に意味を持って取り組めるようにする。 ◉ここでは、プログラムを簡略化するためのループの考え方を説明することで、やみくもにプログラムを作るのではなく、表現したい動きをイメージしながら、工夫してプログラミングする姿を価値付けていく。
❷ ScratchJr※を用いて、ことわざの意味や由来を表すアニメーションのプログラムをペアで作る。 　┌──────────────────────┐ 　│●アニメーションの条件│ 　│　① ことわざそのものの場面設定は使わない│ 　│　② ステージは、4つ以内とする│ 　│　③ 最後は「これを（ことわざ）という」で終える│ 　│　④ 動かすものは、1ステージ3つ以内とする│ 　└──────────────────────┘ ●「ねこの手もかりたい」は、どんな仕事を手伝ってもらう動きがいいかな。 ●なぜ思うように動いてくれないのか、プログラムをよく見直してみよう。	◉ペアプログラミングの手法を活用したペア学習を取り入れることで、友だちと相談しながら考えたり、プログラムの間違いを確認し合ったりする、対話的な姿を生み出していく。 ●絵コンテの段階から、どのようなアニメーションをプログラムしたいのかメモや矢印で表しておくことで、実際の動きをイメージしやすくする。 ◉動きに表す際には、細かく動きを分割してプログラムすることが大切であることを伝え、上手にアニメーションを作るポイントに気付かせていく。 ●再度ことわざの意味や由来を確認していけるよう、辞書やタブレット端末の検索機能を活用する。
❸ 本時のまとめを行う。 (1) 数人の児童のアニメーションを全体で共有し、よさを話し合うことでまとめとする。 　●笑っている様子が吹き出しで表現されているね。 (2) 振り返りをワークシートに記入する。 　●ことわざをアニメーションに表すと、由来や意味がわかりやすくなるね。 　●動かしたい動きを細分化すると、プログラムが作りやすくなるんだね。	●本時の課題に立ち返って問いかけることで、意味がわかるアニメーションになっているのか、振り返ることができるようにする。 ◉プログラミングにおいては、何度も試してエラーを見つけながら、修正していくという一連の過程が大切であることに気付かせる。

※ https://www.scratchjr.org/

授業のポイント

1 全体の構図を意識しながら動きを組み立てる視点の提示

アニメーションを作る際、むやみやたらに試しながら作るのではなく、完成のイメージを持ち、それに向かって動きの組み合わせを試行錯誤させていきたいと考えた。そこで、プログラミングする前に、ワークシートで骨格をスケッチさせたり、どう動かしたいのかによって、使うブロックが変わってくることを押さえたりした。児童は、自分の表現したい状況に合わせて、どんなプログラムを作ればよいのか考えていった。

1 どんなブロックを組み合わせたら、目指す動きになってくれるのか、いろいろなパターンを比べる。

2 互いに知恵を出し合うペアプログラミングの活用

友だちと協力し合って、ブロックの組み合わせを考えていけるよう、ペアプログラミングの考え方を活用した。タブレット端末は2人で1台とし、互いにアドバイスしながら交代で作っていくようにした。交代のタイミングは特に定めずに行うと、よい方法を思いついたほうが操作していくというペアが多かった。児童は、頭を突き合わせながら、知恵を出し合って協力して作っていった。

2 2人の間にタブレットを置いて、画面を見合いながら、よい方法を思いついたほうが操作していく。

3 意味が伝わっているかどうか確認する中間発表

自分たちが作ったアニメーションは、きちんとことわざの意味を伝えているのか確認するため、簡単な中間発表を行った。どんなことわざを選んだのか教えずに、まずはアニメーションを見せ、最後に「これを、〜という。」と、ことわざを提示する形をとった。児童は、アニメーションを見ながらどんな意味なのか捉えようとし、楽しみながら様々なことわざの意味を学んでいくことができた。

3 友だちのアニメーションを見て、どのことわざを表現したものなのか、どんな意味なのかを考える。

終末場面における留意点

児童は、活動の中で、目指す動きに合うよう何度も試してみては、修正するということを連続的に行っていた。その中で、ループを使ってみたり、ストップを使ってみたりしながら、自分の表したい動きに合った最適の組み合わせを考えていった。授業の最後に本時の活動を振り返る中で、よりよいプログラムを作るには、適宜プログラムを実行しては修正する「デバッグ」を繰り返していくことが大切だということを伝えた。

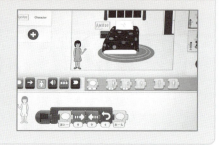

板書例

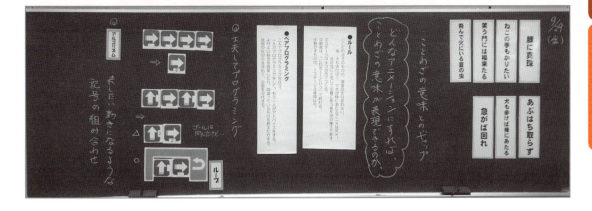

児童の振り返り

はじめは、ことわざの意味がよくわからなかったけれど、意味を調べ、アニメーションにしてみると、どういうときにこのことわざを使うかなど、映像で見ることができ、わかりやすい。

たくさん聞いていることわざでも、その意味がわからなかったけれど、今回の授業で意味がわかった。思っていたことわざの意味と違っているものが多くて、びっくりした。

アニメーションで表現することで、意味がわかりやすく伝わることがわかった。それに、たくさんの人のアニメーションを見ることで、もっと学べることもあり、とてもよかった。

プログラムすると、自分が考えていたことと少しずれが生まれるし、うまくいかないこともある。だから、プログラムは、ただプログラムする力だけではなく、想像力も大切だと思う。

 専門家のコメント

臼井 英成（那珂市教育委員会学）

　清水教諭の本実践は、導入段階で、ことわざからイメージする様子と本来の意味とのギャップから、ことわざに対する児童の興味・関心を高めるとともに、どのようなアニメーションにすれば本来の意味を的確に表すことができるかとアニメーションを作る目的意識をもたせている点に特徴があります。児童は、順序（シーケンス）・条件分岐・ループの考え方を駆使して、自分が意図したアニメーションになるように友だちと協力してプログラムを考えています。また、さらによいものを求めて修正（デバッグの考え）を加えながら、プログラムを見直しています。このような活動を通して、昔の人のものの見方や感じ方に触れながら、ことわざの意味について深く考えることができた実践といえます。

第6学年　算数科　2 プログラムのよさ

みんなのお小遣いは高い？安い？

山口 眞希
金沢市立大徳小学校
教諭

学習目標	目的に応じて適切な手法でデータを整理し、データの特徴や傾向に着目して問題の結論について判断したり、その妥当性について批判的に考察したりできる
育てたいプログラミングの考え方	●より適切な判断をするために、様々な代表値の中から、どのような組み合わせで判断すればいいのかについて考える ●コンピュータとプログラミングによって、簡単に資料が整理できることに気付く

単元構成「資料の調べ方」

第1次	平均とちらばり ●代表値としての平均を求める ●資料の散らばりの様子を考察する ●度数分布表で整理する
第2次	いろいろなグラフ ●柱状グラフの読み方、かき方 ●既習のグラフを組み合わせたグラフ
第3次	資料の考察（本時） ●複数の観点で資料を考察する（1時） ●コンピュータで資料を整理する（2時）

実践の概要

「クラスのみんなのお小遣いは自分がもらっている1200円より高いので、値上げしてほしい」とお母さんにお願いをするという場面を設定し、20人のお小遣いの金額を提示して「みんなのお小遣いは本当に1200円より高いといえるか」という問題を提示した。既習事項である平均値や中央値、最頻値を出したり、数直線や度数分布表、柱状グラフを用いてちらばりの様子を表したりしながら、課題に対する自分の解を出した。2時間目には、ドリトル（p.189）を使って資料を整理する活動を行い、プログラミングの利便性を体感させた。

準備物・ワークシート

①	1000	②	800	③	600	④	1500	⑤	600
⑥	2000	⑦	300	⑧	13000	⑨	600	⑩	800
⑪	500	⑫	600	⑬	1000	⑭	500	⑮	3000
⑯	2500	⑰	600	⑱	1500	⑲	3000	⑳	500

▶20人分のお小遣いを記した表を準備しておく。児童の実態によっては、計算機も準備しておくとよい。さらに、ちらばりの様子を、各自が考えた方法で整理できるように、数直線や度数分布表、柱状グラフの枠も準備しておき、児童が自由に使えるようにする。

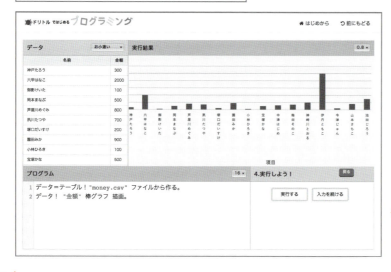

▶教育用プログラミング言語「ドリトル」をタブレット端末で使用した。金額のデータが入っていて、計算、グラフ作成、表作成ができるようになっている。

授業の流れ

時	本時の展開	指導上の留意点 ◎論理的思考に関わる働きかけ
1	**① 課題をつかむ。** たくみさんは、お小遣いを毎月1200円もらっています。ある日お母さんに「お小遣いを高くして。だって、みんなのお小遣いはもっと高いよ。」と頼みました。ところがお母さんから「みんな？本当なの？」といわれてしまいました。そこでみんなのお小遣いの金額を調べました。さて、みんなのお小遣いは、1200円より高いでしょうか、安いでしょうか。 学習したことを生かして調べよう。 **② 考えを持つ。** ●平均を出して考えよう。 ●ちらばりの様子を数直線に表そう。 **③ 話し合う（グループ→全体）。** ●1200円より少ない人は13人もいるから、みんなのお小遣いはたくみさんより安いと考えられるよ。 ●平均は1750円だからたくみさんのいっていることは正しいよ。 ●13000円の人を抜かして平均を出したら1158円だったよ。 ●ちらばりを調べると、600円の人が一番多いよ。 ●真ん中の人が800円で、その前にも後にも9人ずついるから800円をみんなのお小遣いの相場と考えればよいのでは？ **④ 学習をまとめる。** 資料を調べるにはいろいろな観点がある。一部の値だけでは全体の特徴や傾向は把握できないので、複数の観点から調べるとよい。調べる観点によっては結論が変わることもある。	●アンケート結果の表から思ったことや感じたことを話し合うことで、「最頻値」や「外れ値」に目を向けさせる。 ●度数分布表やグラフ、数直線のひな形を用意しておき、様々な観点から資料を調べることができるようにしておく。 ●複数の観点から資料を考察し、統計的な根拠をもとに考えを説明している児童をおおいにほめる。 ●話し合うことで、多様な見方や、そのよさに気付かせる。 ●最後に、友だちの考えも組み入れながらあらためてお小遣いの金額を決定させる。正解はないが、統計的な根拠をもとに考えの理由を説明できることが大切である。
2	**① 疑問を持つ。** 前時はいくつもの観点から資料を調べた。でも、もしデータが10000件というふうに膨大だったり、大きな数字だったりすると、計算したりグラフに表したりするのはとても大変。実際の生活では、たとえば新体力テストや学力調査などは全国の小学生のデータを集計して、傾向を調べている。 ●どうやって調べているのかな？ ●計算機？大変そうだな。 ●コンピュータを使っているのでは？ **② 課題をつかむ。** コンピュータに命令して、計算したりグラフに表したりしている。コンピュータに命令するプログラムを作る（書く）ことをプログラミングという。今日は、プログラミングをして資料を整理してみよう。 コンピュータに命令して資料を整理しよう。 **③ ドリトルを使って資料を整理する。** ●コンピュータを使うとあっという間にグラフができる！ ●度数分布表も作れるね。 ●計算も瞬時にできるし、便利だなあ。 **④ 学習をまとめる。** プログラミングをしてコンピュータに命令すると、大きな数や膨大なデータも速く正確に資料を整理することができる。	◎もしデータが膨大だったら、もし大きな数字や細かい数字だったら、と考えさせ、手作業での資料の整理は大変だということに気付かせる。 ◎児童に対し、身近な大きなデータである新体力テストや学力調査の集計を例として挙げることで、実生活との関連を意識付ける。 ◎体験することで、コンピュータやプログラミングの利便性を実感させる。 ◎プログラミングをしてコンピュータに仕事をさせると、大きな数や膨大なデータも速く正確に整理できることを確認する。

授業のポイント

1 身近な話題を問題として取り上げ、興味を持たせる

問題解決への意欲を持たせるために、児童に身近な「お小遣い」の話題を取り上げた。「みんなのお小遣いはもっと高い」という訴えが妥当かどうかについて討論した。平均値と中央値、最頻値が異なるデータを用意し、「1200円より安い人のほうが多いのに、平均が1200円より高い」という矛盾が生まれるようにした。そうすることで、児童は様々な観点から資料を考察していた。

1 自分の考えを、統計的な根拠をもとに説明している。

2 コンピュータを使う必要感を生み出す投げかけ

1時間目に手作業で資料を整理した後、2時間目には学力調査や新体力テストの集計を例に出し、「もしデータの数が全国の小学6年生分だったら整理できるかな？」「もしもっと大きな数や細かい数だったらどう思う？」と発問した。すると児童は、「手作業では絶対に無理だよ！」と答えた。そこで、「どのようにしたら調べられるかな？」と問いを出して話し合う時間を設け、「コンピュータを使えばよいのではないか」という考え方を導き出した。

2 膨大なデータはどのように整理しているか話し合う。

3 ドリトルを使ってコンピュータの便利さを体感

ドリトルを使ってデータを整理した。1時の授業では、20のデータでも手作業で整理するのは時間がかかった児童。そのため、「ドリトルを使うと瞬間でグラフができる！」「あっという間に計算できて便利！」と感動していた。1時に手作業で整理し、2時にコンピュータで整理するという授業展開にしたことで、「コンピュータに仕事をさせると手作業では難しいことも速く正確にできる」ことをより体感することができた。

3 ドリトルを使って資料を整理する。

終末場面における留意点

児童は初めてコンピュータを使って計算をしたり、グラフを作成したりした。正確にきれいなグラフがあっという間にできることや、すばやく計算できることに驚いていた。授業の終末には、コンピュータとプログラミングによって、たくさんのデータが一瞬で整理できたり、分析できたりすることを確認し、多くの仕事や生活を支えていることを話した。「そんなプログラムを組める人もすごい」と尊敬の念を持つ子もいた。

板書例

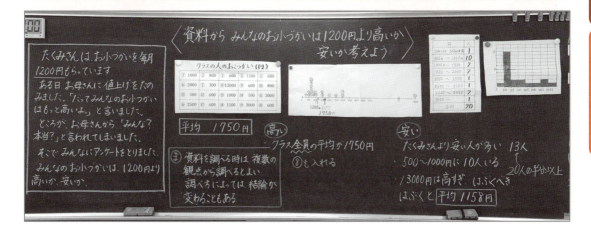

児童の振り返り

資料をいくつもの見方で調べていくと、結論がまったく変わることがおもしろいと思いました。私は最初「高い」と思っていたけど、友だちの考えを聞いて納得し、意見が変わって「安い」になりました。

平均値だけ出したときと、数直線や柱状グラフでちらばりの様子も見たときとでは、答えが変わってしまいすごく悩んだ。どの観点を自分の一番の根拠とするか、しっかり考えて判断することが大切だと思った。

小さい数や少ない数の計算なら手や電卓でもできるけど、大きい数や小数の計算はミスも多くなるので、コンピュータとプログラムを使うことは非常に便利だなと思いました。

ぼくは、コンピュータの中身が知りたくなりました。一瞬で平均を出したり表をつくったりできるなんて本当にすごいと思います。自分の思った通りに動いておもしろいし、詳しく知りたいです。

 専門家のコメント

臼井 英成（那珂市教育委員会）

　山口教諭の本実践は、第1時で、お小遣いの金額という身近な資料（サンプル数20）の平均値、中央値、最頻値が異なるようにすることで、代表値によって導かれる結果が変わることを学んでいます。第2時では、たとえばサンプル数が10000件のように膨大な数を想定することで、コンピュータの必要性に気付くようにしています。特に、第2時のコンピュータを使って度数分布表や柱状グラフを一瞬で作成することは、コンピュータを使うことの利便性を感じるとともに、資料の特徴や傾向を考察する場をたっぷりと保障することができたといえます。教科学習の目標達成のためにコンピュータのよさを生かした実践です。

※本実践は前田正秀教諭（射水市立大島小学校）の授業を追試しています。　URL http://www6.plala.or.jp/maeda-masahide/6siryou.html

第6学年　算数科　2 プログラムのよさ

進め、かめた！
拡大図を書け！

清水 匠
茨城大学教育学部
附属小学校
教諭

単元構成 「形が同じ図形」	
第1時	拡大図と縮図
第2時	拡大図と縮図の見分け方
第3・4時	拡大図と縮図のかき方（本時）
第5時	拡大図と縮図の利用
第6時	まとめの練習

学習目標	図形の対応関係から、拡大図・縮図となる図形の角度や辺の長さを求め、適切に作図することができる
育てたいプログラミングの考え方	いろいろに変わる数を変数として設定することで、代入する値を変えれば、関連するすべての値を一度に変更することができる　【変数】

実践の概要

　拡大図・縮図の学習では、いろいろな作図方法を学習し、それぞれ使う道具（コンパス・分度器・定規）が違う。そこで、プログラムを作って画面上に作図する方法も取り上げることにした。ドリトル (p.189) を活用して、辺の長さ・角度・比率を変数として設定し、それを変えるだけで様々な図形が作図できることを体験する。児童は、プログラムを作ったり変数を設定したりする中で、拡大図・縮図では、角度が変わらないこと、辺の長さがすべて同じ比率で変化することなどをつかんでいくことができた。

準備物・ワークシート

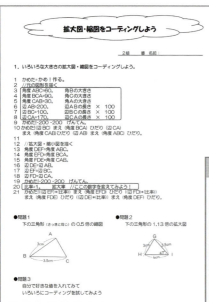

◀ どの数字を変えればよいのか、ワークシートに印をつけて、変数に気付かせていく。いくつか問題も提示し、いろいろに変数を変えて作図できる面白さを味わえるようにする。

▼ 使用したドリトルのプログラム※。比率の数値を変更することで拡大図・縮図を描くことができる。

※ 本実践で使用したドリトルのプログラムは小学校向けサイト (p.194) で利用できます
（一部、実践時とプログラムが異なる場合があります）。

授業の流れ

本時の展開	指導上の留意点 ⦿論理的思考に関わる働きかけ
1 前時までの復習を行い、本時の課題をつかむ。 (1) 前時までの復習を行う。 ●辺の長さを計算するのが大変だったな。 (2) 本時の問題を捉える。 三角形ＡＢＣを３倍に拡大した三角形ＤＥＦをかきましょう。 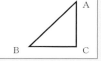 ●全部の辺の長さを計算して３倍にするんだよね。 (3) 本時の課題をつかむ。 辺の長さを測らないで、簡単に作図する方法はないのだろうか。	●三角形の拡大図・縮図のかき方を再確認することで、作図のためのポイントを復習し、辺の長さを求めることが重要であることを押さえる。 ●本時の問題となる図形はプリントにして配布することで、だれもが同じ拡大率の図形で活動を進められるように配慮する。 ●辺の長さを測り、拡大率をもとに計算していく過程に難しさを感じることを取り上げ、どのようにしたら解消できるのか考えていくことを通して、本時の課題に迫る。
2 辺の長さを測らない拡大図の作図方法を考える。 (1) グループで作図方法を考える。 ●辺ＢＣ・ＢＡを延長する方法はどうかな。 ●もとの図形に重ねてかけばいいんだ。 (2) 全体で作図の方法を確認する。 ①コンパスでもとの長さを測りとる。 ②辺ＢＡ・ＢＣを延長する。 ③コンパスで３倍を測りとる。 ④頂点Ｄ・Ｆを作図する。 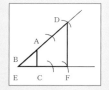	●グループで相談しながら考えをまとめていけるようにし、作図できる方法には、いろいろなものがあることに気付かせ、どの方法が一番簡単か考えながら、よりよい方法を求める姿を価値付ける。 ●グループで相談するが、個人のノートに考えをまとめていくようにすることで、一人ひとりの学びを保障する。
3 作図ができるよう組まれたプログラムの値を変えて、いろいろな拡大率の図を画面上に作図する。 ●かめが歩いたところに線が引かれるよ。 ●比率を４倍にしたらどうなるのかな。 ●角度を変えて、別の図形を設定して、かいてみよう。 	⦿ここでは「ドリトル」というプログラミング言語を使用する。 ●ドリトルの小学生向けオンラインサイトの「拡大図・縮図」のプログラムページを利用する（あらかじめプログラムが入力された状態から始めることができる）。数値のみを変える活動とすることで、無理なくコーディングに触れる体験ができるようにする。
4 本時のまとめ（算数科・プログラミングの考え方）を行い、振り返りをワークシートに記入する。 ●図形を重ねてかけば、コンパスだけでかけるよ。 ●変数を用いると、値を１つ変えるだけで、他の部分も全部自動で計算してくれるなんて、すごいね。	⦿日常生活の中でも、たとえば個数を入れると、連動して合計金額が表示されるシステムなどでも変数が活用されていることを伝え、身の回りのコンピュータの性質に目を向けさせる。

授業のポイント

1 使う道具に視点を当てた作図方法の整理

拡大図・縮図を作図する方法はいくつもあり、それぞれよさがある。そこで、ここでは「どんな道具を使うのか」という視点で、作図方法を整理した。本時では、もとの図形の辺を延長し、コンパスで長さを測りとって作図する方法を学習した。基本的にはコンパスしか使わない新しい方法との出会いから、もっと簡単な方法はないのかという思いを生み出し、コンピュータの活用へとつなげていった。

1 いくつもの作図方法を、使う道具に焦点を当てて整理し、試していく。

2 コンピュータを使って作図する体験活動

作図方法を、使う道具で分類していた児童に、コンピュータを使って作図する方法を紹介した。小学生でも無理なく操作できるよう、もとの図形の辺の長さ・角度と、比率を数字で入力するだけで作図できるようにした。自動で図形をかいていく様子を初めて見た児童は、思わず歓声をあげていた。そして、いろいろに数字を入力しながら、たくさんの図形をコンピュータで作図した。

2 数字のみを変えて、拡大図・縮図を作図するプログラムを試す。

3 プログラムの中身に目を向ける終末

終末では、コンピュータへの指示に注目するよう声をかけた。拡大した図形を作図する指示に「辺○○×比率」という言葉が多く使われており、すべての辺に同じ比率をかけていることに気付いた。自分が計算で求めていたことと同じことをコンピュータもしていると気付いた瞬間だった。同時に、「比率」が変数となって、どんな比率のときにも同じ指示で作図することができることを理解した。

3 コンピュータへの指示を見つめると、自分たちが計算していたことと同じ処理をしていることに気付く。

終末場面における留意点

授業の最後に、コンピュータにはこのような指示がたくさんプログラムされていることを伝えた。図形を2つ作図するだけでもこれだけの指示が書かれているので、いつも使っている身の回りのコンピュータは、どれだけの指示が使われているのかと驚いていた。また、変数を用いることで、いろいろなパターンのときに対応できるようにすることができ、指示が簡単になることも感じとっていた。

板書例

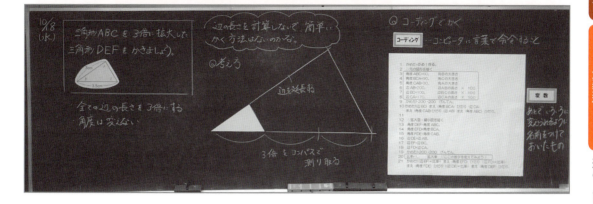

児童の振り返り

- 辺の長さを測らずにコンパスだけでかけないかを考えた。もとの図形からコンパスで辺の長さを測り取り、印をつけてかけば拡大図がかけることを学んだ。辺の長さがわからなくてもできる方法を学んだ。

- いつも長さを測って計算するのが大変だったので、コンパスだけ使うかき方がわかってよかった。コンパスだけ使うかき方は簡単だったから、これからも使えるときは使っていきたい。

- コンピュータに指示を出してみて、難しそうだったけれど、やってみたら楽しく、達成感を感じることができた。プログラミングをやっている人は、このようなことを思ってやっているのかと思った。

- 変数を使えば、ひとつだけ違うとき、新たにプログラムをしなくてもいいのがとても便利だと思う。コンピュータは、人がかくよりも正確に早くできて、とてもすごいと感じた。

 専門家のコメント

小林 祐紀（茨城大学）

　清水教諭の本実践での大きな特徴は、コンピュータを使って簡単なプログラミングを体験しながら、拡大図・縮図の学習をしていることです。具体的には、対応する辺の長さの比を「変数」として、0.5倍の比や1.13倍の比、自分の好きな値による比で複数回試しながら拡大図・縮図の理解を深めています。このような学習を通して、児童は、対応する辺の長さの比が1倍のときは合同な図形、1倍より小さな比のときは縮図、1倍より大きな比のときは拡大図になることを理解するとともに、コンピュータを使うことで正確に作図できること、変数の値を変えることで倍率を変えて何度でも試すことができることなど、コンピュータの有用性を感じることにつながる実践といえます。

第6学年　算数科　２ プログラムのよさ

比例のグラフは直線か

清水 匠
茨城大学教育学部
附属小学校
教諭

学習目標	比例のグラフは、無数の点が集まって原点を通る直線になっていることを理解することができる
育てたいプログラミングの考え方	いろいろに変わる数を変数として設定することで、代入する値を変えれば、プログラムを瞬時に変更することができる　【変数】

単元構成「ともなって変わる２つの量の関係」	
第1次	ともなって変わる２つの量
第2次	比例
	第1時　比例の関係
	第2・3時　比例のグラフ（本時：第3時）
	第4時　比例の活用
第3次	反比例
第4次	比例・反比例の活用

実践の概要

児童は今までに、比例のグラフは原点を通る直線であることを学んできた。しかし、それがどういった関係なのか、現実の現象とはつながっていない。そこで、比例の関係にある２つの量を実際に測定し、本当に直線になるのか確かめていく。一定の速度で進むロボットをプログラミングし、進んだ時間ｘ秒の値を変数として様々に設定していくことで、進んだ長さｙｃｍを計測した。それにより、点の集合体が集まって線になっていくこと、現実にはきれいな直線にはならないがそれに近い値になることを、実感を伴って理解することができた。

※ 株式会社アーテック「プログラミング　モーターカー」を使用。URL http://www.artec-kk.co.jp/artecrobo/edu/

準備物・ワークシート

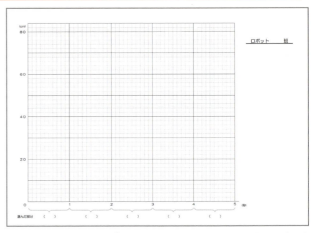

▲計測した値を記録するグラフ用紙。ｘ軸は小数の値でも記録しやすくするため、１メモリ分を0.1秒にする。

◀実測していく手順を拡大掲示して、抜けなく調査できるようにする。また、基準を統一できるよう、スタートの位置を写真で示す。

授業の流れ

本時の展開	指導上の留意点 ◉論理的思考に関わる働きかけ
① **本時の課題をつかむ。** (1) 本時の問題を捉える。 　一定の速度、秒速□cmで進む車があります。x秒間に進んだ長さをycmとするとき、xとyの関係をグラフに表しましょう。 ●比例だから、原点を通る直線のグラフになるね。 (2) 本時の課題をつかむ。 　本当に直線のグラフになるのだろうか。 ●実際に車を走らせて、本当に直線の上の値になるのか、確かめていけばわかるね。	●比例のグラフのかき方を全体で確認する中で、xの値の一部を求めただけで、直線で結んでしまっていることに気付かせ、本当に直線のグラフになるのか疑問を持たせることで、本時の課題に迫っていく。 ◉人間では正確に測ることができない数値を、時間xの値に設定することで、コンピュータの正確さや活用法に気付いていけるようにする。
② **プログラミングを活用し、ロボットの進んだ長さとかかった時間の関係をグラフに表す。** (1) 基本的な測定方法を全体で確認する。 　●まずは5秒のときの長さを測り、0と直線で結ぶことで、仮のグラフを作る。 　●時間xをいろいろに試し、yの値を実測する。 　●実験で測定した値と、仮のグラフの値を比べる。 (2) 実測した結果をグラフに表す。 　●5秒走ると、50cm動いたぞ。 　●それなら、5.2秒にすると、52cm動くはずだね。 　●グラフの線の上になったよ。	●実測する際には、同じ場所を基準にして、その部分の長さを計測するように統一することで、誤差をできる限り小さくするよう配慮する。 ◉プログラムはまったく変えずに、「○秒待つ」の数値だけを変える活動をもとにすることで、体験的に変数の考え方を捉えさせていく。 ●複雑になり過ぎないよう、範囲を定めた小数に絞って測定するようにする。また、小数でも見やすい大きさのグラフを用いて記録していくよう配慮する。 ●誤差は必ずつきものであることから、時間が余った班は2回の平均から長さを算出するよう助言する。
③ **本時のまとめを行う。** (1) 結果を全体で共有する。 　●どの班も、だいたいグラフの線上の値になったよ。 　●xがもっと細かいときの点も加わって、たくさんの点が集まって線になっているんだね。 　●実際にはきれいな直線にはならないけれど、それを直線とみなすと、扱いやすいね。 (2) 振り返りをワークシートに記入する。 　●なにげなく直線で結んでいたけれど、そこには、たくさんの点が集まっていることがわかったよ。 　●プログラムを毎回変えなくても、変数を変えればすぐにプログラムが修正できるのは便利だね。	●作成したグラフを全体で共有できるよう、タブレット端末を活用して、拡大表示する。 ●たくさんの点が線上に集まったことから、比例のグラフの直線は、たくさんの点の集合体によって線になっていく感覚をつかませていく。 ●現実は、様々な条件によって誤差が生まれ、直線のグラフにはならないが、それを直線として扱っていくことが算数の世界のよさであることを感じとらせていく。 ◉変数の考え方は、電子レンジなどの日常生活でも活用されていることを伝える。

授業のポイント

1 ロボットが進んだ時間と長さを実測してグラフを作る

比例のグラフが本当に直線になるのか検証するため、ロボットを走らせて計測する活動を行った。x秒間走った長さをｙｃｍとして、様々な秒数における長さを計測した。秒数xを、普段なら時間を計るのが大変な小数の値に設定するなど、コンピュータのよさを生かしながら活動していった。進んだ長さを測った児童は、グラフに記録しながら直線のグラフとの違いを比べていった。

1 ロボットを走らせて、動かした秒数と、進んだ長さを測定して、グラフに記入する。

2 他の班の結果と見比べて、特徴を見つける

他の班の結果が自由に見られるよう、タブレット端末の機能を用いて共有した。自分たちの班も他の班も、少しずつ直線からズレてはいるものの、直線のグラフに沿うように右上がりのグラフになっていた。このことから児童は、直線に近い右上がりのグラフになるのではないかと結論付けた。同時に、なぜ直線のグラフにならなかったのかと疑問を持つようになった。

2 他の班の結果をタブレット端末で確認しながら、グラフの特徴を見つける。

3 直線のグラフであることのよさから算数の世界に迫る

なぜ直線のグラフにならなかったのか、理由を話し合った。その中で、床の摩擦や動力の差など、様々な条件が合わさって、現実には結果にばらつきが出てしまうのではないかという考えに至った。このような現実のいろいろな条件を取り払って、きれいな直線上の値としてみなすことが算数のよさであることを伝えた。容易に計算で求められるよさにつながっていることを感じとることができた。

3 直線のグラフにならなかった原因を、みんなで話し合う。

終末場面における留意点

本時の活動では、秒数の部分の値だけをいろいろに変更して計測してきたことに触れ、毎回はじめからすべてプログラムを組み直していたのでは大変になってしまうことを伝えた。これには変数の考え方が使われており、電子レンジや洗濯機などでも用いられていることを紹介した。変数が使われているからこそ、1台の電子レンジでいろいろな秒数が設定できるよさがあることを理解することができた。

板書例

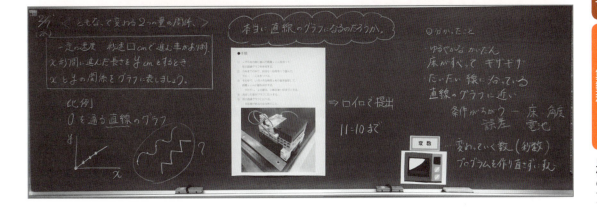

児童の振り返り

比例のグラフは本当に直線なのか、ロボットで実験した。誤差はあったけれど、実際にやってみるとほとんど直線のグラフになった。比例の関係について、詳しく知れてよかった。

ロボットを動かすとき、0.1秒から0.2秒に変えるとき、すべてを変えずに秒数のところだけ変えればいいので、とても楽だと感じた。電子レンジなどにも使われていると聞いて、驚いた。

比例のグラフを書くとき、今までなにげなく直線で書いていた。しかし、今回実験してみて、直線に近いけれど、少しだけ違っていることがわかった。誤差がないように考える算数の考え方がわかった。

比例のグラフは直線だと、ただ覚えるだけだった。実際にロボットを使って測ってみて、「なるほど」と、しっかり理解することができた。理由を知って覚えたので、これからも忘れないと思う。

専門家のコメント

臼井 英成（那珂市教育委員会）

「①現実の世界→②数学化→③数学で解決→④現実の世界で活用・意味付けする（繰り返して①へ）」は、算数・数学の問題発見・解決の過程といわれています。通常、比例のグラフの学習は、理想化された数値をグラフ上にプロットし、原点を通る直線であることを確かめます（①→②→③）。清水教諭の本実践は、"比例のグラフは原点を通る直線である"と学習した児童に、「本当に直線になるのか」（③→④）と追い込むことで、主体的な学びを実現しています。児童は、簡単なプログラム中の変数を変えながら、何度もロボットを進ませ、進んだ距離を計測して、直線になるかどうか確かめ、体験的に理解していきます。繰り返し何度も試すことができるというコンピュータのよさを活用した実践といえます。

第6学年　算数科　3 プログラミング的思考

かき方の順序を見える化しよう

田口 優
金沢市立杜の里小学校 教諭

学習目標	1つの点を中心とした拡大図、縮図のかき方をシーケンスの考え方を用いて可視化し、作図することができる
育てたいプログラミングの考え方	シーケンスの考え方を活用し、拡大図と縮図の作図方法を手順に分けて考え、その順序にしたがって作図する【順序（シーケンス）】

単元構成「拡大図と縮図」	
第1時	拡大図と縮図の意味や性質
第2時	拡大図と縮図の弁別 対応する辺と角の大きさ
第3時	1辺をもとにした拡大図のかき方
第4時	1つの点をもとにした拡大図のかき方（本時）
第5時	拡大図、縮図の関係を調べる
第6時	縮尺の意味と表し方
第7時	縮図を用いた問題解決

実践の概要

算数科にはわり算の「たてる→かける→ひく→おろす」のように、順序が明確なものが多く存在する。本実践では、最初にたし算の筆算をもとに、シーケンスの考え方のイメージを児童と共有した。その後、個人思考の場面で自分の考えをノートに書かせ、グループで学び合う場面では、自分で考えた順序にしたがって、友だちに作図をしてもらうという活動に取り組んだ。自分の考えた順序にしたがって友だちに作図してもらうため、児童は自分の順序に不足がないかを確かめながら、作図の順序を考えていた。

準備物・ワークシート

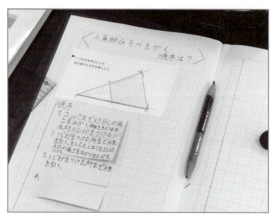

▲作図の順序に焦点化して考えることができるように、もとの三角形ABCと拡大図である三角形GBHが書かれているワークシートを配布した。

▲作図の順序を考える際には、ノートに直接書かせるのではなく、付箋紙に書いてノートに貼るようにした。そうすることで順序の修正、加筆が簡単に可能となった。

授業の流れ

本時の展開	指導上の留意点 ◉論理的思考に関わる働きかけ
1 たし算の筆算の順序をもとにシーケンスの考え方を確かめる。 (1) 位をそろえてかく。　(2) 一の位をたす。 (3) くり上がる。　(4) 十の位をたす。……	◉たし算の筆算の順序を考える活動を通してシーケンスの考え方を理解させる。 ◉たし算の筆算の順序を確かめることを通して、「シーケンスの考え方を使うことで、順序が明確になる」というよさを意識させる。
2 問題を捉える。 △ABCを2倍にした拡大図△GBHのかき方を考えましょう。 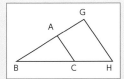 △ABCの2倍の拡大図△GBHをかくためには？	◉シーケンスの考え方で、拡大図の作図に必要な手順が抜けていないかに気をつけ、あった場合は修正をするというデバッグの考え方にも触れる。
3 順序（シーケンス）の考え方を活用し、△ABCの拡大図のかき方を考える。 (1) 辺BA、BCをのばす。 (2) 辺BCの2倍の長さの位置に点Hをとる。 (3) 辺BAの2倍の長さの位置に点Gをとる。 (4) 辺GHを直線で結ぶ。	●順序は短冊の形で板書に示し、可視化する。 ●1つ1つの順序を付箋に書き、必要に応じて順序を変えたり、後から必要な順序を差し込んだりできるようにする。 ●1つの点を中心とした縮図のかき方の順序は拡大図の順序をもとに類推して考えさせる。
4 本時の学習をまとめる。 △ABCを2倍にした拡大図△GBHをかくためには、(1) 辺BA、BCをのばす、(2) 辺BCの2倍の長さの位置に点Hをとる、(3) 辺BAの2倍の長さの位置に点Gをとる、(4) 辺GHを直線でむすぶ。	
5 考えたかき方をもとに拡大図を作図する。 ●四角形ABCDの2倍の拡大図と1/2の縮図をかく。 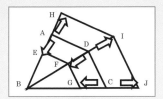 (1) 辺BA、BD、BCをのばす。 (2) ものさし、コンパスを用いて頂点H、I、Jをとる。 (3) 頂点を結ぶ。	◉これまでに行ったように、シーケンスの考え方を用いて、四角形の拡大図の作図の順序を考えさせる。 ●1つの点を中心とした拡大図、縮図のかき方をシーケンスの考え方を用いて可視化し、作図することができる。

授業のポイント

1 シーケンスの考え方と算数の問題をつなぐ

　授業の導入場面で、たし算の筆算の問題を示し、どのような順序で計算していくのかを全体で確認した。そこから、算数には考える順序が決まっているものがたくさんあることを伝え、他にどのようなものがあるかを問うと、「わり算の順番」という意見が児童から出された。シーケンスの考え方はコンピュータがプログラムを実行するときに使われていることを伝え、この考え方を用いて、作図の順序を考えるという学習課題につなげていった。

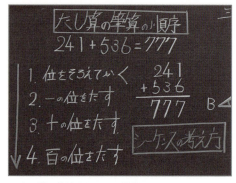

1　たし算の筆算をもとに、算数にはシーケンスの考え方が多くあることに気付かせる。

2 付箋紙を使って、拡大図の作図の順序を考える

　拡大図の作図の順序を考える際には、付箋紙を活用した。ノートに直接書き込んでしまうと、途中で順序を組み替えたり、新しい順序を入れたりしようとしたら新しいものを最初から書くか、それまでのものを消すなど、負担が大きい。付箋紙であれば、順序を変えたり、間に新しい順序を組み入れたりすることも容易である。児童は付箋紙を動かしながらよりわかりやすい作図の順序を考えていた。

2　付箋紙に三角形の拡大図の作図の順序を書き、ノートに並べていく。

3 自分の考えた順序で友だちに拡大図を作図してもらう

　自分の考えた作図の順序が適切なものなのかを判断するためには第三者の視点が必要である。自分で考えた作図の順序で友だちに拡大図を作図してもらうことで、順序に抜けている部分がないかを確かめることができる。また、友だちに書いてもらうという目的意識を持たせたことで、児童は自分の考えを見直しながらよりわかりやすい作図の順序を考えることができていた。

3　自分の考えた作図の順序をもとに、友だちに拡大図の作図をしてもらう。

終末場面における留意点

　シーケンスの考え方は算数だけではなく、理科の実験順序や家庭科の調理手順などのようにいろいろな場面に存在する。授業ではその考え方のよさを児童に実感させることが大切である。シーケンスの考え方のよさは何かと児童に問うと、「順序がわかればだれでも同じことができる」といった意見が出された。よさを児童に実感させることで、他の学習場面でも児童は進んでシーケンスの考え方を活用することができるようになるのではないかと考える。

板書例

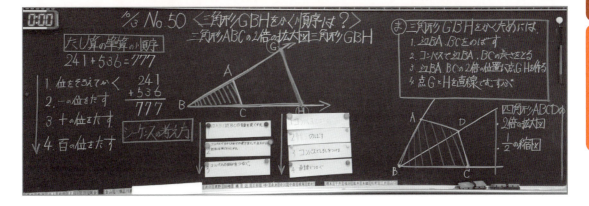

児童の振り返り

身の回りには、順序が決まっているものがたくさんあることがわかった。給食の準備にも順序の考え方があると思う。コンピュータにも順序の考え方が使われているなんて知らなかったのでおどろいた。

シーケンスの考え方は、図形をかいたり、計算をしたりするときにとても便利だと思った。なぜなら、順序がわかれば、だれでも同じことができると思ったから。

今日の授業に登場した順序は簡単だったけど、コンピュータの中に使われている順序はきっとものすごく複雑なんだろうなと思った。

シーケンスの考え方を使ったことで、拡大図の作図の仕方がとてもわかりやすくなった。長い文章で書くよりも、順序で表したほうが、次になにをすればいいかがわかりやすくて便利だと思った。

 専門家のコメント

臼井 英成（那珂市教育委員会）

　田口教諭の本実践での大きな特徴は、シーケンスの考え方（計算や作業を手順に分けて順序立てる）を取り入れ、付箋紙に拡大図の作図の手順を書き出し、途中で順序を組み替えたり、不足している手順を追加したりしながら、よりよい順序を考える活動を設定していることです。また、付箋紙を並べた拡大図の作図の手順と縮図の作図の手順を比較することで、手順が共通であること、一部の手順の数値のみが異なることを見つけることにつなげることもできます。授業の終末では、児童がペアになり手順を指示する側と指示された手順を実行する側に分かれて考えた手順の妥当性を確かめています。短時間ではありますがコンピュータの仕組みを体験する場となっています。

第6学年　算数科　3 プログラミング的思考

分岐で分類！
拡大図・縮図

清水 匠
茨城大学教育学部
附属小学校
教諭

学習目標	対応する角の大きさや辺の長さをもとに、拡大図、縮図、合同な図形を判別し、その理由を説明することができる
育てたいプログラミングの考え方	●「もし〜なら〜、そうでなければ〜。」という考え方を用いて、物事を分類する　【条件分岐】 ●どんな条件で振り分けるのか、判断するための特徴を抽出する　【抽象化】

単元構成「形が同じ図形」

第1時	拡大図と縮図
第2時	拡大図と縮図の見分け方（本時）
第3・4時	拡大図と縮図のかき方
第5時	拡大図と縮図の利用
第6時	まとめの練習

実践の概要

　この単元は、角の大きさや辺の比をもとに、拡大・縮小について考える学習である。児童は、見た目で判別してしまうことが多く、明確な根拠を持って判別する力を付けてほしいと考えた。そこで、拡大図・縮図・合同な図形の特徴を整理し、図形を分類する手順をフローチャートにまとめる活動を設定した。フローチャートにまとめることで分類の流れや判別基準を可視化することができ、角度や辺の長さなど数学的な考え方を使って理由を明確にしながら判別する姿が見られた。

準備物・ワークシート

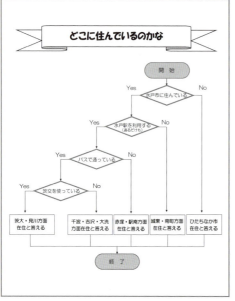

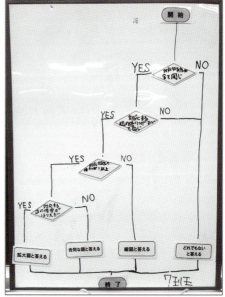

◀条件分岐を用いたフローチャートの特徴を感覚的につかめるように、導入場面で「どこに住んでいるか」を当てるフローチャートを全員で体験した。

▶児童がフローチャートを作る際に、いろいろに試行錯誤しながら作っていけるよう、ホワイトボードを活用した。

授業の流れ

本時の展開	指導上の留意点 ◉論理的思考に関わる働きかけ
① 条件分岐を含むフローチャートを用いた診断ゲームを行い、条件分岐の考え方を体験する。 ●何かを分類したいときに使うと便利そうだよ。 ●このように、やることの流れがわかりやすく示されている図を、フローチャートというんだね。	◉児童になじみがあるものを分類する場面を想定することで、条件分岐の考え方を楽しく体験できるようにする。 ●設問に従って分岐を繰り返していくことで分類ができるよさに気付かせ、本時の問題を解決するための足がかりとなるようにする。
② 本時の問題を捉え、課題をつかむ。 (1) 本時の問題を捉える。 ①の図形をもとにしたとき、②③④⑤の図形は、拡大図・縮図・合同な図形のどれになるでしょう。 ●似たような図形ばかりで、わかりづらいな。 (2) 本時の課題をつかむ。 フローチャートを作って、拡大図・縮図・合同な図形に分類しよう。	●既習の「合同な図形」や「拡大図でも縮図でもない図形」も合わせて提示することで、より拡大図・縮図の概念を浮き彫りにする。 ●導入での診断ゲームを想起させ、本時の活動の見通しが持てるようにする。
③ 図形を分類することができる、条件分岐を含むフローチャートを作成する。 (1) 拡大図・縮図・合同な図形の特徴を確認し、フローチャートで設定する条件を抽出する。 ●どの場合も、角度はすべて一緒なんだね。 (2) グループになり、フローチャートを作成する。 ●角度が違う時点でどれでもないなら、最初の条件にして振り分けよう。 ●Yes/Noで答えられる文章にするには、〜であると言い切ったほうが書きやすいね。 (3) 完成したフローチャートを全体で共有する。	◉拡大図・縮図・合同な図形にはどんな特徴があるのか全体で確認することで、フローチャートを作る際の条件を考えやすくする。【抽象化】 ●グループにホワイトボードとひし形の紙を配布することで、いろいろな条件を試してみたり、条件設定の場所を変えたりすることを容易にし、何度も試しながら考えを練り上げていく姿を引き出す。 ◉1人が頭の中で拡大図・縮図・合同な図形を選択し、3人の質問にYes/Noで答えて判別する活動を行うことで、客観的にフローチャートの正しさを試していくよう声かけする。
④ 本時のまとめを行う。 (1) 作成したフローチャートで、本時の問題を解く。 ●②が縮図、③が拡大図、④が合同な図形だね。 (2) 本時のまとめ(算数科・プログラミング的思考)を行い、振り返りをワークシートに記入する。 ●フローチャートを作って図形を分類すると、「Yes」と「No」だけで、簡単に答えが出たよ。 ●ぼくの家のお掃除ロボットも、障害物があるなら止まって、そうでなければ進むという条件分岐を行っているんだね。	◉時間によっては、他のグループのフローチャートで本時の問題を解く活動を行い、コンピュータと人間との関係を疑似体験できるようにする。 ◉条件分岐や抽象化の考え方を用いて判別する基準を明確にし、順序立てて整理することで、判別しやすくなったことを押さえる。 ◉フローチャートで用いた条件分岐「もし〜なら〜」の考え方が使われている身の回りのコンピュータの例として、お掃除ロボットやエアコンを提示し、自分とプログラミングとの接点に気付かせる。

授業のポイント

1 条件分岐を用いたフローチャートの体験

導入場面では、条件分岐を用いて「どこに住んでいるか」を当てるフローチャートを体験した。はい・いいえと回答するだけで、それぞれの特徴ごとに分かれていくことを楽しく体験することができた。児童は、たった数回、しかもはい・いいえでしか答えていないのに、自分のことを当てられたことに驚きながら、条件分岐の特徴をつかんでいった。

1 条件分岐を用いたフローチャートを体験し、楽しくその特徴をつかんでいく。

2 それぞれの図形の特徴を抽出して差異をまとめる

拡大図・縮図・合同な図形・それ以外の図形には、どんな特徴があり、どんな共通点があるのかを考えた。それぞれの定義を再確認し、共通項を板書で整理した。児童は、「すべての対応する角度が同じという条件を設定すれば、どれにも当てはまらない図形が浮き彫りになるね」などといいながら、共通項を抽出していった。そして、どのような条件で分岐させたらいいのか考えていった。

2 どんな条件を設定して振り分ければいいのか、それぞれの図形の特徴を整理して、抽象化していく。

3 条件分岐を活用したフローチャート作り

「すべての対応する角度が等しい」や「すべての対応する辺の長さの比が同じ」などの条件を組み合わせて、拡大図・縮図・合同な図形・それ以外の図形を分類するフローチャート作りを行った。どの条件から設定すればよいのか、順番に悩みながらも「すべての対応する辺の比が1：1のときが合同な図形ってことだよね」などといい、試行錯誤しながら、フローチャートを作っていった。

3 ホワイトボード上で、何度も条件の内容や順序を試しながら、フローチャートを作りあげる。

終末場面における留意点

各班によって微妙に条件の順番や言葉づかいに違いが見られ、いろいろなパターンのフローチャートが完成した。そこで、実際に自分たちが作ったフローチャートに沿って図形を判別し、その妥当性を確かめた。最後に、条件分岐の考え方は、「雨の予報なら傘を持っていく、そうでなければ持っていかない」など、私たちが自然と使う考え方だが、身の回りのコンピュータ（お掃除ロボットやエアコン）でも使われていることを伝え、学習のまとめとした。

板書例

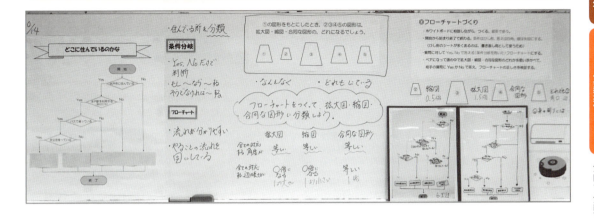

児童の振り返り

拡大図、縮図、合同な図形の特徴を再確認することができた。共通しているところと、それぞれ比率が「1より大きい」「1より小さい」「1」というバラバラなところがあることに気付いた。

縮図、拡大図、合同な図形の分類の仕方がわかった。フローチャートを使ってみて、分類しやすいし、わかりやすいので、使いやすかった。手順もわかりやすいので、これからも使っていきたい。

コンピュータは、プログラミングされて動いているけれど、算数では自分たちで作っていくという、大きな違いがあった。このコンピュータを作っている人は、とてもすごいと思う。

コンピュータはフローチャートで表したような条件分岐など人間の指示に従って動いているという仕組みがわかった。これは私たちも無意識に使っていて、コンピュータにも人間にも、とても大切な考えなのだと思った。

 専門家のコメント

臼井 英成(那珂市教育委員会)

　清水教諭の本実践では、拡大図、縮図、合同な図形の中のどの図なのかについて、根拠を持って判断するとともにその判断の理由を説明することをねらっています。このねらいを達成するために、抽象化の考え方(物事の性質や手順のまとまりに名前を付ける)や条件分岐の考え方(条件によって作業を切り替える)を取り入れたことは、正しく判断できるようにするとともに判断の理由の根拠を説明できるような有効な手だてとなっています。この手だてにより、児童は、「対応する角の大きさ」「対応する辺の長さの比が1、1より大きい、1より小さい」といった判断する条件(分岐)を明確にすることができました。また、分岐の順番をどのようにすれば正しく判断できるかについて話し合ったことで、拡大図、縮図、合同な図形の理解を深めることができたといえます。

第6学年 理科 ②プログラムのよさ

自動ドアを動かそう

田口 優
金沢市立杜の里小学校
教諭

学習目標	ホワイトボード上での疑似プログラミングを通して、自動ドアが動くためにはどのような指示を組み合わせればよいのかを考えることができる
育てたいプログラミングの考え方	身の回りには電気の性質を利用した道具がたくさんあることに気付き、その仕組みに興味を持つ【順序（シーケンス）】【ループ（繰り返し）】

単元構成「電気と私たちのくらし」

第1時	身の回りの発電と電気の利用
第2・3時	手回し発電機による発電の様子
第4・5時	コンデンサーによる蓄電の様子
第6・7時	電熱線による電気の利用
第8・9時	電気を利用したもの・道具（本時）

実践の概要

児童にとって初めてのプログラミング体験である。付箋紙とワークシートを用いて、疑似的にプログラミングを行い、そのプログラミングで自動ドアが正しく動くのかを確かめるという流れで授業を展開した。使うことのできる指示を限定したこと、プログラミング教材で作成した自動ドアを観察しながら、プログラミングを考えたことで、どのような指示を与えれば自動ドアが「ものが近づいたらドアが開き、ものが離れたらドアが閉まる」と動くのかを意欲的に考えることができた。

準備物・ワークシート

▲疑似的にプログラミングを体験し、その楽しさを味わうことができるように付箋紙とワークシートを用いた。さらに、使うことのできる指示もワークシート内で限定した。

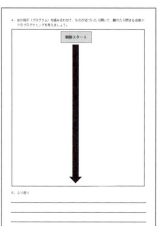

▲事前にアーテック社の「うきうきロボットプログラミングセット」※を使って自動ドアを作成した。この自動ドアを観察しながら必要な指示を考えた。

※ アーテックブロックとロボット用基板「スタディーノ（Studuino）」を使ってプログラミングを行う教材。
URL http://www.artec-kk.co.jp/ukipro/

授業の流れ

本時の展開	指導上の留意点 ◉論理的思考に関わる働きかけ
1 身の回りにある電気を利用した道具・ものを考える。 ●電気を音や光、動きに変換して利用している道具がある。	●身の回りには電気を音や光、動きに変換して利用しているものがあるという既習を確かめる。
2 自動ドアが動く仕組みを予想する。 ●自動ドアはどういう仕組みで動いているのだろう？ ●自動ドアは人やものが近づいたらドアが開くようになっているがどんな指示で動いているのだろう？	◉プログラミングに対する興味を高めるために、パソコンやゲームのように複雑な仕組みによって動いているものもあることに気付かせるとともに、それらには順序や条件によって細かな指示が組み合わさって動いていることを伝える。
3 本時の課題をつかむ。 自動ドアが動くためにはどんな指示が必要なのかな。	
4 人やものに反応して動く自動ドアのプログラムを考える。 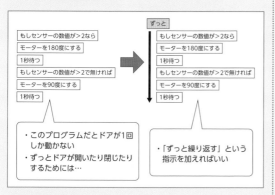	◉タブレット端末やPCの数の関係上、プログラミングはグループごとにホワイトボード上で短冊を用いて疑似的に行う。 ◉実際のプログラミングのイメージを持たせるために、電子黒板上に「Studuino」の操作画面を示す。 ◉プログラミングのブロックの代わりに短冊を用いて、それらを並べることで自動ドアのプログラムを考えさせる。 ◉プログラミングに使うことのできる指示（「ずっと〜する」「もし〜だったら○○する」など）はワークシート内に選択肢を用意し、限定する。 ◉短冊にはブロックの選択肢として、「Studuino」と同様の「○秒待つ」「ずっと」「モーターを○度にする」「赤外線センサーの値が○なら〜／○でなければ〜」を提示する。この中からブロックを組み合わせる。
5 考えを交流する。 ●自分たちの考えと同じプログラミングもあればまったく違うプログラミングもあった。 ●どのプログラミングなら自動ドアは動くのだろう。	
6 本時の学習のまとめを行う。 ・自動ドアを動かすために必要な指示は、 ① もしセンサーにものが近づいたときにドアを開く ② もしセンサーからものが離れたときにドアを閉める ③ ①②をずっと繰り返す	
7 振り返りを行う。 ●プログラミングは難しそうだったけど、指示のブロックを組み合わせればよいので、思ったよりも難しくはなかった。	●ホワイトボード上での疑似プログラミングを通して、自動ドアが動くためにはどのような指示を組み合わせればよいのかを考える。

授業のポイント

1 付箋紙を用いた疑似的プログラミング

プログラミングを初めて経験する児童にいきなりコンピュータでのプログラミングは負担が大きいと考えた。そこで、付箋紙に指示を書き、それを並べることでプログラミングを行う疑似的な活動に取り組んだ。付箋紙に書く指示はワークシートの中に選択肢を設け、その中から自動ドアの動きに必要だと考えるものを選んで記入ができるように配慮した。

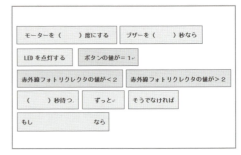

1 ワークシート内に設けた付箋紙に記入する指示の選択肢。

2 プログラミング教材を操作しながら指示を考える

プログラミングを考えるときには、指示を与える対象物を観察し、どのような指示が必要かを考えることが重要である。今回は事前にグループごとにアーテック社の「うきうきロボットプログラミングセット」を配布し、自動ドアを作成した。その自動ドアを観察させることで、「ものが近づいたらドアが開き、ものが離れたらドアが閉まる」という自動ドアの動きの指示を考えさせた。

2 アーテック社「うきうきロボットプログラミングセット」を観察しながら自動ドアの指示を考える。

3 考えたプログラミングを転送し、動きを確かめる

本実践での児童の興味の中心は、自分たちの考えたプログラミングで自動ドアがしっかり動くのかどうかということであった。そこで、教師用PCを用意し、自動ドアにプログラミングを転送できるような環境を用意した。いくつかのグループのプログラミングを自動ドアに転送し、手を近づけてドアが開くと児童から「おぉー!」と歓声が聞かれ、プログラミングを楽しんでいる姿が見られた。

3 考えたプログラミングを転送し、本物の自動ドアのように動くのかを確かめる。

終末場面における留意点

授業の終末場面では、自分たちの考えたプログラムで自動ドアを動かした。その後、自動ドアの他にどんなものがプログラムで動いているかを児童に問うと、PCや玄関などにある自動照明、お掃除ロボットなどたくさんのものが挙げられた。ここからこれまでに学習してきたシーケンスや条件分岐の考え方は自分たちの生活を便利にするためにいろいろな場所で活用されていることを確かめ、プログラミングの有用性について触れた。

板書例

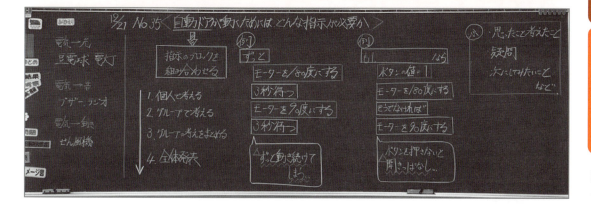

児童の振り返り

- ふせんを並べながら自動ドアが動くための指示を考えることが楽しかった。自分たちの考えたプログラミングで実際に自動ドアが動いたときはすごくうれしかった。

- 初めてプログラミングをしたけれど、とても楽しかった。指示がちょっとでもちがうと正しく自動ドアが動かないことがわかったので、身の周りの機械にはすごいプログラミングがされているのだなと思った。

- 最初「ずっと」という指示がぬけていて、1回開いて閉じたら動かない指示だったけど、グループで相談したり、他のグループの説明を聞いたりして、「ずっと」という指示を加えることができた。

- 自動ドアが開いた後に3秒開いてから閉まる工夫をすることができた。しっかり、3秒待ってから閉じたので、正しくプログラミングができたと思ってうれしかった。

 専門家のコメント

臼井 英成（那珂市教育委員会）

　エネルギー資源の有効利用という観点から、センサーによって電気の流れを制御しているものとして自動ドアがあります。田口教諭の本実践では、シーケンス（順序）やループ（繰り返し）の考え方を取り入れて、自動ドアを動かす指示について考えたり、簡単なプログラムで教材の自動ドアを動かしたりしています。児童は、自動ドアを動かすための指示を付箋紙に書き、意図した動きになるように並べ替えていく過程でシーケンスやループの考え方を駆使しています。また、自分が考えたプログラムによって教材の自動ドアを動かすことができた体験から、身の回りには、電気の性質や働きを利用した道具があること、プログラムで動いている道具があることの理解につながったといえます。

第6学年　理科　2 プログラムのよさ

つなげて見つけよう 電気の不思議

坂入 優花
古河市立駒込小学校
教諭

学習目標	身の回りには、電気の性質やはたらきを利用した道具があること、電気は光、音、熱などに変えることができることを理解する
育てたい プログラミング の考え方	電気が変換したもの（光、音、動きなど）を理解し、それを活用したプログラムを組むことができる【順序（シーケンス）】

単元構成「電気の性質とその利用」	
第1〜5時	つくる電気・ためる電気
第6時	身の回りの電気の利用（本時）
第7〜10時	電気と熱

実践の概要

　本単元では、電気が光、音、熱、動きなどに変わる性質を理解し、身の回りでどのように利用されているのかについて学習する。本時では、プログラミング教材「littleBits Base Kit」（littleBits社）※を使い、電気がどのようなものに変わっているのかを実際に体験しながら学ぶ。さらに、どのようにプログラムを組めば自分が意図した形に変換させたり動かしたりすることができるのか、実際にプログラミング教材によるプログラミングを体験しながら考えていく。

※ ハンダ付け不要、プログラム記述不要、配線不要で様々な電子回路を組み立てることができる、littleBitsの基本キット。
URL http://jp.littlebits.com/kits/base-kit/

準備物・ワークシート

◀ 本時の学習で使用したワークシート。プログラミング教材を使いながら、段階的に理解を深めるとともに、身近な生活の中で電気がどのようなものに変化しているか見つける活動を行った。

◀ 実際にlittleBitsを用いて、電気が別のものに変わる性質を、プログラミングを体験しながら理解できるようにした。ペアで1つの教材を使い、考えを広げられるようにした。

授業の流れ

本時の展開	指導上の留意点 ◉論理的思考に関わる働きかけ
1 本時の課題をつかむ。 電気はどんなものに変わる性質があるだろう。	●前時までの実験で電気が光に変化することを学んだことを振り返り、本時の学習の見通しを持たせる。
2 littleBitsを使い、電気の変化を調べる。 (1) littleBitsを使い、ペアでつなぎ方を試し、電気がどんなものに変わったか考える。 (2) 表にまとめる。 | LED | 光 | ブザー | 音 | | バーグラフ | 光 | モーター | 動き |	◉littleBitsでは、Bitsモジュールと呼ばれる複数種のブロック同士をつなぐことで様々な機能を実現できる。まずはlittleBitsに自由に触れ、様々なつなぎ方を試すことで、ブロックが持つそれぞれの性質を理解できるようにする。 ◉乾電池とつないだブロックの変化を見て、電気がどんなものに変化しているのか捉えられるようにする。
3 電気の性質を利用し、動かすプログラムを組む。 (1) 電気が変化する性質を利用してどんなふうに動かしたいかを考える。 ●小さい音を鳴らしながら光を5回点滅させる。 ●音を大きくしたり小さくしたりする。 (2) ペアの友だちの考え通りに動かすにはどんなつなぎ方をすればよいか考え、実際にやってみる。 ●音を大きくしたり小さくしたりしたい。 ① パワー＋ディマー＋ブザーの順でつなぐ。 ② つまみを左右に回す。 (3) 難易度の高い動きを実現するプログラムを全体で考える。	◉littleBitsはブロックをつなげていくプログラミング教材であるため、それ自体が順序（シーケンス）となる。つないだ順を再度文字で表すことで、視覚的な理解を促すようにする。
4 身の回りにあるものの中から、電気が別のものに変わっている例を探す。 | 【光】 | 蛍光灯 | テレビ | タブレット | | 【音】 | テレビ | ラジオ | タブレット | | 【熱】 | ドライヤー | アイロン | | | 【動き】 | 扇風機 | 時計 | ミシン |	●テレビやタブレットなど実物を見ながら考え、同じ製品でも、電気が複数のものに変わっていることに気付くことができるようにする。
5 本時のまとめを行う。 (1) 電気の性質についてまとめる。 電気は、光、音、熱、動きなどに変わる性質がある。 (2) 振り返りを記入する。 ●身の回りには、光や音、熱、動きに変わる性質を利用したものがたくさんあった。 ●身近なところにもlittleBitsと同じようにプログラムで動いているものがあることに気付いた。	●本授業では電気の変換について学ぶとともに、電気によって生み出されたエネルギーをプログラミングによって制御する体験も行った。身の回りには、エネルギーを効率よく利用するためにセンサー等を利用しプログラムによって制御しているものがたくさんあることを確認する。 ◉電気の性質を利用した製品では、内部のプログラムによって光、熱、音、動きなどを変化させていることを確認する。

授業のポイント

1 思考と体験の両方で論理的思考と社会とのつながりを意識

本時では、実際にプログラミング教材によるプログラミングを体験しながら、電気が様々なものに変化する性質を捉えられるようにした。体験を通して、児童は電気の変化について実感を伴った理解を深めることができた。そこからさらに、電気によって生み出されたエネルギーがプログラミングによって制御されていることにも目を向け、身の回りにある家電製品なども、littleBitsのようにプログラムによって制御されているものがあることに気付くことができた。

1 littleBitsを使ってプログラミングを体験。

2 友だちの考えをプログラムで表現

友だちの考えを表現するためには、どのように並べてどんな動きをさせればよいか考えながらプログラムを組んだ。処理内容や順序を検討する作業を通して、順序（シーケンス）の考え方を定着させることができた。

2 友だちのイメージした通りに表現できているか、確認しながらプログラムを組む。

3 大型テレビを使いプログラムを全体で共有

難易度の高いプログラムを組むことに挑戦した際、児童からいくつもの案が出てきた。そこで、大型テレビの画面にキットを映し、全体で共有できるようにした。画面に映し、実際につなぎながらプログラムについて説明することで、聞き手も理解が深まる。また、画面を見ながら考える中で、「ここのつなぎ方を変えたらどうかな」など友だちと確認したり相談したりする姿が数多く見られた。

3 画面に映しながらプログラムを説明する。画面を見ながら近くの友だちと相談する姿が見られた。

終末場面における留意点

授業終盤で、身の回りにあるものの中から、電気から変換されたエネルギーを効率よく利用しているものについて探す活動を行った。多くの電化製品にはプログラムが内蔵されていることを紹介し、児童から挙がったもののうち、たとえば洗濯機では、センサーなどで洗濯物の量を検知し、水の量を調整する制御プログラム等が内臓されていることを説明した。

板書例

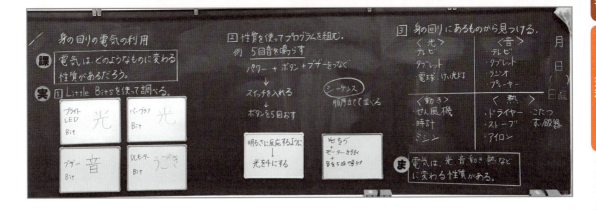

児童の振り返り

littleBitsを使ってプログラミングしながら、電気には、光、音、動きに変わる性質があることを知った。友だちの考えた指令を、自分なりによく考えてプログラムを組み、実行することができた。

友だちからのお題を、どうすれば達成できるのか、とってもたくさん考えた。難しいお題に挑戦したときも、友だちとよく話し合って考えた。別の友だちの意見に納得したので、自分でもやってみたら成功した。

電気はいろいろなものに変化していることがわかった。友だちのプログラムの仕方を見ていて、新しい発見ができた。同じ結果でも、プログラムの組み方が異なることもあることがわかって、考え方が広がった。

今日の実験で、電気が変化しているものがわかった。ライトセンサーで音や光の強弱をつけてみたとき、車のライトも、まわりが暗くなると自動で点くから同じだと気付いた。

 専門家のコメント

小林 祐紀（茨城大学）

　本実践は、新しい学習指導要領に例示のある学習であり、最終的にはプログラミング教材に設定されているプログラムのよさを生かして教科学習の目標達成を目指します。この学習では、十分な操作体験の時間を確保することがとても重要です。本実践においても、プログラミング教材をいろいろと操作することを通して、児童は電気の性質やはたらきに気付いていきます。また、坂入教諭は相互作用を上手に生かして、プログラミングの体験も取り入れています。そして、終末場面では、授業内容をもとにして身近な生活に目を向けさせています。振り返りからも児童の関心が広がっていることがうかがえます。

第6学年　理科　2 プログラムのよさ

暮らしに役立つ装置の仕組みを考えよう

広瀬 一弥
亀岡市立東別院小学校
教諭

学習目標	身の回りには電気を作り出したり蓄えたり、光、音、熱などに変える様々な道具があることを知るとともに、電気の効率的な利用について捉える
育てたいプログラミングの考え方	電気の性質を利用したものをプログラミングとセンサーが制御していることについて、体験を通して考えることができる

単元構成「発電と電気の利用」	
第1次	手回し発電機で発電しよう
第2次	電気を蓄えて使おう
第3次	電気による発熱
第4次	電気変換と効率的な利用（本時）

実践の概要

　発電や蓄電、エネルギー変換を学ぶ単元のまとめの学習として、プログラミング教材「MESH」※を使い、電気を効率的に利用することについて考える。まず身近な電化製品が、電気エネルギーを光、音、熱などのエネルギーに形を変えていることを捉える。そのエネルギー変換の際に、電化製品が便利で効率よく使えるように「仕組み」があることに気付かせる。その仕組みとは様々なセンサーや制御プログラムであり、それらを組み合わせて、暮らしに役立つ装置を自ら考えだす。

※ ソニーの新規事業創出プログラムから生まれた製品。 URL http://meshprj.com/jp/

準備物・ワークシート

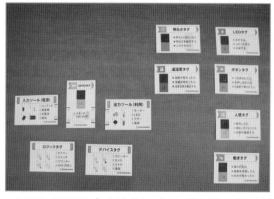

▲センサーやアウトプットデバイス（LED・音など）を表した紙のカードを用意する。タブレット端末上でのプログラミングの前に、紙で試行錯誤ができるようにすることが協働での課題解決につながる。

▲MESHは、明るさセンサー、超音波センサーなどのセンサーと、LEDやGPIOタグ（モーターや他のセンサーなどにつなぐことできる拡張タグ）などで構成されている。それらはタブレット端末のアプリで制御することができる。

授業の流れ

本時の展開	指導上の留意点 ◉論理的思考に関わる働きかけ
❶「電気」はどのようにして作られているか捉える。 (1) 家庭や学校に送られてくる電気はどこでどのようにして作られているかな。 　●発電所、ダム、火力発電所、ソーラーパネル。 (2) どんなエネルギーが電気に変わっているかな。 　●火力、原子力、水力、太陽光。	●厳密にいうと、地熱や水力、風力や火力等も、電気を生み出す力は回転エネルギーだが、それを生み出す、熱や位置エネルギーを意識させる。 ◉黒板に、エネルギーの動きを矢印で図示し、流れを捉えやすくする。
❷ 家庭や学校に送られてきた電気をどのようにして使っているか考える。 (1) 身近な電化製品は、電気を使ってどんなことができているかな。 　●エアコンで部屋を暖める。 　●掃除機でごみを吸い取る。 (2) 電気を効率的に制御していくためにどんな仕組みがあるかな。 　●温度センサーで風の温度と量を制御している。 　●ごみがあるところは、吸い込む力が大きい。 　●使わないときは、自動的に電源が切れる。	●熱や音、モーター（回転）など、できるだけ多様な意見が出るようにする。 ●コンピュータなどの電子機器も認める。 ●温度が一定に保たれる暖房機器や、汚れの量によって時間が変わる洗濯機、自動で動く掃除機などセンサーの働きを意識しやすい例を取り上げる。 ◉様々なセンサーが常に状況を調べていて、値が変わった場合に、違う制御が行われることに気付かせる。
❸ 暮らしに役に立つ装置を作る。 (1) 本時の課題をつかむ。 　暮らしに役立つ装置を、MESHを使って考えてみよう。それにはどんな仕組みが必要か、プログラミングしてみよう。 (2) 紙カードで思考を整理する。 　●使えるセンサーやデバイスのカードを並べて、具体的にどのようにプログラミングできるか、発想を広げよう。 (3) グループで各自が考えた案を発表し合う。 　●グループの中で一人ひとり考えたプログラムを伝え合おう。 (4) MESHを使ってプログラミングをする。 　●グループの中で1つ選んで、実際にプログラミングをしてみよう。	●考えが進まない児童には、すでにある電気製品を想起させ、その製品をモデルに仕組みを考えさせる。 ●画用紙の上にカードを並べながら、考えを整理できたところで、処理の流れを矢印で示させる。 ●自由に質問をしながら交流させ、言語活動を活性化させる。 ◉少し作っては実行をして、試しながらプログラミングをさせる。うまくいかなかったところや、思い浮かんだアイデアをグループで共有し改善をしていく。
❹ 学習の振り返りをする。 ●電気がいろいろなエネルギーに形を変えているのがわかった。 ●センサーやプログラミングなどの仕組みによって、電気製品は便利になっていることがわかった。	●センサー以外の仕組みとしても、コンデンサーによる整流や風力・太陽光といったクリーンエネルギーの活用などがあり、小学校の理科で学んだことが使われていることを伝える。

授業のポイント

1 これまでの学習経験・生活体験と本時の学習をつなぐ導入

導入では、「発電」「電気製品」を例にエネルギー変換について考えた。児童がこれまで得てきた知識や体験で理解でき、本時のプログラミング体験をつなぐためである。発電の単純なエネルギー変換に比べ、電気製品のエネルギー変換は、センサーとプログラミングによって制御され複雑で効率的な変換が行われていることに気付かせ、本時の課題追求につなげた。

1 地熱発電とエアコンの写真を提示し、エアコンはセンサーによる制御があることに気付く。

2 紙カードを使って個人思考の時間を確保

センサーやロボットなどを使ったプログラミング教材は、現時点では、1人1セット与えることは難しい。よって、グループでプログラミングを体験することになるが、その前に個人での思考の時間を確保した。そのために、センサーやコマンドに対応する紙カードを用意して、機械を使わず体験させた。カードだけでなく、画用紙に矢印を書くなど順序（シーケンス）を意識させることを大切にした。

2 センサーからどう入力をして、アウトプットデバイスにどう出力するか紙カードで整理している様子。

3 思考錯誤やブラッシュアップを重視する

十分な思考錯誤の中でプログラムをよりよくしていくことは、プログラミング体験でも大切にしていきたい。センサーやタブレット端末でのプログラミング体験では、命令を実行すれば結果はすぐにわかり、結果を恐れずに繰り返し実行していくようにさせた。また、完成した後もさらによりよい仕組みにしていくためにもブラッシュアップすることを促した。

3 人が通過したことを調べる超音波センサーの閾値を調整している様子。

終末場面における留意点

学習の振り返りの場面では、本時のプログラミング体験と生活の中で暮らしを便利にする様々なシステムとを関連づけたい。特に、日ごろ使っている電気製品が、魔法の箱ではなく、センサーとプロセス（命令の実行）によってその機能が実現されていることを右のような図で説明し、これら全体を考えることがプログラミングにつながることに気付かせたい。

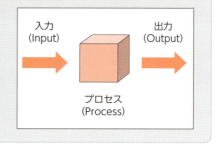

板書例

どんなエネルギーが
電気エネルギーに
変わっているでしょう？

- ・風の力　・水の力
- ・原子力　・地熱
- ・太陽光

熱→
光→ 発電 → 電気 →光
回転→　　　　　　→モーター
　　　　　　　　　→音
　　　　　　　　　→熱

家や学校に送られてきた電気を
どのようにして使っているでしょう？

エアコン

人感　リモコン
　　温度

そうじ機

ボタン　超音波

暮らしに役立つ装置を
MESHをつかって考えてみよう。

MESH

人感　温度　振動
ボタン　明るさ

が必要かな？

児童の振り返り

電気が、音や光、回転などに形を変えて生活に役立っていることがわかった。仕組みがあることで便利な機械になるし、そのためにはセンサーやプログラムが必要だ。プログラムのおかげで便利になっている。

MESHには色々なセンサーがあって面白かった。超音波センサーは反応しすぎるので、今度調整したい。4年生のときに作ったモーターカーにMESHをつなげて遊んでみたいと思った。

自分たちで防犯システムが作れてよかった。テレビや冷蔵庫もセンサーとプログラムがないと成り立たないと思う。今度は明るさセンサーを使って目覚まし時計を作りたい。

センサーやプログラミングの仕組みを入れると、エコな機械ができると思う。本物のエコカーはどんなセンサーが使われているか知りたい。センサーやプログラムが進化するともっと効率的な車ができると思う。

 専門家のコメント

小林 祐紀（茨城大学）

本実践は、新しい学習指導要領に例示のある学習であり、最終的にはプログラミング教材に設定されているプログラムのよさを生かして教科学習の目標達成を目指します。身近な電化製品の仕組みについて考えた後に、装置自体を児童自身が考える活動を行っています。そして、プログラミング教材だけに頼ることなく、紙カード等の教材を用意したり、児童同士の相互作用を取り入れたりして、十分に思考する時間を確保しています。十分な思考および体験から仕組みへの理解がさらに深まり、アイデアを出し合うことの楽しさを感じることができる創造的な学習といえます。

第6学年　理科　3 プログラミング的思考

てこはどんなときに
つり合うのか

田口 優
金沢市立杜の里小学校
教諭

学習目標	てこが水平につり合うときのおもりの位置と重さの関係を調べる実験方法を考える
育てたい プログラミング の考え方	「もし〜なら○○」という分岐の考え方にしたがって実験方法を考え、次時に行う実験を決める 【条件分岐】

単元構成「これからの工業生産」

第1時	重いものを楽に持ち上げる方法
第2時	てこの手ごたえはどのように変わるか
第3時	小さな力で大きな力を生み出すには
第4時	力の位置と力の大きさの関係
第5時	てこのはたらきを調べるためには
第6・7時	てこが水平につり合うのは（本時）
第8時	上皿てんびんで物の重さを比べる
第9時	てこのはたらきを用いた道具

実践の概要

　導入部分では、タイプ診断チャートを題材にして、条件分岐の考え方に触れた。その後、実験方法をフローチャートの形にまとめ、次時の実験の際にも、活用できるようにした。個人で考えた実験方法について、グループで考えを出し合いながら、ホワイトボードにまとめ、さらにグループ同士の交流活動も取り入れた。児童にとって実験の手順が明確になり、「もし〜になったら、次は○○する」というように実験の見通しを持たせることができた。

準備物・ワークシート

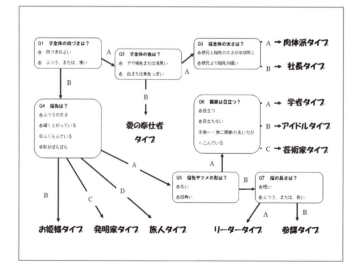

▲フローチャートがどのような仕組みかを知るために、タイプ診断チャートを用いた。タイプ診断チャートを進める中で「Yes」「No」によって進む道が変化してくるというフローチャートの特性に触れることができるようにした。

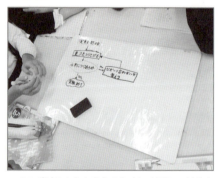

▲てこがどのような条件のときに水平につり合うのかを考える実験方法を、フローチャートの形でホワイトボード上にまとめ、そのフローチャートをもとに次時で実験を進めていくという単元計画を組んだ。

授業の流れ

本時の展開	指導上の留意点 ◉論理的思考に関わる働きかけ
1 タイプ診断チャートを通して分岐の考え方に触れる。 ●「Yes」「No」で答えることで次のステップに進んで自分のタイプを決めることができる。	◉タイプ診断チャートを例にして、分岐の考え方に触れ、分岐の考え方は「Yes」「No」によって分かれることを理解する。 ●タイプ診断チャートの結果に児童の意識がいきすぎないように配慮する。
2 実験の予想を確かめる。 ●左右の同じ位置に同じおもりをつければつり合う。 ●位置が違っても重さを工夫すればつり合うと思う。	●予想の理由を問うことで、これまでの学習や生活経験とのつながりを意識させる。 ●導入で行ったタイプ診断チャートを用いてフローチャートのかき方を確かめる。
3 本時の課題をつかむ。 てこが水平につり合うときのきまりを調べるためにはどのような実験を行えばよいかな。	◉フローチャートのかき方を「歯みがき」を例に全体で確認する※。
4 実験方法を考える。 ●まずは右うでのおもりの位置を決める。 ●次におもりの重さを決め、水平になるかを観察する。 ●もし水平にならなかったら、おもりの位置と重さを変えてもう一度実験する。 ●もし水平につり合ったら、表に記録する。 ●右うでの1〜6の位置のそれぞれを調べ終わるまで実験を繰り返す。	◉フローチャートの「判断」部分は条件や状況に応じて「Yes」「No」と次の作業が異なることに気付かせる。 ●グループで考えた実験方法はホワイトボードにまとめさせ、板書に位置づけ、可視化する。
5 実験方法をまとめる。 てこが水平につり合うときの決まりを調べるためには、おもりの位置と重さを変えて、どのようなときに水平になっているかを結果から考える。	●てこが水平につり合うときのおもりの位置と重さの関係を調べる実験方法を考えることができる。
6 振り返りを行う。 ●実験の方法を分岐の図で表すとどのような順番で実験すればよいのかがわかりやすかった。 ●「もし〜だったら○○」というところは順序（シーケンス）とは違うことがわかった。	◉分岐の考え方のよさを振り返らせ、その利便性（手順が可視化されること）を気付かせる。 ●次時の授業では本時で考えたフローチャートをもとに実験を進めていくことを伝える。

※参考文献『ルビィのぼうけん　こんにちは！プログラミング』（ISBN 978-4-7981-4349-1）「れんしゅう1：シーケンス（順番に並んだ命令）」（p.71）。

授業のポイント

1 タイプ診断チャートを例に条件分岐の考え方を知る

導入部分でタイプ診断チャートを例に、条件分岐の考え方に触れ、その特徴を知ることができるようにした。タイプ診断チャートでは、A、B、C、Dといくつものルートに分かれていたが、この後に学ぶフローチャートでは、「Yes」「No」2つのルートに限定するということを伝え、本時の課題につなげていった。

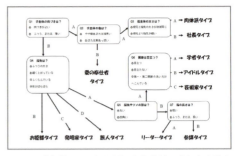

1 タイプ診断チャートを例に条件分岐の考え方を確かめる。

2 実験方法をホワイトボードにまとめる

本実践では、個人で実験方法を考えた後、グループで考えをまとめ、ホワイトボード上でフローチャートにまとめた。個人思考の段階で各自の考えを持たせたことで、グループの場面では、それぞれが意見を言い合いながら、てこが水平につり合うときの条件を調べる実験方法を考えることができた。中にはフローチャートに加え、イラストを描き加えて、よりわかりやすいものにしようと工夫をしているグループを見られた。

2 実験方法をホワイトボードにまとめ、次時の実験につなげていく。

3 考えた実験方法を交流する

グループで考えをまとめた後、他のグループに自分たちの実験方法を説明する活動を行った。初めてフローチャートを作ったということもあり、中には実験手順に抜けが見られるグループもあった。そのグループもこの活動を通して、聞いている人からアドバイスや指摘をもらい、より正しい実験方法に修正することができていた。

3 自分たちの考えたフローチャートを他のグループの人に伝え、実験方法を確かめる。

終末場面における留意点

本時の終末場面では、次時の実験に向けた実験手順の確認を行うと共に、プログラミングの考え方を使って実験方法を考えたことのよさを振り返った。児童からは「文章で書くよりも実験の流れがわかりやすかった」という意見が出され、順序（シーケンス）や条件分岐の考え方を活用し、実験手順を整理することのよさに気付くことができた児童の姿が見られた。手順を細分化し順序立てて整理することやどのような条件で手順が分岐されるかを明確にし論理的にまとめることのよさを気付かせた。

板書例

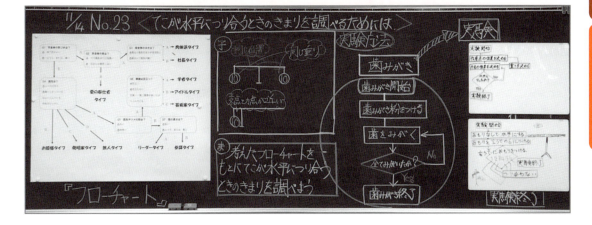

児童の振り返り

- 最初、フローチャートを書くのは難しそうと思ったけど、歯みがきでフローチャートのかき方を練習したので、実験のフローチャートもしっかり書くことができたと思う。

- コンピュータの処理の流れを表すのにフローチャートが使われているなんて知らなかった。フローチャートを作ってみて、コンピュータは複雑な処理をしているんだなと改めて思った。

- フローチャートを作ってみて、文章で実験方法を書くよりも、簡単に書けたし、具体的にも書くことができたので、これから実験方法を考えるときにもフローチャートを使ってみたい。

- 動物占いの本で見たことがあるものが、フローチャートだと知っておどろいた。フローチャートにすれば、次にどんな順番で実験をすればよいのかがわかって便利だと思った。

 専門家のコメント

小林 祐紀（茨城大学）

「条件分岐」の考え方を取り入れた田口教諭の実践は、てこのはたらきについての実験方法を十分な時間をかけて、児童が自ら考え出している点に特徴があります。初めて条件分岐の考え方に触れる児童のために、身近なタイプ診断チャートを例に用いています。そして、このような考え方を用いて、本時の学習課題を解決しようと示すことで、見通しを持って学習に臨むことができます。また、相互作用を生かすことで、より精度の高い実験方法を見いだそうともしています。ここでもフローチャートを書くことを目的とせず、あくまでも条件分岐の考え方を生かし、次時につながる実験方法を確立することに重きを置くことが重要です。

第6学年 理科 ③ プログラミング的思考

5つの水溶液の正体は？

田口 優
金沢市立杜の里小学校
教諭

学習目標	5つの水溶液を分類するための実験方法をフローチャートとこれまでの学習を生かして考える
育てたいプログラミングの考え方	「もし〜なら○○」という分岐の考え方にしたがって実験計画を決める　【条件分岐】

単元構成「水溶液の性質とはたらき」

第1・2時	5つの水溶液のちがい
第3時	水溶液に溶けている固体
第4時	水溶液に溶けている気体の正体
第5時	リトマス紙を使ったなかま分け
第6時	水溶液のはたらき
第7時	酸性、中世、アルカリ性
第8・9時	水溶液に溶けた金属の行方
第10・11時	5つの水溶液を見極めよう（本時）

実践の概要

本実践は単元名「水溶液の性質とはたらき」の最後の授業である。これまでに学習したことをもとに、A、B、C、D、Eの5つの水溶液がアンモニア水、水、レモン水、せっけん水、食塩水の中のどれなのかを明らかにするための実験方法を考えることがねらいである。条件分岐の考え方を活用したことで、「もし〜という実験結果になったら○○水、そうでなければ、△△水であるということがわかる」というように見通しを持った実験方法を考えることができるようになった。

準備物・ワークシート

▲どのような実験をして、どのような結果になれば、5種類の水溶液の正体がわかるのか。これまでの学習を生かして正体をつきとめるための実験方法をフローチャートの形でホワイトボード上にまとめる。

▲5種類の水溶液（A、B、C、D、E）を用意し、その5種類の水溶液が、アンモニア水、水、レモン水、せっけん水、食塩水のどれなのかをこれまで学習した実験をもとに考える。

授業の流れ

本時の展開	指導上の留意点 ◉論理的思考に関わる働きかけ
1「てこのはたらき」の学習から分岐の考え方を思い出す。 ●「Yes」「No」で答えることで次のステップの実験に進むことができ、実験方法がわかりやすかった。	◉てこのはたらきの学習で条件分岐の考え方を用いて実験方法を表現したことを思い出し、そのよさを確かめる。 ◉分岐のよさとしては「もし〜だったら○○」というような実験の手順がわかりやすいことが考えられる。
2 5つの水溶液を知る。 ●今日、扱う水溶液はA、B、C、D、Eの5種類。 ●この5種類の水溶液は水、食塩水、アンモニア水、石鹸水、レモン水のどれか。	●水溶液の取り扱い方を、実験を行う前に全体で確かめる。
3 本時の課題をつかむ。 5つの水溶液の正体はなんだろう。	●5つの水溶液はアンモニア水、水、レモン水、せっけん水、食塩水のどれかであることを伝え、どうすれば5つの水溶液の正体を明らかにすることができるかを問い、本時の課題につなげていく。
4 実験方法を考える。 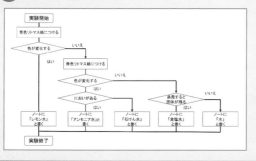	◉分岐の考え方である「もし〜だったら、次は○○」という手順はコンピュータの中でも使われていることを再度伝える。 ◉実験方法はフローチャートの形でまとめさせる。 ◉まずは個人で考えさせた後にグループで考えをまとめフローチャートを完成させる。 ◉グループで考えをまとめた後、他のグループのフローチャートの説明を聞き、自分たちのフローチャートを修正する時間を設ける。
5 予想を考える。 ●リトマス紙を使えば、酸性かアルカリ性か中性かがわかる。 ●水か食塩水かは水溶液を蒸発させればわかる。	●予想の理由を問うことで、これまでの学習や生活経験とのつながりを意識させる。
6 本時の学習のまとめを行う。 次の時間はフローチャートをもとに実験を進め、5つの水溶液の正体をつきとめよう。	●学習内容の振り返りに加え、分岐の考え方を使った実験のよさについても振り返らせる。 ◉条件分岐の考え方を用いて実験方法を整理することで、実験手順が明確になると共に、水溶液の性質についても理解しやすくなることに気付かせる。
7 振り返りを行う。 ●分岐の図に沿って実験を進めると、5つの水溶液の正体をはっきりさせることができた。	●5つの水溶液を分類するときに、「においがあるか」「蒸発させたときに残るものはあるか」「リトマス紙が反応するか」という視点で、実験方法を決めることができる。

授業のポイント

1 フローチャートの形で実験方法を考える

フローチャートの形で実験方法をまとめることで、「もし〜という実験結果になったら○○水、そうでなければ、△△水であることがわかる」というような実験の見通しを持たせることができた。授業後の児童の振り返りの中には、文章で実験方法をまとめるよりも、フローチャートでまとめたほうが次になにをするのかが一目見てわかるという意見が得られ、条件分岐の考え方を用いて、実験手順を整理することのよさを実感している児童の姿も見られた。

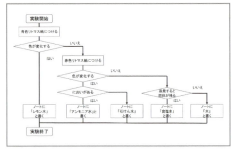

1 これまでに学習した実験をもとに水溶液の正体を明らかにするための実験方法を考える。

2 ホワイトボードに実験方法をまとめる

ノートに実験方法をまとめてしまうと、実験時はノートを片付けるため、簡単に実験方法を確認することができない。しかしホワイトボード上に実験方法をまとめ、実験時には3の写真のように机の横に立てかけておくことで、次の手順を確かめながら、実験を進めることが可能となる。またノートよりも大きくまとめることができるので、文字が大きく見やすいというメリットもある。

2 フローチャートをホワイトボード上にまとめ、実験方法を可視化する。

3 自分たちの実験方法を修正する

児童は実験方法のフローチャートを、教科書やノートを振り返って、適宜修正していた。また、グループでフローチャートをまとめた後、他のグループに対して自分たちの考えを説明する時間を設けた。他のグループに自分たちの考えたフローチャートを言葉で説明させることで、実験方法をより理解させるとともに、他のグループと自分たちのグループのフローチャートを比べ、必要な部分を修正・加筆することができる。

3 作る三角形の個数を友だちに命令してもらい、必要なマッチ棒の本数を計算して教えてあげる。

終末場面における留意点

授業の終末では、実験方法をフローチャートで表すよさは何かを問いかけた。児童からは「実験の手順が文章で書くよりもわかりやすい」という意見が出され、実験手順をフローチャートで整理することで順序（シーケンス）や条件分岐の考え方のよさを体験できたことがうかがえた。

授業では、実験手順を順序立てて整理することや、各水溶液がどういった条件で分類できるかを論理的に整理することに焦点を当てて学習を進めることができるよう指導した。

板書例

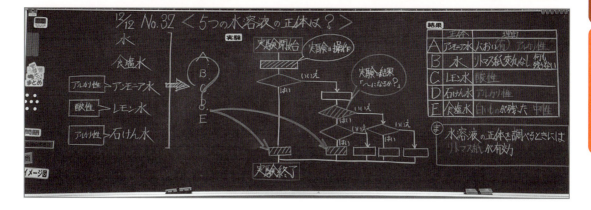

児童の振り返り

- フローチャートを作るのは2回目だったので前回よりも上手にまとめることができたと思う。フローチャートにそって実験をしたら、正しく水溶液の正体がわかったのでうれしかった。

- 「においがあったらアンモニア水」「においがなかったらそれ以外の水溶液」というようにどんな結果になったらどの水溶液なのかがフローチャートだとわかりやすかった。

- 5つの水溶液の正体も何もヒントがなくても、これまでの実験とフローチャートを使えば求めることができた。フローチャートは見やすくて便利だと思った。

- 前の「てこのはたらき」のときのフローチャートよりも複雑で、本格的だなと思った。「てこのはたらき」と「水溶液のはたらき」の勉強を通して、フローチャートを作る力がついたと思う。

 専門家のコメント

小林 祐紀（茨城大学）

　「条件分岐」の考え方を取り入れた田口教諭の実践は、水溶液の種類を見分ける実験方法を、グループごとにホワイトボードを用いてまとめさせている点に特徴があります。ホワイトボードにまとめることで、グループ同士の交流や必要に応じて修正を行うことができています（これはデバッグの考え方に近い）。はじめから完璧なものはできませんが、対話的な学びを通して徐々に実験方法の完成度を高めています。また、実験終了後には、実験方法をフローチャートの形で表現し考えるよさについて、振り返る場面を設定しています。学習で用いた考え方（本時の場合、条件分岐）のよさやそれらを視覚化されることのよさについて、児童が自覚するきっかけになったといえます。

第6学年　理科　3 プログラミング的思考

リトマス紙で発見！

坂入 優花
古河市立駒込小学校
教諭

単元構成「水溶液の性質」	
第1時	水溶液の区別
第2・3時	酸性・中性・アルカリ性の水溶液（本時）
第4時	紫キャベツ液で調べよう
第5～7時	気体が溶けている水溶液
第8～10時	金属を溶かす水溶液
第11時	たしかめよう

学習目標	水溶液は、酸性、アルカリ性および中性の3種類に分けることができることを理解する
育てたいプログラミングの考え方	条件に対して「Yes」「No」で分かれていく条件分岐の考え方を身に付け、水溶液の性質を分類することができる【条件分岐】

実践の概要

児童は、本単元で水溶液の性質を知り、それを分類する様々な実験を行う。本時ではリトマス紙を使い、水溶液を分類する。その際、2種類のリトマス紙の反応の結果を2段階の分岐で表し、それをもとに性質を見分ける活動を設定した。フローチャートを用いて実験を進めることで、見通しを持ってスムーズに進められる。また、説明をする際にも、だれもがとまどわずに結果を伝えることができるようになる。

準備物・ワークシート

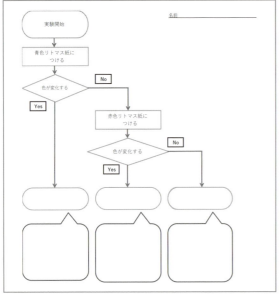

▲児童のワークシートに分岐のフローチャートを作成。分岐した先の結果（酸性、中性、アルカリ性）と、その下の吹き出しに水溶液を分類して書き込むことができるようにした。

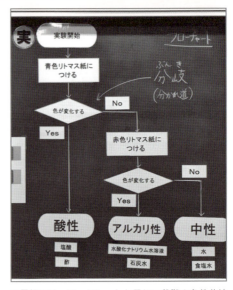

▲黒板には、ワークシートと同じ二段階の条件分岐のフローチャートを提示することで、全体で結果を共有する際に説明しやすくなる。

授業の流れ

本時の展開	指導上の留意点 ◉論理的思考に関わる働きかけ
1 身の回りにある液の容器の表示を見て気付いたことを話し合う。 ●このボディーソープには「弱酸性」と書いてある。 ●どの液体も、○○性のどれかが書かれているね。	●児童の身近にあるものから「○○性」という表記を探したり、CMを想起したりして、意欲を持って学習に取り組むことができるようにする。
2 本時の課題をつかむ。 　水よう液は、酸性、中性、アルカリ性に分けられるのだろうか。 【分類に使う水溶液】 ・水　　・食塩水　・酢　　・石灰水 ・塩酸　・水酸化ナトリウムの水溶液	●それぞれの水溶液の扱い方について全体で確認し、注意喚起する。
3 予想を立てる。 ●分けられる。　●分けられないものもある。 ●それぞれの水溶液は○○性だと思う。	●分けられるか否かだけでなく、それぞれがどの性質であるか予想させることで、実験への意欲を持たせる。
4 実験の手順を確認する。 (1) リトマス紙の性質を確認する。 (2) フローチャートを用いて、条件分岐の考え方を確認する。 (3) 実験の手順を確認する。 　①水溶液を青色リトマス紙につける。 　　Yes（変化した）→酸性である 　　No（変化しない）→次の手順に進む 　②色が変化しなかった水溶液を赤色リトマス紙につける。 　　Yes（変化した）→アルカリ性である 　　No（変化しない）→中性である	◉あらかじめ学級活動で行った条件分岐とフローチャートを想起し、条件分岐の考え方を再確認する。 ●実験の手順を並べて確認するとともに、児童のグループの机にも置いておくことで、実験時に混乱せず手順を確認しながらできるようにする。
5 実験を行い、結果をフローチャートにまとめる。	◉リトマス紙の色の変化を見て、フローチャートをなぞりながら酸性・アルカリ性・中性に分けられるようにする。
6 フローチャートを見ながら考察をまとめる。	
7 本時のまとめを行う。 (1) 結果と考察を発表する。 (2) 条件分岐の考え方について振り返る。 (3) 振り返りを記入する。	◉Yes/Noの条件分岐を使うことで、実験の結果をわかりやすく分類できると気付かせる。 ◉身の回りにYes/No分岐を使った仕組みの物事があるか振り返ることで、身近なものと関連付けて理解を深められるようにする。

授業のポイント

1 指でなぞりながら結果だけでなく実験手順も確認

　実験を進めていく中で、児童の様子を見ていると、ワークシートのフローチャートの線を指でなぞりながら結果を導き出していた。それだけでなく、「青色リトマス紙が変化しなかったから、次は赤色リトマス紙」というつぶやきも聞こえてきた。次にやるべきことが明確に示されているため、支援が必要な児童にとっては特に、先を見通すことができたり、確認したりする有効な手段であると感じた。

1 ワークシートで確認しながら実験を進めていく。

2 条件分岐の考え方を使った説明

　実験結果を共有する際、思考を活性化させ、理解の定着につなげるため、条件分岐の考え方を示しながら説明する活動を取り入れた。まずはグループの中で結果を説明し合い、その後、全体で共有した。フローチャートを示すことで、どんな児童にとっても説明がしやすい環境を作ることができた。また、説明を聞く側も、ただ言葉だけの情報ではなく、視覚的に理解しながら聞くことができた。

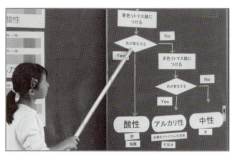

2 フローチャートを示しながら実験結果を発表することで、よりわかりやすく伝わりやすくなった。

3 Yes/Noの分岐の考え方に触れる

　日常生活の中で存在するYes/No分岐の考え方について児童と考えた。はじめはなかなか考えられずとまどっていたが、食事のときなら、遊びのときなら……と、だんだん考えが広がっていった。自分たちが生活している中に、分岐の考え方がたくさん存在していること、そして自分たちが自然と行っていることに気付くことができた。

3 身の回りにある分岐について考えを広げる。分岐は日常生活の中にもあふれていることに気付いた。

終末場面における留意点

　授業のまとめで、分岐の考え方を再確認するため、身の回りにある分岐の考え方についてグループごとに考える活動を行った。その際、修学旅行で高速道路を通ったときに見つけた「分岐」の話題が挙がった。この場合の条件は「東京に行く」となり、Yes→右へ、No→左へ、と分かれる。本時に身に付けた考え方を授業以外のところで見つけたり、生かしたりと、自らの生活と結びつけて考えることができるようになったと感じた。

板書例

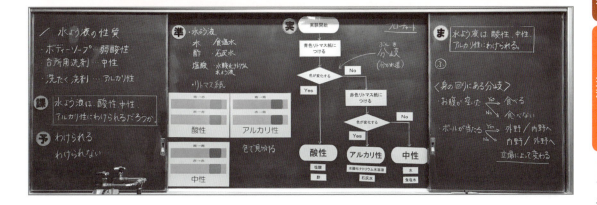

児童の振り返り

今日はリトマス紙を使って水溶液を分類することができた。リトマス紙は2種類あって、性質によって色が変化することがわかった。結果をフローチャートでまとめたことで、後から見返してもすぐにわかった。

リトマス紙は酸性、中性、アルカリ性を分類するためにとても便利だった。結果を説明するのに、フローチャートがあることで、色が変わったから○性、というようにきちんと説明することができた。

結果を考えるときに、分岐が2回出てきた。YesかNoで進んでいくと結果がきちんと分けられてとてもわかりやすかった。説明をするときも、分岐のところをきちんと伝えることができた。

水酸化ナトリウム水よう液だけ、予想と違ってアルカリ性だった。結果を書くときにフローチャートを使うとわかりやすかった。分岐の考え方は、実は自分たちの生活の中にもたくさんあったことに驚いた。

 専門家のコメント

臼井 英成（那珂市教育委員会）

　目的意識を持って児童が実験を行うためには、「見通し」を持たせることが大変重要です。坂入教諭の本実践では、条件分岐の考え方（条件によって作業を切り替える）で作ったフローチャートを示すことで、児童に実験の方法と結果の「見通し」を持たせています。児童は、フローチャートを用いることで、適切に実験を行うとともに、実験の結果から水溶液の性質について正しく判断することができたといえます。また、実験の結果を共有する場面では、6種類の水溶液について、それぞれの水溶液がどの性質なのか、判断した理由を条件分岐の考え方を用いて説明することで、水溶液の性質についての確かな理解へとつなげています。

第6学年　理科　3 プログラミング的思考

正体を見破れ！

坂入 優花
古河市立駒込小学校
教諭

学習目標	いろいろな水溶液の性質について推論する能力を育てるとともに、理解を図り、水溶液の性質やはたらきについての見方や考え方を持つことができるようにする
育てたいプログラミングの考え方	条件に対して「Yes」「No」で分かれていく条件分岐の考え方を身に付け、水溶液の性質を分類することができる　【条件分岐】

単元構成「水溶液の性質」	
第1時	水溶液の区別
第2・3時	酸性・中性・アルカリ性の水溶液
第4時	紫キャベツ液で調べよう
第5〜7時	気体が溶けている水溶液
第8〜10時	金属を溶かす水溶液
第11時	たしかめよう（本時）

実践の概要

　本単元で、児童は、水溶液に「リトマス紙の色を変化させる」「熱すると物質が残る」「気体が含まれている」「金属を溶かす」「においがある」などの性質があると学習してきた。そこで本時は、単元の学習のまとめとして、水溶液の持つ性質をもとに、既習事項を生かし様々な実験結果から、水溶液を見分けるという学習活動を設定する。活動の際には、それぞれの実験の結果をYes/Noの分岐で表わすフローチャートを使い、考え方や分類の仕方を明確にしながら進めることができるようにする。

準備物・ワークシート

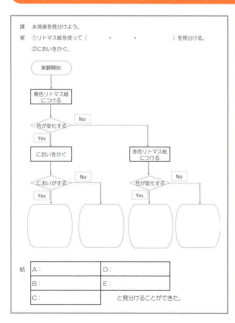
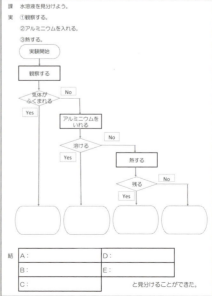

◀グループAとグループBでそれぞれの実験をフローチャートで表したワークシートを用意した。グループAはリトマス紙とにおいをかぐ実験について、グループBは加熱と、金属を入れる実験についてのフローチャートになっている。

授業の流れ

本時の展開	指導上の留意点 ◉論理的思考に関わる働きかけ
①　本時の課題をつかむ。 　水よう液を見分けよう。 【分類に使う水溶液】 　A：水酸化ナトリウム水溶液 　B：石灰水 　C：塩酸 　D：炭酸水 　E：食塩水	●色や見た目が同じ5種類の水溶液を用意し、見ただけではわからない水溶液をどのように見分けるか考えるきっかけを与える。
②　既習事項を振り返り、どんな方法があるか考える。 ●リトマス紙を使う。 ●熱する。 ●においをかぐ。 ●金属を入れる。	◉前時までに行った実験結果をフローチャートを見ながら振り返り、それぞれの水溶液の性質を確認する。
③　グループごとに実験を行う。 【グループA】リトマス紙・においをかぐ。 【グループB】熱する・金属を入れる。	●グループごとに実験を分担して行い、結果を共有することで、効率よくスムーズにすすめることができるようにする。
④　実験結果をフローチャートにまとめる。	◉ワークシートに、それぞれの条件に合わせて分岐していくフローチャート図を用意し、結果をもとに分類していくことができるようにする。
⑤　フローチャートを見ながら水溶液を見分ける。	●自分のグループの結果だけでは見分けられない水溶液も、性質はきちんと捉えておけるようにする。
⑥　結果を確認する。 (1) グループAとグループBで実験結果を持ちより、水溶液を見分ける。 (2) 全体で共有し、答え合わせをする。	◉黒板にもワークシートと同じフローチャートを用意し、それを示しながら説明できるようにする。
⑦　学習のまとめを行う。 (1) 水溶液の性質について再確認する。 (2) 身の回りにある「分岐」を見つける。 (3) 振り返りを記入する。 　●いくつかの方法を組み合わせることで、水溶液を分類することができた。 　●発表するときにフローチャートがあると、説明しやすかった。	◉身の回りで使われているYes/Noの分岐の考え方を見つけることで、本時で学んだ思考を日常生活とつなげることができるようにする。

授業のポイント

1 条件が増えた分岐の考え方

実験では、「青色リトマス紙につける」「赤色リトマス紙につける」「においをかぐ」「金属を入れる」「熱する」など、分岐の条件がいくつかあるフローチャートを使った。フローチャートには、結果を整理しやすいことだけでなく、実験の際に見通しを持ち、次に何をするか視覚的に理解しながらできるという利点があった。今回はグループによって実験や順序が異なったが、フローチャートがあることでどのグループもスムーズに実験に取り組むことができていた。

1 フローチャートで手順や結果を確認しながら実験を進める。

2 実験結果を共有して考える

1つのグループの中ですべての実験を行うのではなく、グループ同士で実験を分担し、結果を持ちよるような活動形態にすることで、限られた時間の中で複数の実験を行えるようにした。また、自分たちのグループの実験結果だけでは分類できない水溶液もあるため、実験結果を共有して、説明しながら話し合って見分けた。複数の実験結果から結論を導き出す活動を通して、児童の思考が深まったと感じた。

2 2つのグループで集まり、実験結果を共有して話し合いながら結果を導き出す。

3 フローチャートを使った説明

実験結果をグループごとに持ちよって共有する際や、それぞれの実験結果を全体で共有する際に、フローチャートを示しながら説明するようにした。特に全体共有の場面では、フローチャートがあることで、どの児童もとまどわずに説明することができていた。聞き手の児童も、実際に図を見ながら聞くことで、理解を深めることができた。

3 フローチャートを示しながら実験結果を発表する。

終末場面における留意点

授業のまとめで、身の回りにある分岐について考えた。児童からは、交差点を通る際に「信号が青である」という条件に対してYes→進む、No→止まるという考え方が出てきた。教師側からは掃除ロボットを例に、「障害物がある」という条件に対してYes→方向を変える、No→まっすぐ進むという分岐を提示した。日常生活の中で自分たちが自然とやっていることと、コンピュータの仕組み、そして本時の学びをつなげて考えることができた。

板書例

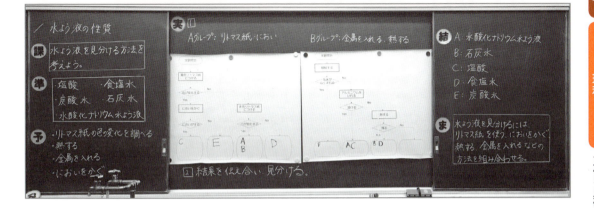

児童の振り返り

- 実験をいくつもやったので、結果がごちゃごちゃになりそうだったが、フローチャートを使ってまとめることできちんと整理することができた。

- フローチャートを使って実験をやりながら、水溶液を見分けることができた。友だちに説明するときには、フローチャートの流れを指さしながらやることで、間違わずに説明することができた。

- 今日やった「分岐」の考え方は、身の回りの生活の中にもあることに気付いた。信号を見て、青なら進む、そうでなければ止まる、など、自分が意識していないけれど自然とやっていることがたくさんあった。

- リトマス紙だけではわからない結果でも、他の結果と合わせると、どんな水溶液か見分けることができた。フローチャートを見ながら説明を聞くことで、頭の中に内容がちゃんと入ってきてわかりやすかった。

 専門家のコメント

小林 祐紀（茨城大学）

　「条件分岐」の考え方を取り入れた坂入教諭の実践は、実験結果をグループごとや全体で共有し議論する際に、考え方を可視化したフローチャートを用いている点に特徴があります。小学校プログラミングの目標は、論理的思考力の育成ですが、思考と表現は表裏一体です。考え方を可視化するからこそ対話が生まれ、説明もしやすくなります。このような授業を通して、これまで説明が苦手だった児童も、自分の言葉で学習内容を表現することができます。また、終末場面では、お掃除ロボットを例にして身の回りにある条件分岐の考え方に触れています。このような教師の配慮は、児童にとって学んだ考え方が、汎用性のある能力であることの自覚につながります。

第6学年　家庭科　3 プログラミング的思考

そうじのしかたを
くふうしよう

山口 眞希
金沢市立大徳小学校
教諭

学習目標	住まい方に関心を持ち、よごれ方や場に応じた掃除の仕方を工夫することができる
育てたい プログラミング の考え方	●どの順番で掃除をすればきれいになるか、順序を考えることができる ●もし〜の場合は〜するの考え方を身に付ける 【順序（シーケンス）】【条件分岐】【ループ（繰り返し）】【デバッグ】

単元構成「クリーン大作戦」

第1次	そうじのしかたを見直そう ●どんなところにどんなよごれがあるか調べる
第2次	そうじのしかたをくふうしよう ●身近な場所のよごれに合った掃除の仕方を考える（本時） ●考えた掃除の仕方を発表する ●ごみを減らし、資源を大切にするくらし方を考える

実践の概要

　身近な場所について、シーケンスや条件分岐の考え方を用いることで、よごれに合った掃除の仕方を考えることをねらいとした。まず、自分たちの教室について普段どのように掃除をしているか、クラス全員で順序を考えた。また、「もし床に鉛筆の跡がついていたら消しゴムで消す」のような「もし〜だったら〜する」についてもみんなで考え、よごれに合わせた掃除の工夫につながるようにした。次に、自分の掃除分担場所や自分の部屋など、自分がもっときれいにしたいと思っている場所を1つ選び、掃除の順序や「もし〜だったら〜する」という条件分岐の考え方を用いて一人ひとり考えた。

準備物・ワークシート

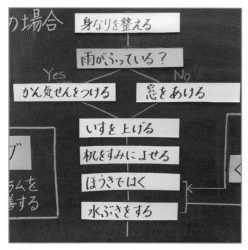

▲板書用に短冊をいくつも準備しておき、児童から出された教室の掃除の手順を書き込んで掲示した。同様に、条件分岐についても色を変えた短冊を使って板書した。

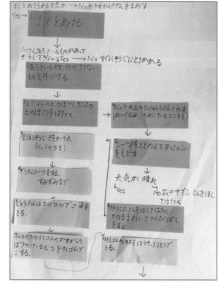

◀掃除の順序や条件分岐を考えるための付箋とシート。掃除する場所によって一人ひとり手順の数が違うと考え、自由に書き込める白紙のシートを使った。付箋は、一度貼った後にもう一度見直して順序を入れ替えられるので便利なツールである。

授業の流れ

本時の展開	指導上の留意点 ◉論理的思考に関わる働きかけ
① 本時の課題をつかむ。 前時のよごれ調べの結果から気付いたことを発表する。 ●意外なところがよごれていた。 ●よごれにあった掃除の仕方を考えたほうがいいな。 ●きれいに、でも時間内に終わるように工夫したい。 　場所やよごれに合った掃除の仕方を考えよう。	●前時のよごれ調べの結果を活用し、普段なんとなく掃除をしていると見過ごすよごれがあることに気付かせる。
② 全員で教室の掃除の仕方を考える。 (1) 教室の掃除の手順を全員で確認する。 (2) コンピュータはプログラムに書かれた命令を1つずつ順番に実行する。この処理を「シーケンス(順序)」ということを知る。この考え方を生かして作業を手順に分けて順序立てる。 (3) 「もし〜だったら〜する」を考える。 　●もし床に鉛筆の跡がついていたら消しゴムで消す。 　●もしチョークの粉がたまっていたらゴミ箱に捨てる。 (4) 条件によって作業を切り替える考え方を「条件分岐」ということを知る。	●短冊を用いて、板書で順序を確認していく。 ◉「順序(シーケンス)」の意味を知らせ、実生活でもこの考え方が多く使われていることを例示する。 ●「もし〜だったら〜する」を考えさせることで、よごれにあった掃除の仕方を工夫できるようにする。 ◉反復したいときは「繰り返し」というプログラムになることを知らせる。 ◉「条件分岐」の意味を知らせ、実生活での具体例を示す。
③ 自分がもっときれいにしたいと思う場所について、一人ひとりの掃除の仕方を考える。 ●自分の縦割り掃除の場所で考えてみよう。 ●自分の部屋の場合で考えてみよう。	●②の活動をモデルに、一人ひとり自分で決めた場所の掃除の仕方を考える。 ●付箋と白紙のシートを配布し、順序を入れ替えたり手順を追加したりして、試行錯誤しながら考えられるようにする。
④ 考えた掃除の仕方について、グループで話し合う。 ●自分の部屋だったら棚の上や電気の傘にほこりがたまっていそう。「もしほこりがたまっていたら、ぞうきんで拭く」という分岐を入れたらどうかな？ ●これだと見えているところしかきれいにならないよ。「もし動かせそうならソファを動かしてほこりをとる」というのはどう？	◉グループの友だちにアドバイスをもらうことで、追加の条件分岐や修正箇所を発見できるようにする。
⑤ 友だちのアドバイスをもとに修正する。 ●プログラミングにおいて修正箇所を見つけ修正する作業を「デバッグ」ということを知る。 　場所にあった掃除の仕方を考えることができた。「もし〜だったら〜する」の分岐の考え方を使うと、よごれに合った掃除の仕方を工夫することができる。考えた順序で実際に掃除をしてみて、不都合な部分は修正しよう。	◉「デバッグ」の意味を知らせ、デバッグはプログラム開発の重要な作業であることを押さえる。 ◉条件分岐やデバッグによって、さらによい掃除プログラムができることに気付かせる。 ●生活に生かすために、考えて終わりではなく確実に実行に移せるような手だてをとる(宿題など)。

第6学年　家庭科　そうじのしかたをくふうしよう　3　プログラミング的思考

授業のポイント

1 一斉指導でプログラミングの考え方を押さえる

いきなり一人ひとりが掃除の仕方を考えるのではなく、一度全員で教室の掃除の順序を考えることで、次の活動の見通しを持たせ、手本となるようにした。

また、その中で「順序（シーケンス）」「条件分岐」といったプログラミングの考え方とその意味を押さえた。教えるときには、実生活の中で使われている具体例を挙げ、生活とプログラミングとの結びつきを意識させた。

1 全員で教室掃除の順序を考え、その中でプログラミングの考え方についても説明。

2 条件分岐を用いてよごれに合った掃除の仕方を工夫

条件分岐を考える際は、「もしチョークの粉がたまっていたら袋に入れて捨てる」「もし習字の墨が床についていたらスポンジでこする」のように、「もしこんなよごれがあったら」という条件で分岐させ、よごれにあった掃除の仕方を考えられるようにした。児童は、前時で行った、よごれ調べ（どこがどのようによごれているか）の結果を参考にしながら、適した掃除の方法を考えていた。

2 付箋を使いながら、よごれに合った掃除の仕方を考えている。

3 友だちと交流して「バグ」を発見

一人ひとり自分で決めた場所の掃除の仕方を考えた後は、グループの友だちにシートを見せ合い紹介し合った。紹介し合うことにより、「これだと床しか掃除をしないことになるから、"もし棚の上にほこりがたまっていたら、ぞうきんで拭く"という分岐を入れたらどうかな？」など改善点を指摘してもらうことができた。"バグ"を発見して、デバッグする体験をすることができ、デバッグはプログラムをよくするために大切な作業であることを実感していた。

3 友だち同士アドバイスし合い、改善点を見つけていく。

終末場面における留意点

授業の終わりには、きれいに掃除をするためのプログラムが組み込まれているものとしてお掃除ロボットを例に挙げ、「自分がお掃除ロボットのプログラムを組むとしたらどんな命令を出すかな？」と問うた。「じゅうたんの上に乗ったらパワーをあげる」「障害物があったら避ける」といった意見が出されると、児童から「あ、条件分岐の考え方だ！」という声が挙がった。条件分岐やデバッグの考え方でプログラミングされた機械が、私たちの暮らしに役立っていることに気付くことができた。

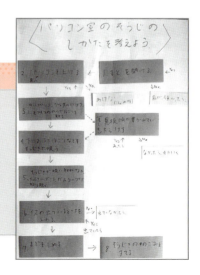

板書例

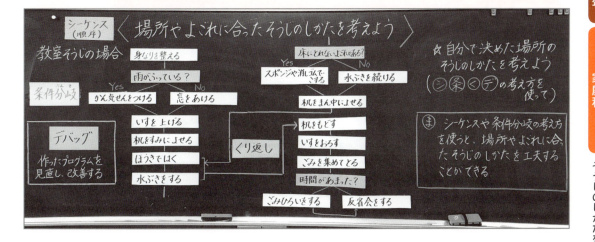

児童の振り返り

あらためて掃除の手順を考え直してみると、いつもの掃除よりもっときれいになるのではないかと思った。さっそく今日の掃除から試してみて、改善点があれば修正していきたい。

条件分岐の考え方を使うことがおもしろいし便利だなと思った。わけは、「もし〜だったら〜する」とあらかじめ考えておくことで、よごれている所を見逃さずに掃除することができると思うからだ。

文を書いたり、作品を作ったりするときにみんなで推敲をして改善していくけれど、プログラミングでも同じことをしているなと思った。修正するともっとよくなるから大切な作業だと思った。

家庭科では料理やエプロン作りなど、いろいろな場面で当たり前に手順を考えることがあるけれど、それがプログラミングの考え方とつながっていると知ってびっくりした。

 専門家のコメント

臼井 英成（那珂市教育委員会）

　山口教諭の本実践では、「もし〜だったら〜する」という条件分岐（条件によって作業を切り替える）」の考え方を取り入れ、日々当たり前に行っている清掃の仕方について、立ち止まって考える必然を作り出しています。この条件分岐の考え方を用いることで、床や窓、棚などのよごれの種類、よごれ方に応じた清掃の仕方について考えやすくするとともに、状況に応じた清掃の仕方を理解できるようにしています。さらに、デバッグの考え方（見直し、改善する）を用いて、グループの友だち同士で、それぞれが考えた清掃の手順を見直し合うことは、より快適な住まい方を工夫しようとする実践的な態度の育成につながります。

　なお、今回はわかりやすさのために条件分岐を長方形で表していますが、正しいフローチャートのかき方については「本書で扱うコンピュータの仕組み」（p.178）を参照してください。

第6学年　家庭科　3 プログラミング的思考

どう作る？ナップザック

坂入 優花
古河市立駒込小学校
教諭

学習目標	製作するものやその製作計画について考えたり、自分なりに工夫したりすることができる 目的に応じた縫い方や手順などを考えたり工夫したりすることができる
育てたいプログラミングの考え方	ナップザックの製作に必要な作業を考え、どのような順序で進めていけば完成するか、手順を並べて製作計画を立てることができる　【順序（シーケンス）】

単元構成「楽しくソーイング」	
第1時	作りたいものを考えよう
第2時	製作計画を考えよう（本時）
第3～8時	製作しよう
第9時	楽しく使おう

実践の概要

　家庭科は、教科の特性上、実生活にとても近い学習であると考える。この家庭科の学習に順序（シーケンス）の考え方を活用し、作品を製作していくためにどのような作業が必要か、どのような流れで製作していけばよいかを考えながら手順としてまとめる活動を取り入れた。本単元「楽しくソーイング」の学習では、調理実習等のグループでの活動ではなく、児童がそれぞれ個人で製作を進めていくため、一人ひとりが必要な手順を理解し、それを手元で確認しながら学習を進めてくことができるようにした。そうすることで、だれもが手順を間違えることなく、見通しを持って確実に製作に取り組むことができる。

準備物・ワークシート

▲実物と材料を見比べながら、どんな作業が必要か、短冊を使って書き出していった。黒板でも児童と同じように短冊を使い、全体で意見を共有しながら進めていった。

◀順序（シーケンス）の考え方を利用して、ナップザックの製作手順をワークシートにまとめた。それぞれの作業を書いた横にチェック欄を作り、製作を進めていく上で手順の抜けがないよう確認できるようにした。

授業の流れ

本時の展開	指導上の留意点 ◉論理的思考に関わる働きかけ
1 本時のめあてをつかむ。 　ナップザックの製作計画を考えよう。	
2 グループで話し合い、製作に必要な作業を考える。 (1) 既製品のナップザックと材料を見比べ、どの部分に何が使われているか考える。 (2) 必要だと思う作業を短冊に書き出す。 (3) 順序立てて並べ、製作の手順を作成する。	●布やひもなどを何種類も用意する。その中からどの材料が必要か、児童が普段使っているナップザックと見比べながら考えていく。その際、材料に触れながら見ていくことで、強度なども考えさせる。 ◉順序（シーケンス）の考え方を活用し、1枚の短冊に1つの作業を書き出した後、短冊を作業順に並べて手順としてまとめていく。
3 他のグループの手順と見比べ、よりよい順序を考える。 ●しつけが抜けてしまったから付け足そう ●ひもの部分より横辺を先にぬわないといけないな	◉他の手順と見比べ、必要な作業が抜けていないか、順序が間違っていないか考えていく活動を通して、より正確な手順に近づけていく。
4 全体で順序を確認する。 ① 布を裁つ。 ② 布に印をつける。 ③ 布を裏返しにして半分に折る。 ④ マチ針をさす。 ⑤ しつけをする。 ⑥ ミシンで布の横辺をぬう。 ⑦ ひもを通す隙間を作り、折る。 ⑧ アイロンをかけて折り目をつける。 ⑨ しつけをする。 ⑩ ひもを通す部分をミシンでぬう。 ⑪ 表に返す。 ⑫ ひもを通す。	●全体で確認する際に、必要な作業が抜け落ちないよう、教師側からフォローする。 ●第5学年での裁縫の学習を想起させ、「しつけ」や「返しぬい」などの用語や内容を1つ1つ確認していくことで、次時以降の活動がスムーズに進むようにする。
5 本時のまとめを行う。 (1) 個人の製作計画を作成する。 (2) 振り返りを行う。 ●シーケンスの考え方を生かして手順をまとめたことで、次の作業が確認しやすくなったよ。 ●他の班と比べたり意見を聞いたりしたことで、よりよい手順を考えることができたよ。	◉ワークシートを用い、製作計画を1人ずつ作成することで、次時以降の製作活動の際に自分の手元で確認できるようにする。
6 次時のめあてを確認する。 　ナップザックを製作しよう。	◉ワークシートを見ながら、最初の活動と必要なものを確認しておくことで、次時の学習がスムーズになるようにする。

授業のポイント

1 実物と材料を見比べて作業を想像する

いくつかの種類の布やひもを準備し、実際に使っているナップザックと見比べる活動を取り入れた。実物を見たり触れたりして、どの部分がどの材料で作られているのか、そのためにどんな作業がどのような順番で必要なのかを考え出すことができた。この活動を通して、布の裁ち方や折り方、返しぬいが必要な箇所などの確認も児童自身の目で確認することができた。

1 実物と材料を見比べて、どの部分がどのように作られているのか視覚的に捉え、作業を書き出す。

2 他のグループの手順と見比べて質を高め合う交流に

グループごとに手順を考えた後、他のグループが作った手順と見比べる活動を取り入れた。児童たちはただ見るだけでなく、疑問をぶつけたり、自分たちが並べた順序の意図を伝えたりしていた。その中で、「しつけを忘れていたな」「ぬい終わったら表に返さないとひもが通せないね」など、作業の不足や順序の違いに気付くことができた。

2 他のグループが作成した手順を見たり、質問し合ったりして、新たな気付きを促す。

3 手元で手順が確認できるよさ

製作が始まると、児童によってペースが違ってくる。ワークシートに手順をまとめたことで、次の作業を手元で確認しながら進めていくことができた。ワークシートには、1つ1つの手順の隣にチェック欄を作り、終わった手順はチェックしていくことで、児童の作業の抜け落ちの防止や、次時はこの作業から始めるという確認につながった。また、欠席して他の児童より作業が遅れてしまった児童にとっても、手元で確認できることで安心して進めていくことができたようだった。

3 手元にある手順を見て、チェックしながら進める。

終末場面における留意点

ナップザックの製作手順を考え出した児童たちは、身の回りにシーケンスが数多く存在していることに気がついた。校外学習先でロボット（ASIMO）がボールを蹴る姿を見学した際に、児童たちから「このロボットの動きもシーケンスの考え方で実現されているのかな」「右足で蹴っていたから、最初は……」という声が聞こえてきた。学んだ思考をコンピュータの様子と結びつけることができるよい機会となった。

板書例

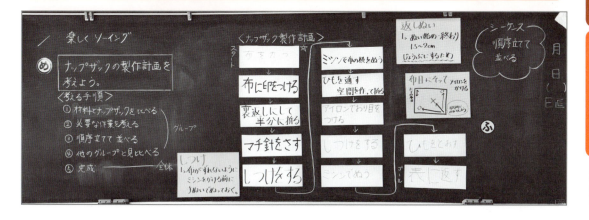

児童の振り返り

できあがっているナップザックと材料を見比べて、どんな作業をすれば作れるか考えられた。他の班の手順と見比べたことで、自分たちが考えていなかった作業が必要だと気がついた。

シーケンスの考え方で手順をまとめることで、どのようにしてナップザックを作っていくのかがよくわかった。製作していくときにも、ちゃんと確認しながら、手順が抜けないようにチェックして丁寧に作っていきたい。

この授業を通して、洗濯のときも、調理実習のときも、全部手順がきちんとあったことに気づいた。シーケンスの考え方を活用して使って手順を作り、それを確認しながらすすめることで、ミスを減らすことができるとわかった。

前の授業で休んでしまってみんなより作業が遅れてしまったけれど、シーケンスの考え方で作った手順があったから、それをよく確認して、あせらずすすめることができた。

専門家のコメント

小林 祐紀（茨城大学）

「順序（シーケンス）」の考え方を取り入れた坂入教諭の実践は、ナップザックを作るという明確なゴールの達成のために、最適な作り方（手順）を共有するための時間を十分に確保している点に特徴があります。この学習ではほとんどの場合、教師が作り方の順序を示したり、もしくは教材セットの中に作り方が示されていたりします。しかし、必ずしも与えられたもので見通しが持てるとは限りません。むしろ、本実践のように実際の材料に触れながら、意見を出し合い考えることで、児童は見通しを持つことができます。その中で、順序立てて考えることのよさや順序立てているからこそ、途中で修正点を見つければ容易に改善できる（デバッグの考え方）よさの実感にもつながります。

第6学年 総合的な学習の時間 １ プログラミング指導

Go Go! My robot!

清水 匠
茨城大学教育学部
附属小学校
教諭

学習目標	ロボットを目的地まで動かすプログラムを作る活動を通して、ロボットを動かす方法や指示の特徴をつかみ、コンピュータの仕組みを捉えることができる
育てたいプログラミングの考え方	目的の地点まで到達するための動作を細分化して、一連の指示にまとめる 【アルゴリズム】

単元構成「コンピュータのしくみ」	
第1時	0と1の正解
第2時	コンピュータの中の絵
第3・4時	ロボットが動く（本時：第4時）

実践の概要

　自分で組み立てたマイ・ロボット※を、意図したルートで目的地まで動かす活動を行った。自分の思うように進まないロボットを前にした児童は、モーターの角度や動かす時間などを微調整しながら、意図した動きになるような指示を見つけていった。その中で、進んだり曲がったりする動きを細分化して組み合わせること、角度などの細かな数値の設定をすることが必要であり、それらをもとによりよいアルゴリズムを作っていくことの大切さに気付くことができた。

※ 株式会社アーテック「プログラミング　モーターカー」を使用。 URL http://www.artec-kk.co.jp/artecrobo/edu/

準備物・ワークシート

◀株式会社アーテックのモーターカーを使用。安価で、操作も簡単。組み立てや操作についても、小学生にもわかりやすく丁寧な説明書が付いているので、教師も安心して使用できる。

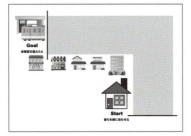

◀モーターカーを走らせる道。紙の場合、タイヤが滑ってしまうので、道の部分を切り抜いて、直接テーブルの上を走るようにした。

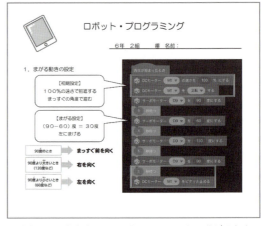

▲基本的な設定方法をまとめたワークシート。曲がる角度の設定方法や数値の意味をわかりやすくまとめた。

授業の流れ

本時の展開	指導上の留意点 ◉論理的思考に関わる働きかけ
① 本時の問題を捉え、課題をつかむ。 (1) 前時の復習をする。 ● 初期設定をすることが大切だったね。 ● どのくらい動かすのか、具体的に指示しないと思うように動いてくれなかったよ。	◉前時でロボットを動かしたときに大切になった、初期設定の重要性を確認し、本時でも必ず行うように意識付けていくことで、アルゴリズムを作る際のポイントに気付かせる。
(2) 本時の問題を捉える。 家から駅までロボットに乗って行きます。最短時間で行くには、どんなルートを通ればよいでしょう。  ● 最短距離を見つければいいんじゃないかな。 ● なるべく内側を通ったほうがよいね。 (3) 本時の課題をつかむ。 意図したルートでロボットを動かすためには、どんな指示を出せばよいのだろう。	●最短ルートを通ることを課題にすることで、常によりよいプログラムを考えていく探究的な姿を生み出していけるようにする。 ●実際に、曲がる動きのプログラムを全員で見ることで、見通しを持って活動に取り組めるようにする。 ◉3人で1台のロボットを動かすようにし、だれもがプログラミングの経験ができるように配慮する。
② 最短ルートを考え、そのルートを通るようなプログラムを作る。 (1) 最短ルートを考え、意図するルートを決める。 ● コーナーをどう回るかがポイントだね。 ● なるべく内側を直線で通れるようにしよう。 (2) プログラムを作って、動かして試してみる。 ● サーボモーターは60度くらいで試してみよう。 ● 何秒間動かすのが大切になってくるね。	●ワークシートに意図するルートを書き込めるようにすることで、意図した動きを考えるという課題を常に意識することができるようにする。 ●プログラミングするものとは別に、もう1台タブレット端末を配布し、時間を計ったり、動きを録画して見直したりするなど、自由に活用できるようにし、児童の探究活動を支える。 ◉作っては試すという一連の流れを大切にし、よりよいアルゴリズムになるよう、声かけしていく。
③ 全体で最短ルートを確認し、本時のまとめを行う。 (1) 全員で競争し、最短時間のルートを確認する。 ● 最短で45秒で到達したよ。 ● 早いグループは、回転がスムーズだね。 (2) 振り返りをワークシートに記入する。 ● 最短ルートで動かすには、前に進む指示と、タイヤを回転させる指示をどう組み合わせるかがポイントだということがわかった。 ● 少しでも指示の順番を間違うと、変な方向に行ってしまった。アルゴリズムを見直していきたい。	◉最短時間でゴールできた班のプログラムを全員で確認し、そのよさや特徴を考えることで、コンピュータの仕組みに迫っていく。 ◉意図した動きになるような一連の動きを、記号など定式化したもので表したものをアルゴリズムということを確認し、本時での経験から、その順序の大切さに気付かせる。

授業のポイント

1 意図したルートで動かす意識を生み出す課題

最短時間でゴールできるルートを見つけるという課題を提示した。児童は、どのルートを通れば最短距離になるのか、どんな曲がり方をすればスムーズかなど、活発に話し合っていた。ワークシートにメモしたり、実際にロボットを手で動かして確認したりする班もあった。意図するロボットの動きがイメージできたところで、実際のプログラミング活動に入っていった。

1 最短時間でゴールできるルートを考え、その動きのイメージをみんなで共有する。

2 指示の出し方を何度も試したり検証したりする場の保障

実際にロボットを動かしてみると、意外と思い通りに動いてくれないことがわかった児童。何度もロボットを走らせながら、数値の設定や指示の組み合わせを微調整していった。タブレット端末でロボットの動きを録画して検証したり、ストップウォッチで秒数を確かめたりしながら、数値の設定や指示の組み合わせにこだわりを持って、プログラムを作っていった。

2 タブレット端末でロボットの動きを録画しながら、何度も指示の出し方を試していく。

3 よりよい指示を共有し、自分の指示を修正する活動

一番早かった班の動きを全員で確認した。ロボットが曲がるときの動きがスムーズだったことから、実際にプログラムを見てみると、秒数や角度の数値が細かく設定されていることに気付いた。また、ロボットの位置も印を付けて決めてあり、毎回同じルートで進むように工夫されていた。そこで、再度自分たちの動きを修正する時間を作った。すると、多くの班が素早くゴールできるよう改善できた。

3 スムーズな動きをしている班の動きとプログラムを、みんなで共有する。

終末場面における留意点

本時の活動では、意図するルートを決めて、「ここで60度曲がる」「5秒間まっすぐ進む」と動きを細分化し、その組み合わせで意図したルートを通るプログラムを作った。この考え方は、多くの電化製品でも使われていることを伝えた。たとえば洗濯機では、「水を入れる」「洗う」「乾かす」などの指示が組み合わさっている。脱水の後に洗濯をする指示の順序では困ってしまう。このように、意図した動きになるよう順序に気を付けてプログラミングされていることを学んだ。

板書例

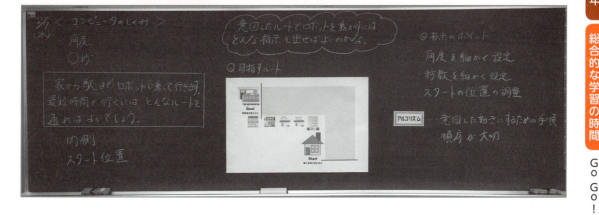

児童の振り返り

- 思い通りのルートで動かすには、細かく適切な指示を出せばよいことがわかった。ロボットは指示の通りに動くので、正しく細かい指示を出さなければならないことがわかった。

- 秒数や角度の設定を少し変えるだけでも、動きが大きく変わってくることがわかった。最初は思ったように動かなくて大変だったけど、何度も試してみたら上手くいったので、よかった。

- 使っている指示が同じでも、順序が違うとまったく違う動きになってしまう。順序を考えることは、とても大切だと思った。ただ1回曲がるだけでもこんなに大変だったので、実際の機械はすごいと感じた。

- 何回も試しているうちに、意図したルートで動かすための、大まかな数値や指示がわかってきて、うれしかった。次は、もっと複雑なコースでも試したみたいと思った。

 専門家のコメント

臼井 英成（那珂市教育委員会）

　清水教諭の本実践は、ロボットが目的地までたどりつくまでの動きが、自分が意図する一連の動きとなるようにロボットに命令するプログラムを考えていく学習です。児童は、ロボットを「最短時間で動かすにはどうすればいいのか」「曲がり角の部分でスムーズな動きにするにはどうすればいいのか」「直線部分ではどのような動きにすればいいのか」……「そのためには○秒進めよう」「□度向きを変えよう」など、一連の動きを細分化して、試行的・分析的に考えています。何度も試行し、結果を分析し、よりよいプログラムを作っていく過程の中で、児童は知らず知らずのうちに「アルゴリズム」や「シーケンス」の考え方に触れることができた実践といえます。

第6学年 総合的な学習の時間 ＋α 仕組みを学ぶ

白黒カードのひみつ

田口 優
金沢市立杜の里小学校
教諭

学習目標	白黒カードを用いた数の表現を考える活動を通して、コンピュータに使われている二進法による数の表し方を考える
育てたいプログラミングの考え方	コンピュータに使われている二進法に興味を持ち、その仕組みをカードの並び方から帰納的に考える【数値のデータ表現】

単元構成「コンピュータのしくみ」	
第1時	二進法による数の表し方（本時）
第2時	二進法を用いた画像の表し方

実践の概要

コンピュータの中には、児童は普段見慣れている十進法とは異なる二進法が使われている。本実践では、コンピュータには二進法という数の表し方が使われていることに気付くこと、その二進法の基本的な仕組みを理解することをねらいとした。児童は黒板に示した白黒のカードがいくつの数を表しているのかを考える活動を通して、二進法の仕組みに気付いていった。カードは板書用の他に小さいカードをグループに1セットずつ配布し、カードを操作して試行錯誤しながら、二進法の仕組みを考えることができるようにした。

※本実践では、CSアンプラグド（p.180）を利用。

準備物・ワークシート

▲〇二進法の仕組みを考えるために、片面が黒、もう片面が白のカードと補助用のドットが1つ、2つ、4つ、8つが描かれた白黒カードを用意した。このカードを並べたものを児童に示し、いったいいくつを表しているのかを考えることを通して、二進法の仕組みに気付けるようにした。

▲児童が二進法の仕組みを実際に操作しながら試行錯誤して考えることができるよう、ドット図が描かれていない白黒カードをグループに1セット配布した。

授業の流れ

本時の展開	指導上の留意点 ◉論理的思考に関わる働きかけ
①二進法の表し方に対して疑問を持つ。 ●■■■□（0001）は「1」、■■□■（0010）は「2」、じゃあ3は？ ●3は■□■■（0100）のはず。 ●なんで3が■■□□（0011）なのだろう。	◉二進法の仕組みを視覚的に理解できるように、板書用と児童用の白黒カードを用意する。そして、□で「1」、■で「0」を表すこととする。つまり、「■■■■」は「0000」を表しており、「■■■□」は「0001」を表していることになる。
②本時の課題をつかむ。 コンピュータの中で数はどのように表されているのかな。	●コンピュータの中では普段使っている数のきまりとは違うルールの数が使われていることを伝える。
③二進法を用いた「3」以降の数の表し方を考える。 ●「4」はどうやって表すのだろう。 ●右から、一の位、二の位、四の位となっているから…。 ●「4」は■□■■（0100）になる。  ●「5」と「6」はどうなるだろう。 ●「10」まで考えてみよう。	◉「3」は■□■■（0100）ではなく、■■□□（0011）と表すことを伝えることでコンピュータの数の表し方に対する疑問を持たせ、本時の課題につなげる。 ◉「4」■□■■（0100）までは全体で考え、「5」～「10」までは個人で考えさせる。その後グループで交流をさせることで自分の考えを確かめさせる。 ◉「3」■□■■（0100）の段階で、まだ二進法の仕組みに気付いていない児童が多く見られる場合は、「4」■□■■（0100）、「5」■□■□（0101）まで全体で答えを確認し、右から順に一の位、二の位、四の位、八の位を表していることに気付かせる。 ◉二進法のイメージを持たせるために、カードの下に位を示す。
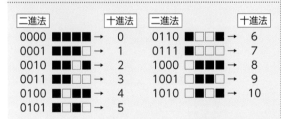 コンピュータの中では普段使っている数の仕組みとは違う仕組みが使われている。コンピュータは0と1でいろいろな情報を表している。	◉児童の様子を見て、二進法の仕組みがおおよそ理解できていると判断した場合は、次の適用問題に取り組む。 ●『□□■□□』（27）はどんな数を表すのか。 ◉このような数の仕組みを「二進法」ということを確かめる。 ●白黒カードを用いた数の表現を考える活動を通して、コンピュータに使われている二進法による数の表し方を考え、その表し方を理解する。
④二進法の表し方が身の回りにあることを知る。 ●16GBや64MBという数は二進法にとって区切りのよい数だったのか。 ●ゲームやパソコンで見たことがある。 ●二進法なら0と1の2つの数でいろいろな数を表現できる。	◉コンピュータやスマートフォンの容量を表す数には二進法が関係していることを伝え、身の回りにもコンピュータの秘密が隠れていることに気付かせる。

授業のポイント

1 数の表し方に疑問を持たせる導入

導入場面では、「1の次は？ 2の次は？ 3の次は？…」1～10までの数を順番に問い、普段使っている数の仕組みを「十進法」といい、コンピュータの中ではこの十進法とは違う数の仕組みが使われていることを伝えた。その後、■■■□で「1」、■■□■で「2」を表していることを伝え、「3」はどうなるかと問うと、多くの児童は「■□■■」になると予想した。しかし、正解は「■■□□」となることから疑問を持たせ、＜コンピュータの中で数はどのように表されているのか＞という課題につなげていった。

1 二進法の「1」「2」3」の表し方から「4」～「10」はどのように表現されるのかを考える

2 カードを操作しながら二進法の仕組みを考える

3人グループに白黒カードを1セット5枚ずつ（実際に使うのは4枚、1枚は予備）配布した。黒板に示されたカードを見て、頭の中で考えるよりも、実際にカードを操作して試行錯誤を繰り返しながら考えることで、より理解が深まると考えた。カードを表裏にしながら、3人の考えを出し合って、二進法の仕組みを考える児童の姿が多く見られた。

2 白黒カードを用いて、操作しながら「4」～「10」の表し方、二進法の仕組みを考える

3 カードの並びから表し方のきまりを見つける

導入場面で考えた「1（■■■□）」～「3（■■□□）」の表し方からきまりを見つけ、「4（■□■■）」～「10（□■□■）」までの表し方を考える。カードを操作しながら、グループで考える中で二進法の仕組みに気付く児童が増えていった。苦戦している児童にはカードの白い面にドット図が描かれたカードを示し、右から順に一の位、二の位、四の位、八の位を表しているという理解を促した。

3 見つけたきまりをもとに、「4」～「10」の表し方を考え、カードを並べ替える

終末場面における留意点

授業の終末には今回考えた数の表し方を「二進法」といい、「0と1だけで数を表現することができる」というよさにも触れ、コンピュータの中で使われている意味にも気付けるようにした。また、身近にある二進法の数に触れることで学習内容と日常生活とのつながりを意識できるように配慮した。タブレット端末やスマートフォンの容量を表すために使われている「32GB」「64GB」という数が二進法に関係していることを知ると、児童はとても驚いた様子であった。

板書例

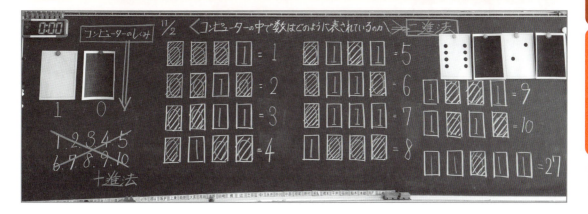

児童の振り返り

- 最初は難しいと思ったけど、グループで考えたら、右から1・2・4・8という数を表していることに気が付いて、「4」〜「10」までの表し方もわかった。

- コンピュータの中で使われている「二進法」の仕組みがわかった。最後の「27」の表し方を考える問題でも、しっかりと正解することができた。コンピュータの中は複雑なんだなと感じた。

- コンピュータの中では私たちが使っている数の仕組みとは違う仕組みが使われているということを初めて知った。32G、64Gという数も二進法に関係があることがわかっておどろいた。

- 最初コンピュータの中では二進法が使われていると聞いたとき、なんでこんな難しい仕組みを使っているのだろうと思ったけれど、「0と1だけで数を表現できる」と知って確かに便利だと思った。

 専門家のコメント

小林 祐紀（茨城大学）

　本実践は、CSアンプラグドの実践です。コンピュータに使われている二進数による数の表し方を通して、コンピュータの世界に関心を持たせようとする田口教諭の実践は、児童が操作しながら学習が進められるように教材の工夫が見られます。また、必要に応じてドットが書かれたカードを示すといった細やかな配慮も見られます。実際に手を動かしながら、グループや学級全体で「ああじゃないか、こうじゃないか」と二進数のよる数の表し方を議論する児童の姿が想像できます。本実践は、児童にとって決してやさしい内容ではありませんが、知的好奇心をくすぐる授業であったに違いありません。また、このような学習と同学年理科「電気のはたらき」の学習をつなげてあげることもとても重要だといえます。

第6学年　総合的な学習の時間　+α 仕組みを学ぶ

数字で絵がかけちゃった

清水 匠
茨城大学教育学部
附属小学校
教諭

学習目標	コンピュータがどのように画像を表示しているのか関心を持ち、数字を用いて表す方法をいろいろに試しながら、その仕組みを考えていく
育てたいプログラミングの考え方	コンピュータがモノクロの画像を表示するには、0と1の組み合わせで白黒を表していることを理解する【画像表現】

単元構成「コンピュータのしくみ」

第1時	0と1の世界
第2時	コンピュータの中の絵（本時）
第3・4時	ロボットが動く

実践の概要

　児童はたくさんのコンピュータに囲まれて生活しているが、その仕組みに目を向けることは少ない。そこで本学習では、コンピュータの画像表現について学習する。小さな点がたくさん集まって、ひとつの文字が表示されていることを理解し、それを活用して自分でマス目状に文字や絵をかく活動を行う。また、それを数字に変換して、コンピュータと同じように数字のみで友だちに伝え、何をかいたのか当てるクイズを行う。児童は、これまでなにげなく見ていたコンピュータの画面が数字で表されていることを知り、画面を見る目が変わったとつぶやいた。

※本実践では、CSアンプラグド（p.180）を利用。

準備物・ワークシート

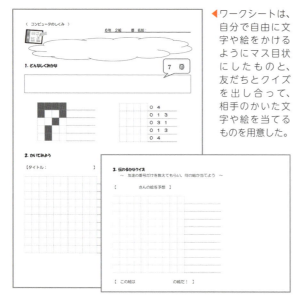

▶ワークシートは、自分で自由に文字や絵をかけるようにマス目状にしたものと、友だちとクイズを出し合って、相手のかいた文字や絵を当てるものを用意した。

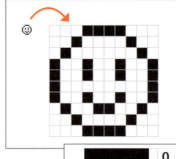

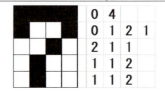

▲白と黒のマス目がたくさん集まって、文字や絵になっていることに気付かせるため、あえて粗い顔文字を提示した。また、文字を数字に置き換える1つの例を提示した。

授業の流れ

本時の展開	指導上の留意点 ◎論理的思考に関わる働きかけ
❶ 前時の復習をし、本時の課題をつかむ。 (1) 前時の復習をし、2進法について確認する。 　● コンピュータは、0と1だけしか使えないよ。 　● それ以外も、0と1の組み合わせで表していたね。 (2) 本時の課題をつかむ。 　● 数字はわかったけど文字はどうしているのかな。 　● 画像だって表示できていたよ。 　コンピュータは、どのように文字や画像を表しているのだろう。	● 前時の学習を振り返り、2進法について思い出すことで、コンピュータの世界の特徴について振り返る。 ● 実際にワープロソフトの画面を掲示し、普段使っているパソコンでもたくさんの文字、絵や記号が表示されていることを確認することで、0と1だけでどのように表しているのだろうという、児童の素朴な疑問や予想を生み出し、本時の課題につなげる。
❷ 例題をもとに、いろいろな文字や絵をドットで表し、その仕組みを理解する。 (1) 全員で例を見ながら、仕組みを予想する。 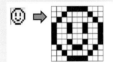 (2) 画像を表現する仕組みを理解する。 　● 左側から白マスの数、黒マスの数を、順番に表しているんだね。 　● 0は何も塗らないで、次の色に移っているよ。	● あえて画素数を下げて引き伸ばした文字を見せることで、小さい点が集まってできているのではないかという予想につなげる。 ◎ コンピュータの画像表現の原理をわかりやすく体験できるよう、マス目の数を減らし、白黒の2色に限定することで活動に取り組みやすくする。また、データ圧縮の考え方として、たとえば白白白を、白3とするなど、簡潔な情報で扱う。 ● 0から始まったり、左端のマスが黒色だったりする場合には、特に気をつけて見るように伝え、白黒が反転した絵にならないように留意させる。
(3) 自分の好きな絵を、ドットを使って表す。 　● ルール 　・10マス×10マスの中で作る。 　・文字でも絵でもいいが、複雑でないもの。 　・絵のとなりに、数字で表す。	◎ 絵をかくことに終始せず、コンピュータになったつもりで自分の絵を数字で表すことを大切にしていくよう促す。
❸ ペアになり、各自が表した画像を伝え合うクイズを行う。 ● 数字しか伝えてないのに、ちゃんと相手にも絵が表示されたよ。 **❹ 本時のまとめ（総合的な学習の時間・コンピュータの性質）を行い、ワークシートに記入する。** ● 普段コンピュータで見ている文字や画像は、とてもなめらかに見えるけど、実はすごい数の四角でできているんだね。 ● 私のゲーム機の画面も、この仕組みのおかげだね。	● 児童が日頃から親しんでいる、伝言ゲームに模してクイズ形式で実施することで、楽しみながらコンピュータの世界を体験できるようにする。 ◎ 数字しか伝えていないのに、相手の絵が当てられたことに注目させ、コンピュータがどのように画像を扱っているのか、体験的に理解できるようにする。 ◎ 普段なにげなく使っている携帯電話や、いつも見ているゲーム機やテレビの画面も、すべてこのような仕組みで構成されていることを伝え、日常生活でも多く使われている重要な仕組みであることに気付かせる。

授業のポイント

1 コンピュータが画像を表す仕組みに目を向ける導入

児童は前時に2進法を学び、コンピュータではいろいろな数字が0と1で表されていることを学んだ。そこで、コンピュータで表示できるのは数字だけかと問いかけ、文字や絵はどうやって0と1で表示しているのかという課題を設定した。ここでは、白と黒の小さな点が集まって表示されていることを伝え、いくつかの文字を例に、数字だけで表す仕組みに目を向けていった。

1 ニコニコマークや数字の7などを例に、数字に置き換えて伝える仕組みを考える。

2 マス目を用いて自分で文字や絵をかく体験活動

白と黒の配置で文字や絵を表示する仕組みを利用して、自分の好きな文字や絵を、マス目状にかく活動を行った。斜めの線をかくのが難しく苦戦しながらも、自分の名前に使われている漢字や小学生の「小」、音符マークなど、オリジナリティあふれる文字や絵をかきあげていった。そして、かいた文字や絵は、例にならって数字の配列に置き換え、コンピュータでも扱えるような形にした。

2 自分の好きな文字や絵を、小さな白と黒の点の配置を使ってかく。

3 数字だけを伝えて相手の文字や絵を当てるクイズ

オリジナルの文字や絵が完成したら、次にペアになり、文字や絵を伝え合う活動を行った。コンピュータになりきって、相手の文字や絵を見ないで、数字だけで伝えるルールで行った。児童は、必死に数字を聞き取り、慎重に文字や絵に変換していった。数字しか伝えてないのに、自分がかいた文字や絵が正しく伝わったことに驚きながら、コンピュータの仕組みを体感していった。

3 数字だけを聞いて、相手がかいた文字や絵を当てるクイズで、コンピュータを疑似体験する。

終末場面における留意点

コンピュータが0と1だけで、いろいろな文字や絵が表示できることを知った児童に、スマートフォンを提示した。すると、色彩豊かな写真が表示できたり、斜めの線がなめらかにかけたりすることを思い出し、今まで以上にその技術の高さに気付くことができた。これから先、児童がコンピュータの画面を見たとき、その先にある小さな点の集合体に思いをはせながら、コンピュータを活用していってほしい。

板書例

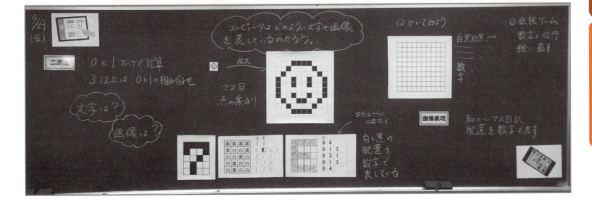

児童の振り返り

コンピュータに文字や画像が映るには、たくさんのマスに黒と白の色をつけていることがわかった。スマートフォンはマス目が見えないので、とても細かいマス目が使われているんだなと思った。

コンピュータは高度にプログラムされていて、このような画像ができあがったことを知り、もっと知りたくなった。普段、私たちが見ている画像はこのように表示されていると知って、とてもすごいと思った。

テレビなどを拡大すると、小さい四角になっているのかなと思い、おもしろいと感じた。拡大した円は、あらくて円には見えないけれど、もとに戻すときれいに見えて、なるほどなと思った。

数字で文字を伝えるクイズで、私はうまく伝えられたけど、数字を1つ間違えるだけで違う形になる。コンピュータと人間は、違う考え方をしているからこそ、人間には難しいことをさらっとできるのだと思う。

 専門家のコメント

小林 祐紀（茨城大学）

　本実践は、CSアンプラグドの実践です。コンピュータの画像表現について学ぶ清水教諭の実践では、一人ひとりが複数の文字や絵をかいてみる活動を通して、その仕組みに気付かせようとしています。そして、児童はペアでの活動を通して、本当に数字だけで意味が伝わり、絵が表示されることを体験的に学んでいます。また、児童の素朴な疑問や予想を大事にする教師の配慮も見られます。コンピュータの世界を追体験することは、単なる仕組みの理解にとどまらず、生活の中で使われているコンピュータへの興味につながっていくことでしょう。このことは、清水教諭が終末場面で見せたスマートフォンに対する児童の感想からも読み取れます。

第6学年　総合的な学習の時間　+α 仕組みを学ぶ

ひっくり返された
カードを見破れ！

山口 眞希
金沢市立大徳小学校
教諭

学習目標	手品のタネを考えることを通して、コンピュータにはデータの破損を検出する仕組みがあることについて関心を持つことができる
育てたい プログラミング の考え方	送りたいデータと一緒にチェックするためのデータを送ることで、コンピュータは情報が正しく送られたことを確認している。情報を正しく伝える技術の考え方を理解する【誤り検出と誤り訂正】

単元構成「コンピュータのしくみ」

第1時	二進法
第2時	コンピュータでお絵かき
第3時	エラーを発見（本時）

▶ 実践の概要

　この実践は、「裏返したカードを当てるために、あるルールで追加のカードを並べる」という手品のタネを考えることを通して、コンピュータが誤りをどのように検出しているかを学習する。裏表色の違うカードを並べたところに、「あるルール」でカードを加えて並べることによって、ひっくり返された1枚のカードを当てる手品である。コンピュータ通信ではデータの誤りを見つけるために、正しいことをチェックするためのデータをわざと加えて送ることがある。この仕組みを、手品を体験することで理解していく。

※本実践では、CSアンプラグド（p.180）を利用。

準備物・ワークシート

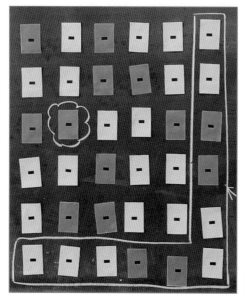

▲児童がペアで手品を体験できるように、片面にのみ色がついた同一のカードを36枚準備する。

◀両面色の違うカードやマグネットシートを36枚準備しておく。デモンストレーション用に、黒板に貼れるように工夫しておく。

授業の流れ

本時の展開	指導上の留意点 ◉論理的思考に関わる働きかけ
① 課題をつかむ。 （教師）手品をします。表が赤色、裏が黄色のカードが25枚あります。赤と黄色がバラバラにちらばるように、5枚ずつ5列に並べてください。先生が後ろを向いている間にどれでもいいのでカードを1枚ひっくり返してください。当ててみせます！ ひっくり返されたカードはどれ？	● おもむろに手品をはじめることで、学習への関心を持たせる。
② 手品のタネを考える。 (1) 代表の児童に、黒板に並べてもらう。 (2) ひっくり返す前に「もっと難しくしてみましょう」といい、縦と横に1列ずつ、計11枚のカードを加える。 (3) 代表の児童に好きなカードを1枚ひっくり返してもらう。 (4) ひっくり返されたカードを当てる。 さて、先生はどうやってひっくり返されたカードを見破ったでしょう。もう一度やってみるので、考えてみてください。（繰り返す） ● カードを暗記しているのかな？ ● カードを加えたときがあやしいな。	● 両面色の違うカードを25枚、縦横5列ずつ正方形に並べる。 ● 何度か繰り返し行うことで、手品のタネに少しでも気付けるようにする。
③ 手品の仕方を理解し友だちとやってみる。 「カードを加えるときにヒントがありますよ。よく見てくださいね」といい、手品を繰り返す。 ● 黄色いカードが、縦も横も偶数枚になるようにカードを付け加えている！ ● ひっくり返された列は、縦も横も奇数枚になるからカードを見破れるんだ！ ● 友だちとやってみよう。	◉ カードの加え方に注目させ、加える場面だけを繰り返し行うことで、カードを加える際のルールを考えられるようにする。 ● 実際に自分で手品を体験することで、理解を深める。
④ コンピュータの仕組みを理解する。 この手品と同じ仕組みはコンピュータでも使われています。ひっくり返されたカードを発見するために、見破るためのカードを縦横1列ずつ付け加えました。コンピュータ通信でも、データの誤りを見つけるために、送りたいデータと一緒に"正しいことをチェックするためのデータ"も送っています。この仕組みは商品のバーコードにも使われています。	◉ 大きなデータをやり取りするコンピュータ通信では、一部のデータが正しく送られなくても気付くことは難しいので、チェック用のデータも送ることを確認する。
⑤ 学習をまとめる。 ひっくり返されたカードを当てる手品の仕組みと同じでコンピュータも誤りを見つけるためのデータを加えて通信している。だからコンピュータは大きな情報でも正確に送れるんだね。	◉ バーコードの写真を示し、商品の番号は左から12桁で、13桁目（一番右）の数字は、バーコードを正しく読めたかどうかをチェックするための数字であることを伝える。

授業のポイント

1 手品を題材に楽しみながら学習

データの破損（誤り）を検出して訂正する体験をするために、ひっくり返されたカードを当てる手品を使った。この手品では、赤または黄色のどちらか一方のカードが偶数になるようにカードを付け加えていく。この「カードの付け加え」が「正しいことをチェックするためのデータを加えて送る」ことにつながり、「ひっくり返されたカードの発見」が「データの誤りを発見する」ことにつながる。手品を題材としたことで、児童の興味を引きつけることができた。

1 友だちがカードをひっくり返す間、ふせている児童。楽しんで授業に参加していた。

2 繰り返し演示をして「ルール」に気付かせる

この学習では手品のタネをしっかり理解することで、コンピュータの仕組みについての理解が深まると考える。手品の仕組みをじっくり考えさせるために、簡単に種明かしをせずに、最初は手品そのものを何度か繰り返し行い、徐々にカードを付け加える場面に絞って繰り返し演示をする。何度も演示をするうちに、「付け加え方」には「ルール」がありそうだということに児童は気付くことができた。

2 どのようにしてカードを当てたか、みんなに説明する。

3 体験することで理解を深める

タネがわかったら自分で手品をやってみる。実際に自分で何度もやってみることで、コンピュータが誤りを発見する仕組みを体感することができる。白黒の紙は児童の人数分用意し、「家の人に手品をしてびっくりさせよう」と呼びかけると、一生懸命練習して手品の仕方を覚えようとする姿が見られた。家族に手品を見せながら「コンピュータの仕組みと同じだよ」と説明すると、家の人に感心されたと話す児童も多くいた。

3 友だちと手品をし合い、理解を深める。

終末場面における留意点

授業の終末場面では、コンピュータは膨大なデータをやり取りするので、データの破損に気付きにくいため、コンピュータが自分で誤りを発見し、訂正する仕組みが必要であることを押さえた。また、この技術がバーコードにも使われていること知らせることで、身近な生活にも役立っていることに気付かせた。児童は、自分のノートについているバーコードを見ながら、「この数字がチェック用の数字だ！」と話していた。

板書例

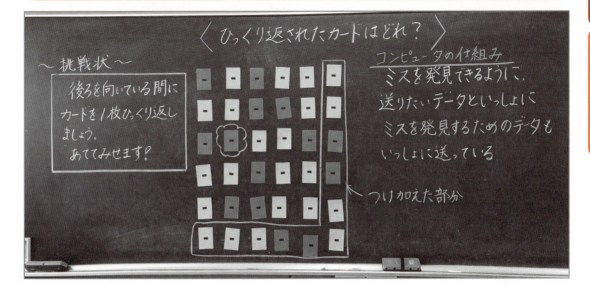

児童の振り返り

- コンピュータが正確なのは、「ミスを発見するための仕組み」も同時に送られているからだとわかり、コンピュータって深いなと感じました。これを考えた人ってどんな人かな？と思いました。

- 今日やった手品が、コンピュータの仕組みにつながっていると知りびっくりしました。チェックするためのデータがバーコードにもついているなんて、初めて知りました。

- 実際に手品をやってみて、ひっくり返したりカードを付け加えたりすることで、ミスを発見するためのコンピュータの仕組みがよくわかりました。

- 今までコンピュータはどうして間違えないのかなと思っていたけれど、間違いをしないための仕組みが工夫されているとわかってすごいなと思いました。

 専門家のコメント

臼井 英成（那珂市教育委員会）

本実践は、CSアンプラグドの実践です。コンピュータでデジタル信号を伝送する際、誤り（データの破損）が発生することがあります。その誤りを検出し訂正することを可能にしているのが本実践で扱われている手品の仕組みです。山口教諭の本実践では、この誤り検出の仕組みを手品のトリックとすることで、児童は、自身の頭脳でトリックを見破ることを通して、誤り検出の仕組みに触れていく点に特徴があります。手品を何度も繰り返す中で、児童は、コンピュータには情報を正しく送るための技術があること、また、この仕組みがバーコードにも使われていることを学んでいます。

コンピュータプログラムに関係する用語

アルゴリズム、シーケンス、フローチャート

アルゴリズムは問題を解くための考え方です。コンピュータではそれをプログラムとして表現します。コンピュータはプログラムに書かれた命令を1つずつ順番に実行します。この順序をシーケンスといいます。アルゴリズムはフローチャート（流れ図）で表現できます。

関数（かんすう）

ひとまとまりの処理に名前を付けて外部から呼び出せるようにしたものを関数といいます。よく使う処理を関数としてまとめておくと、あとでプログラムの中からその関数を呼び出して利用することができます。

条件分岐（じょうけんぶんき）

プログラムは、基本的には記述した順番に沿って実行されます。その途中で条件によって実行する処理を分けたい場合は条件分岐を使います。

真偽値（しんぎち）

ある質問に対して、それが合っている（真）か、違う（偽）かを表す値を真偽値や真理値といいます。条件分岐の条件や、ループの終了条件などで使われます。真偽値は論理積（and）や論理和（or）などで組み合わせて使うことができます。

タートルグラフィックス

タートル（亀）を命令で動かし、動いた軌跡で画面や紙に絵を描きます。シーモア・パパートが1970年頃にLOGOという子ども向けのプログラミング言語で実現しました。現在でもスクラッチやドリトルなどの教育用言語で利用されています。

抽象化

情報を整理して扱うことを抽象化といいます。処理の抽象化では、たとえば「歩く、回る、歩く、回る、歩く、回る」を「歩くと回るを3回繰り返す」のように整理したり、この処理に「三角形を描く」と名前を付けて表現したりします。データの抽象化では、たとえば児童の「氏名」「住所」という情報（データ）を別々に扱うのではなく、「氏名と住所の列がある名簿」のように整理した形で表現します。

デバッグ

コンピュータはプログラムのとおりに動くため、プログラムが間違っていると間違った動作をしてしまいます。プログラムの間違いの原因をバグといいます。プログラムからバグを探すデバッグはプログラム開発の重要な作業です。

変数（へんすう）

プログラムの中で、値に名前を付けたものを変数といいます。変数には数を扱う数値型の変数や、文字を扱う文字列型の変数などがあります。

ループ（繰り返し）

処理を繰り返して行うことをループや反復といいます。ループを使うことで、計算を何万回も繰り返して円周率を計算したり、大量の文書の中を1文字ずつ繰り返して見ることで用語を検索したりすることができます。

実践に役立つ知識

1 本書で扱うコンピュータの仕組み　　178

白井 詩沙香（大阪大学サイバーメディアセンター）　兼宗 進（大阪電気通信大学）

2 プログラミングの考え方を取り入れた算数科授業づくりのポイント　　182

臼井 英成（那珂市教育委員会）

3 ドリトルではじめるプログラミング　　189

白井 詩沙香（大阪大学サイバーメディアセンター）

4 タブレット端末を活用してプログラミングの考え方を可視化させる　　195

小林 祐紀（茨城大学）

本書で扱うコンピュータの仕組み

白井 詩沙香（大阪大学サイバーメディアセンター） 兼宗 進（大阪電気通信大学）

　授業の実践事例を活用するために、本書で扱われているプログラミングの考え方と、コンピュータの仕組みをわかりやすく学べるコンピュータサイエンスアンプラグドを解説します。

▶ プログラミングを通して学べる論理的思考

アルゴリズム

　行いたい仕事の手順の説明を**アルゴリズム**と呼びます。アルゴリズムを考えるときには、「問題を必要な手順に分けてから、それらを順序立てて整理する」作業を行います。これはコンピュータ以外でも広く利用できる論理的な思考力です。プログラムは、アルゴリズムをコンピュータがわかるプログラミング言語という言葉で記述したものです。よいプログラムを記述するためにはアルゴリズムの設計が重要です。

フローチャート

　アルゴリズムは**フローチャート（流れ図）**で表現できます。本書でも、理科の実験の手順や、正多角形の描画の手順を、フローチャートで表現しながら考え方を整理していました。フローチャートでは、表1のような基本的な記号（図形）でアルゴリズムを表現します。

表1　フローチャートの記号

記号	意味
⬭	開始と終了を表す
▱	データの入出力を表す
▭	処理を表す
◇	条件による分岐を表す
⌂	ループの始まりを表す
⌂	ループの終わりを表す
↓	制御の流れを表す

では、アルゴリズムの基本構造である「シーケンス（順序）」「条件分岐」「ループ（繰り返し）」の処理について、フローチャートでの表し方を見ていきましょう。

シーケンス（順序）

シーケンスはフローチャートの基本的な形で、上から順番に行う処理を表します。図1の例は、処理1、処理2、処理3を順に実行することを表しています。

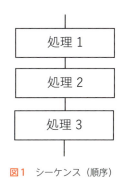

図1　シーケンス（順序）

条件分岐

条件分岐は、条件によって処理の流れを分けるときに使用します。図2の左の例では、条件を満たす際は処理1を行い、そうではない場合は処理1を飛ばして次の処理に移ります。真ん中の例では、条件を満たすときは処理1を行い、そうでないときには処理2を行います。右の例では3つの処理の流れに分岐しています。この例のように、「はい」「いいえ」だけでなく、値の範囲などの条件を指定することも可能です。

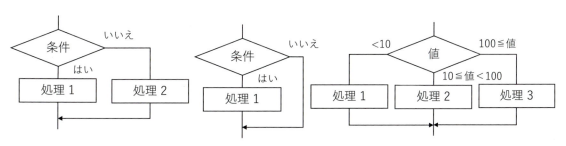

図2　条件分岐

ループ（繰り返し）

ループ（繰り返し）は、処理を何度も繰り返して行いたい場合に使用します。図3はどちらも、条件を満たす間は「処理1、処理2、処理1、処理2」のように、処理1と処理2を何度も繰り返して実行することを表しています。

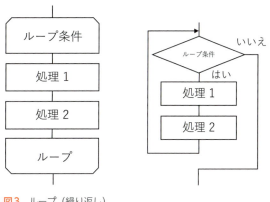

図3　ループ（繰り返し）

CSアンプラグドで学ぶコンピュータの仕組み

コンピュータサイエンスアンプラグド

コンピュータサイエンスアンプラグド（CSアンプラグド）は、ニュージーランドのカンタベリー大学のティム・ベル博士たちが公開している、カードなどの教具やパズルを使って「コンピュータの仕組み」を伝える教育手法です。子どもたちが仕組みの考え方に集中して取り組めるように、コンピュータを使わない学習活動を提供しています（アンプラグドという言葉は「コンピュータを使わずにコンピュータを学ぶ」ことを意味しています）。

CSアンプラグドの教材のうち、代表的なものは日本語の書籍 ▶参考文献 [1] で紹介されています。本書では、コンピュータがどのように情報を扱うかを学ぶ題材として、「2進法」「画像表現」「エラー検出とエラー訂正」を授業の中で扱いました。

2進法（点を数える）

コンピュータの内部では、「0」と「1」の数字を使ってすべての計算を行っています。どうして2種類の数字だけで大きな数を表せるのでしょう？　私たちは日頃、「0」から「9」までの10種類の数字で数を表しています。そのときは右から「1の位」「10の位」「100の位」のように、10倍になっていきます。2進法ではどうかというと、右から「1の位」「2の位」「4の位」「8の位」「16の位」のように、2倍になっていくのですね！

2進法で数を表す利点は、「カードの表と裏」「数字の0と1」のように、その桁の値を明確にできることです。たとえば光で値を伝えるときに、相手に「10段階の明るさの違い」を区別してもらうことは難しいかもしれませんが、「光っているか消えているか」を区別してもらうことは簡単で、確実に情報を伝えることができます。このような工夫から、コンピュータは正確に計算を行えているわけです。

授業で使うときは、図4のような2進法のカードを用意しましょう。日本語のサイト[※1]で印刷用のPDFファイルを公開しています。「表と裏」で2進法の数を表現しながら、その値を「点の数」を足し算することで確認できるようになっています。授業では、5人が並んで1枚ずつカードを持って数を作ったり、机の上で5枚のカードを並べて数を作ったりして、楽しみながら2進法を発見的に学ぶ学習を行えます。

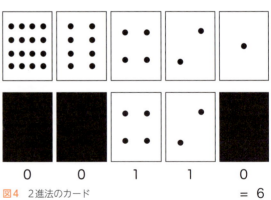

図4　2進法のカード

※1　[2]「コンピュータサイエンスアンプラグド」http://csunplugged.jp

画像表現（色を数で表す）

　コンピュータの画面は、ピクセル（画素）と呼ばれる小さな点のマス目がたくさん並んだ形で文字や写真を表示しています。1つ1つの点の色や明るさは数で表現されます。簡単な例として、ファクシミリ（FAX）のような白と黒の点で考えてみましょう。白を1、黒を0とすると、図5のいちばん上の行は「00000」になり、次の行は「11011」になります。

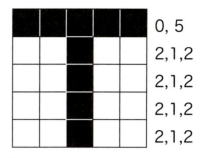

図5　白（1）と黒（0）で文字を表す

　また、FAXで送る紙は文字のないところは白が連続して続きます。それを「11111111…」と同じ値を連続して送ることは無駄があるため、「白が98個、黒が2個、白が5個」のように簡潔に情報を伝えています。こうして「白の個数、黒の個数、白の個数」というルールで圧縮すると、いちばん上の行は「白が0個で黒が5個」なので「0, 5」、次の行は「白が2個で黒が1個で白が2個」なので「2, 1, 2」と書くことができます。

　授業では、黒板に図を示して「どうしていちばん上の行は0, 5なのかな？」「どうして次の行は2, 1, 2になるんだろう？」と考えさせた後、マス目の紙を配って好きな形を描いてもらい、それを数で表したものを他の子どもに渡して元の絵に戻してもらう学習を行えます。「数しか相手に渡していないのに絵が現れる」という不思議な体験を通して、「コンピュータは数で写真を送信している」ことが実感できると思います。

誤り検出と誤り訂正（カード反転の手品）

　商店のレジは、機械のコンピュータが商品のバーコードを読み取って金額を計算しています。バーコードは白と黒のしま模様で商品の番号を表しています。黒い線がかすれたり、白い部分に汚れがついたりすると、バーコードを正しく読み取れずに違う番号として読んでしまうことがあります。このようなミスを防ぐために、バーコードには確認するための情報が埋め込まれていて、レジの機械ではコンピュータが正しく読み取れたかどうかをチェックしているのです！

　授業では、「図6のような白黒のカードから、後ろを向いている間にどの1枚がひっくり返されたかを言い当てる手品」を先生が実演します。子どもたちはタネを考える中で「縦と横の列ごとの黒の枚数を数える」ことを通して「他と違う列を見つけ出す（枚数の偶数と奇数を区別する）」活動を行い、「データの一部が壊れてしまったときにその場所を発見する」方法を発見的に学んでいきます。

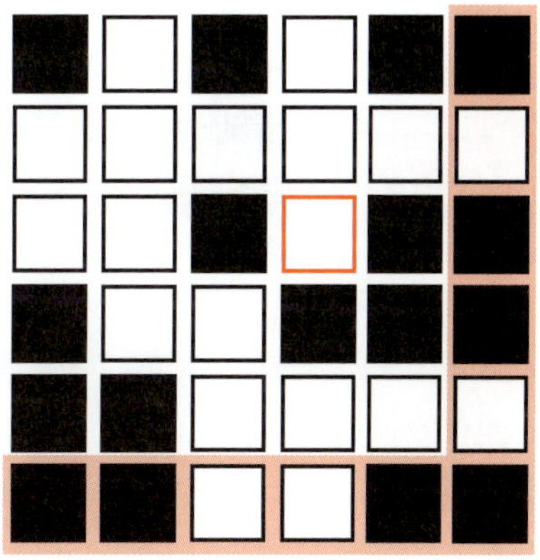

図6　6行6列に並べられた36枚の白黒カード

▶参考文献

[1] Tim Bell, Ian H.Witten, Mike Fellows（2007）『コンピュータを使わない情報教育アンプラグドコンピュータサイエンス』兼宗進 監訳、イーテキスト研究所、ISBN 978-4-9040-1300-7

プログラミングの考え方を取り入れた算数科授業づくりのポイント

臼井 英成（那珂市教育委員会）

▶ プログラミング教育は「主体的・対話的で深い学び」の実現に向けた授業改善の一手段

　平成32年度（2020年度）から全面実施になる新しい学習指導要領では、小学校段階からプログラミング教育が導入されます。小学校学習指導要領解説 総則編（平成29年7月 文部科学省）第3節1「主体的・対話的で深い学びの実現に向けた授業改善」の項でプログラミング教育が述べられていることから、プログラミング教育は各教科の指導における授業改善を進める一手段であると考えます。

　また、総則編では児童がプログラミングを体験しながら論理的思考力を身に付けるための学習活動として、算数科と理科、総合的な学習の時間が例示されていますが、ここでは算数科の授業づくりについて考えてみます。

小学校学習指導要領解説 算数編 第4章 2（2）コンピュータなどの活用には、

> 　算数科において，プログラミングを体験しながら論理的思考力を身に付けるための活動を行う場合には，算数科の目標を踏まえ，数学的な思考力・判断力・表現力等を身に付ける活動の中で行うものとする。

とあるように、算数科の目標を達成するために、これまで私たちが実践してきた授業において、プログラミングの考え方をどのような視点で取り入れていけばよいのか、どのような視点で授業改善を図っていけばよいのかについて考える必要があります。そこで、大きく2つの視点でプログラミングの考え方を取り入れた授業づくりについて考えてみます。

▶ 視点1 問題解決の授業の形式（展開）にプログラミング的思考の光を当てて授業をつくる

　現在、算数科では問題解決の授業が一般的なスタイルとなっています。問題解決の授業とは、①問題（課題）把握、②見通しを立てる、③自力解決する、④小集団で話し合う、⑤全体で練り上げる、⑥まとめをする、⑦振り返る、という形式（展開）が一般的です。問題解決の授業については、これまで全国の多くの先生方が研究と実践を積み上げてきました。プログラミング教育について、先生方が大上段に構えることなく、学校現場に無理なく浸透させていくためには、これまで研究と実践を積み上げてきた問題解決の授業の形式（展開）を大切にしながら、この形式（展開）にプログラミング的思考という光を当て

ていくことが大切であると考えます。

　プログラミング的思考の定義を以下（i）（ii）（iii）のように分割してみます。すると、問題解決の授業の形式（展開）との関連が見えてきます。

> (i) 自分が意図する一連の活動を実現するために、
> (ii) どのような動きの組み合わせが必要であり、一つ一つの動きに対応した記号を、どのように組み合わせたらいいのか
> (iii) 記号の組み合わせをどのように改善していけば、より意図した活動に近づくのかということを論理的に考えていく力

　この関連について、小学校6年「分数のわり算」の学習で、「$\frac{2}{5} \div \frac{3}{4}$ の計算の仕方について既習内容を使って考える」場面を例に、どのように光を当てていくのか考えてみます。

①「見通しを立てる」場面で意図する活動を決定する

（(i) 自分が意図する一連の活動を実現するために）

> **Point** 自分が意図する活動を結果や方法の見通しと置き換えて考えます。「見通しを立てる」場面で、児童一人一人が結果や方法の見通しを具体的に持てるようにすることが大切です。

　本時の問題場面について、既習内容との違いを教師が「問う」ことで、向かっていく"自分が意図する一連の活動"が見えてきます。ここでは、分数÷分数の式の形を「÷1」の形や「÷整数」の形に変形することが"自分が意図する一連の活動"として設定され、それを実現するための動き（ここでは式変形）にしていこうという目的意識を児童が持つことができます。

▲小学校6年「分数のわり算」問題場面

②「自力解決」「小集団で話し合う」「全体で練り上げる」場面で考えたこと、話し合ったことを可視化する

（ⅱ）どのような動きの組み合わせが必要であり、一つ一つの動きに対応した記号を、どのように組み合わせたらいいのか

> **Point** 「自力解決」「小集団で話し合う」「全体で練り上げる」場面で、考えたことや話し合ったことをフローチャートとして可視化することが大切です。その際、活用（実行）した既習内容やkey idea（重要な考え）を言葉で表現することが大切です。

活用（実行）した既習内容やkey ideaの一つ一つを付箋紙やカードに言葉でまとめ、どのような順番で実行したらいいのかについてフローチャートとして可視化します。この活動の中でプログラミング的思考が培われます。

また、可視化することで、シーケンスの考え方、ループの考え方、分岐の考え方など、問題の解決に必要な手順があることに気付くことができます。

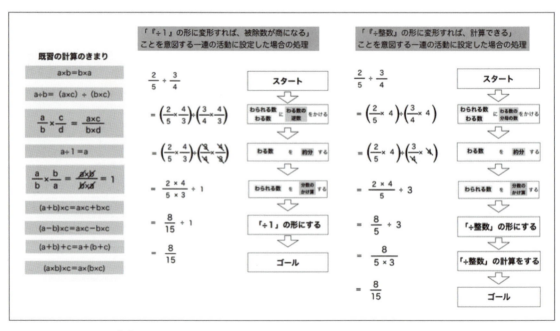

▲フローチャートとして可視化

「振り返る」場面でフローチャートを活用し、統合的・発展的に考察する

（ⅲ）記号の組み合わせをどのように改善していけば、より意図した活動に近づくのか

> **Point** 「振り返る」場面で、（ⅱ）で可視化したフローチャートをもとに振り返る中で、統合的・発展的に考察していくことが大切です。

　フローチャートや実際の手順を比較したり、関連付けたりするなど、手順の見直しを行います。解決の過程が可視化されたフローチャートをもとに振り返ることで、統合的・発展的に考察する活動につながります。このことは、プログラミングの世界の中では、「最初から完璧なものを作らなくても、少しずつ実行して直しながら完成させていけばよい」というデバッグの考え方にもつながっています。

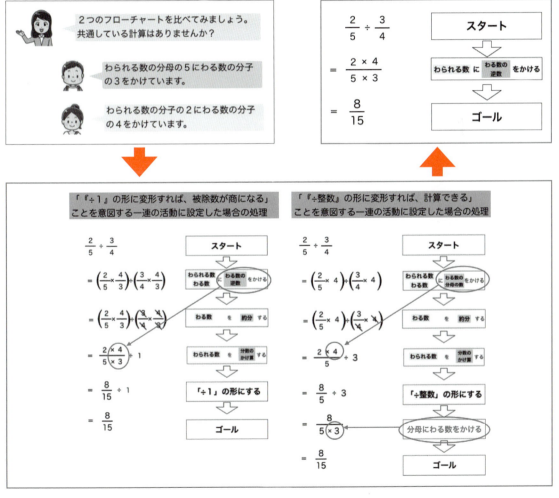

▲フローチャートをもとに振り返る

視点2 プログラミングの体験とフローチャートや図、式、表、グラフなどの表現と関連付ける

小学校学習指導要領解説 算数編 **第4章 2（2）コンピュータなどの活用**には、次のように記されています。

> プログラミングを体験しながら論理的思考力を身に付けるための学習活動を行う場合には、児童の負担に配慮しつつ、例えば第2の各学年の内容の〔第5学年〕の「B図形」の（1）における正多角形の作図を行う学習に関連して、正確な繰り返し作業を行う必要があり、更に一部を変えることでいろいろな正多角形を同様に考えることができる場面などで取り扱うこと。
>
> ※下線は筆者が加筆。

「プログラミングを体験しながら」とあるように、単元によっては、コンピュータを使って実際にプログラミングを体験しながら論理的思考力を身に付けるための活動が行われることもあります。

では、小学校学習指導要領解説 算数編に例示されている**第5学年「B図形」の「正多角形」**の学習を取り上げて、コンピュータを使って、プログラミングを体験しながら学習する際のポイントについて考えてみます。

①フローチャートとプログラムの命令を関連付ける

> **Point** プログラミングを体験する際、自分が意図する活動を可視化したフローチャートとプログラムの命令を関連付けることが大切です。

次の図は、コンピュータを使ってプログラミングを体験する前に作った"中心角による正八角形の作図の手順"（▶参考 視点1 ②のPoint）のフローチャートです。前時に正八角形の手順を一つ一つ可視化することで、児童は、ループ（繰り返し）の考えを身に付けます。ループの考えで書き換えたフローチャートが一番右側の図です。

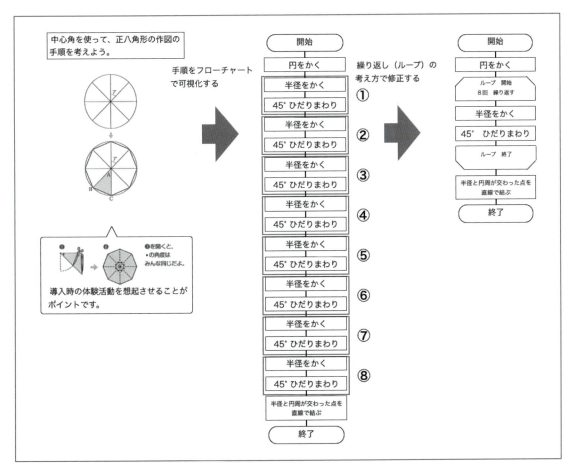

▲中心角による正八角形の作図の手順

　また、フローチャートとプログラムの命令を関連付けながら命令を読むことで、児童は、難なくプログラムの命令の意味を読み取ることができます。
　このような活動を通して、図形についての感覚を豊かにすることができると考えます。

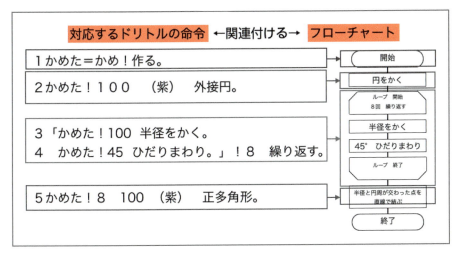

▲フローチャートとプログラムの命令を関連付けながら命令を読む　　　"ドリトル"についてはp.189参照。

②コンピュータで試したことを数学的に表現する

> **Point** プログラミングの一部を変えてコンピュータで試し、その結果を図、式、表、グラフなどの数学的な表現と関連付けることが大切です。

　コンピュータを使ってプログラミングを体験するよさは、繰り返し正確な作業を行うことができること、数値を変えるだけで他の場面を試すことができること、また、何度も試すことができることなどです。

　たとえば、この単元では、数値を変えることで正三角形、正方形、正五角形……などもプログラミングでかけるかどうかをシミュレーションして確かめることができます。そして、シュミレーションして確かめた結果を表にまとめることで、正n角形の場合について関数の考えを活用したり、図と表を関連付けたり、帰納的に考えたりしながら、一般化していくといった数学的な考え方を育むことにつながります。

正多角形	正三角形	正方形	正五角形	正六角形	・・・	正八角形	・・・	正n角形
辺の数	3	4	5	6	・・・	8	・・・	n
角の数	3	4	5	6	・・・	8	・・・	n
指示した回転角度	120	90	72	60	・・・	45	・・・	360°÷n
繰り返した回数	3	4	5	6	・・・	8	・・・	n

▲シュミレーションして確かめた結果を表にまとめる

▶ おわりに

　学校は、異なる特性を持つ児童一人一人が伸び伸びと学習し、資質・能力を育んでいくところです。児童一人一人が伸び伸びと学習するためには、「型」通りの画一的な授業というより、目の前にいる児童がわくわくするような、柔軟で創造的な授業が大切であると考えます。プログラミングの考え方を取り入れた授業づくりは、これまでの授業の枠にとらわれない創造的な授業につながると共に、「主体的・対話的で深い学び」の実現に向けた授業改善の一手段となることを期待しています。

▶参考文献

[1] 文部科学省（2017）「小学校学習指導要領解説」 URL http://www.mext.go.jp/a_menu/shotou/new-cs/1387014.htm

ドリトルではじめるプログラミング

白井 詩沙香（大阪大学サイバーメディアセンター）

▶ ドリトルとは？

ドリトルは、本書の編著者である兼宗進先生と電気通信大学の久野靖先生が開発した、小学校から大学まで幅広い教育現場で利用されている教育用プログラミング言語です。オブジェクト指向型の言語で、画面上に表示されるタートル（亀）をはじめ、さまざまな種類のオブジェクトに命令を送って、図形の描画や計算などを行います。これらの機能を組み合わせることで、かんたんにアニメーションやゲーム、シミュレーションプログラム等を作成することができます。

本稿では、ドリトルによるプログラミング入門として、ドリトルの使い方とプログラムの基本構造であるシーケンス（順序）、ループ（繰り返し）、条件分岐について解説します。

▶ ドリトルをはじめるには？

オンライン版ドリトルへアクセス

ドリトルには、インストール版（Java版）[※1]とオンライン版（JavaScript版）の2種類があります。小学校向けオンライン版ドリトルは、Webサイトにアクセスするだけで利用でき、インストール作業は不要です。

では、オンライン版ドリトルのサイトにアクセスしましょう。Webブラウザを起動し、アドレスバーに以下のURLを入力してください。

http://dolittle-es.eplang.jp/

アクセスするとドリトルのトップページが表示されます（図1）。「はじめる」をクリックすると、図2のような画面に移ります。

図1　ドリトル　オンライン版サイト

図2　プログラミング画面

※1　インストール版の利用方法については、公式サイト（http://dolittle.eplang.jp/）を確認してください。

ドリトルの画面構成

次に、画面構成について説明します。プログラミング画面は左右2つのエリアから構成されており、右がプログラム入力のためのエリア（図2の①）、左がその結果を表示するためのエリア（図2の②）です。

①プログラムエリア

プログラムエリアは、テキストエディタになっており、図3のようにドリトルのプログラムを入力することができます。右上のリストからフォントサイズを変更することも可能です。また、隣の［実行］ボタンを選択すると、入力したプログラムが実行され、左側の実行結果エリアに結果が表示される仕組みになっています。

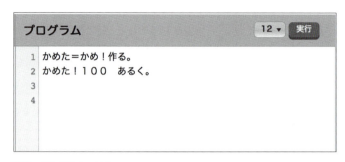

図3　プログラムエリア

②実行結果エリア

実行結果エリアには、プログラムの実行結果が表示されます（図4）。画面の中心が原点（x座標：0、y座標：0）です。右上のリストで描画スケール（縮尺）を選ぶことができます。

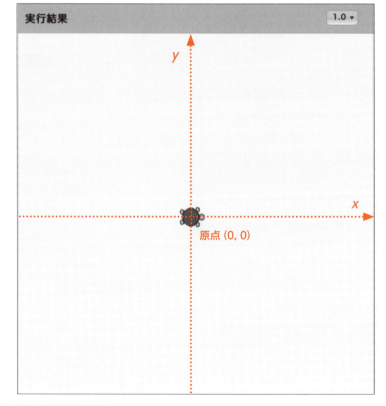

図4　実行結果エリア

▶ プログラミングをはじめよう！

三角形の描画を例に、プログラムの基本構造を見ていきましょう。

ドリトルの基本操作

①オブジェクトを作る

　ドリトルはオブジェクト指向型の言語で、はじめにオブジェクトを作り、そのオブジェクトに命令を送ることでプログラムを動作させます。今回は、小学生向けの機能として新たに開発された「**かめオブジェクト**[※2]」を作成してみましょう。このオブジェクトはゆっくり軌跡を残しながら画面を移動するオブジェクトで、これを利用し図形を描いていきます。

　プログラムエリアに『かめ！作る。』と入力してください[※3]。オブジェクトを作成するには、作りたいオブジェクトの種類（今回は「**かめ**」）を指定し、指定したオブジェクトに「**作る**」という命令を送ります。「！」記号でオブジェクトの種類を指定しており、文末の「。」はプログラムの終了を表しています。［実行］ボタンを押すと、図4のように実行結果エリアの中央に亀　　が表示されます。

②オブジェクトに名前を付ける

　作成したオブジェクトに命令を送るためには、オブジェクトに名前を付ける必要があります。今回は、作成した**かめオブジェクト**に「かめた」という名前を付けます。先ほど入力したプログラムの文頭に『かめた＝』を追加してください。このように「＝」の左辺に、付けたい名前[※4]を入力します。

```
1  かめた＝かめ！作る。
```

　実行すると、実行結果エリアに変化はありませんが、作成した**かめオブジェクト**に「かめた」という名前が付きます。

③オブジェクトに命令を送る

　続いて、「かめた」と名前を付けた、かめオブジェクトを前に動かしましょう。改行し、2行目に『かめた！１００　あるく。』と入力してください。

```
1  かめた＝かめ！作る。
2  かめた！１００　あるく。
```

[※2] 別名「ゆっくりタートル」とも呼び、タートルオブジェクトとは異なる特別なオブジェクトです。
[※3] ドリトルでは、プログラムとして入力する記号や数値は全角・半角のどちらでもかまいません。本稿のプログラム例では全角の記号・数字を使っています。
[※4] この名前は「変数」とも呼ばれており、オブジェクト以外に数値や文字列に名前を付けることもできます。

「**あるく**」は**かめオブジェクト**を移動させる命令で、「１００」は命令とともに送られるパラメータ（引数）です。ここで指定した数値に応じて、かめオブジェクトを前に移動させることができます。実行すると図5のように、かめたが移動し、移動した軌跡が画面に描画されます。

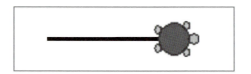

図5　実行結果

シーケンス（順序）

次に、「かめた」の向きを変えてみましょう。プログラムは上から順番に１行ずつ実行されるため、移動後に向きに変えたい場合は、3行目に『**かめた！１２０　ひだりまわり。**』と１行のプログラムを追加します。「**ひだりまわり**」という命令は、パラメータで指定した数値だけかめオブジェクトを左に回転させる命令です。

```
1 かめた＝かめ！作る。
2 かめた！１００　あるく。
3 かめた！１２０　ひだりまわり。
```

実行すると、かめたが前に移動したあとで、ひだりに回転しました。では、次のように2行目と3行目を選択・コピーし、4〜7行目に２回ペーストし、実行してみましょう。実行すると、プログラムが上から順番に実行され図6のように三角形を描くことができました。

```
1 かめた＝かめ！作る。
2 かめた！１００　あるく。
3 かめた！１２０　ひだりまわり。
4 かめた！１００　あるく。
5 かめた！１２０　ひだりまわり。
6 かめた！１００　あるく。
7 かめた！１２０　ひだりまわり。
```

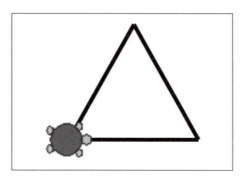

図6　三角形の描画

ループ（繰り返し）

三角形は描けましたが、同じプログラムが繰り返されており、冗長です。繰り返し処理を使った表現に変更しましょう。ドリトルでは、角括弧（「」）で繰り返したいプログラムを囲み、繰り返し回数を指定することで繰り返し処理を行うことができます。たとえば、先ほどのプログラムの場合、2・3行目が3回繰り返されているため、次のように書き換えることが可能です。

```
1  かめた＝かめ！作る。
2 「かめた！１００　あるく。
3  かめた！１２０　ひだりまわり。」！３　繰り返す。
```

実行すると、先ほどと同じ結果が得られました。たとえば、1辺200の三角形を描画したい場合、以前のプログラムでは3箇所変更が必要ですが、繰り返し表現を使うと1箇所の修正でよく、プログラムも簡潔に表現することができます。

条件分岐

最後に、「かめた」にくじ引きをさせ、くじ番号に応じて画面に表示させる結果を変えるプログラムを通して、条件分岐の考え方を確認しましょう。

はじめに1行目以降のプログラムをいったんすべて削除し、2行目に『**くじ＝かめた！３　くじ引き。**』と入力してください。ここでは、「**くじ引き**」というパラメータで指定した数値（今回は1〜3）からランダムに数値を取り出す命令を使い、「くじ」という変数に結果を代入しています。

次に、実行結果エリアに結果を表示するための準備を行います。3行目に『**景品＝ラベル！作る。**』と入力してください。ラベルオブジェクトは画面に情報を表示するためのオブジェクトで、今回は「景品」という名前を付けました。

```
1  かめた＝かめ！作る。
2  くじ＝かめた！３　くじ引き。
3  景品＝ラベル！作る。
```

では、いよいよ条件分岐のプログラムを書いていきましょう。ドリトルでは次のように条件分岐を表現します。条件には**表1**の比較演算子を使用します。

```
「条件」！なら「処理」実行。
```

表1　比較演算子

演算子	意味	例
＝＝	等しい	**くじ＝＝３**
！＝	等しくない	**くじ！＝３**
＜	〜より小さい（未満）	**くじ＜３**
＜＝	〜以下である	**くじ＜＝３**
＞	〜より大きい	**くじ＞３**
＞＝	〜以上である	**くじ＞＝３**

今回は、変数「**くじ**」に代入された数値（1〜3）によって、**ラベルオブジェクト**に表示する内容を変えるため、等価演算子と呼ばれる「＝＝」という記号を使います。処理については、**ラベルオブジェクト**の「**書く**」という命令を使い、画面に景品の情報を表示させます。次のように、4〜6行目に条件分岐のプログラムを追加し、実行しましょう。

```
1 かめた＝かめ！作る。
2 くじ＝かめた！3　くじ引き。
3 景品＝ラベル！作る。
4 「くじ＝＝１」！なら「景品！"一等賞"　書く」実行。
5 「くじ＝＝２」！なら「景品！"二等賞"　書く」実行。
6 「くじ＝＝３」！なら「景品！"かめた賞"　書く」実行。
```

実行すると、画面に結果が表示されます。「**くじ**」に代入される数値は実行するたびにランダムに変更されるため、画面に表示される結果も毎回異なります。たとえば、図7の場合は「**くじ**」の値が3だったため、6行目の条件が満たされ、画面に「かめた賞」と表示されました。何度か実行ボタンをクリックし、画面の表示が変わることを確認してみましょう。

図7　実行結果

▶ おわりに

本稿では、プログラミングの入門として、ドリトルを使ったプログラムの基本構造について紹介しました。主にドリトルを使ったプログラムの作り方・基本操作の解説をしましたが、これらを活用し、楽しく試行錯誤しながら学びを深めたり、新しいものを創造したりすることがプログラミングの醍醐味でもあります。ぜひ続けて、プログラミングを通してコンピュータの仕組みを学んだり、作品を作ったり、シミュレーションに活用したり、さまざまな場面でプログラミングに触れていただけると嬉しいです。

また、ドリトルにはここで紹介した機能以外にも、アニメーションやゲームを作成する機能、そして本書で紹介した算数の授業で活用できる多角形の描画機能やグラフ描画まで幅広い機能が用意されています。これらの使い方については、Webサイトに詳細な情報が掲載されていますので、ぜひ実際に手を動かして試してみてください。

ドリトル
- 公式サイト　　　　　　　　　　URL http://dolittle.eplang.jp/
- 小学校向けオンライン版サイト　URL http://dolittle-es.eplang.jp/

タブレット端末を活用してプログラミングの考え方を可視化させる

小林 祐紀（茨城大学）

▶ 3つ目の授業の勘所と課題

　ここまで本書では、小学校プログラミング教育について、3つ＋αの考え方で具体的な実践例をご紹介してきました。中でも最も多いのは、3つ目の「教科学習の目標達成のためにプログラミング的思考を活用する授業」でした。事例数は25事例です。この数の多さが意味することは、既出の通り、これからの小学校プログラミング教育の中心はこの3つ目であるということではありません。教科学習の中には、プログラミングの考え方（プログラミング的思考）が活用できる学習内容が多数存在していることを意味しています。

　そして、これまでの実践例から、プログラミングの考え方（順序・繰り返し・条件分岐）を視覚化することで、対話しやすくなったり、試行錯誤しやすくなったり、間違い（問題）を発見しやすくなったりして、学習者主体の学習を行いやすくなることが指摘できます。視覚化の際には、白井・兼宗が執筆した「**本書で扱うコンピュータの仕組み**」（p.178）にあるように、すでに決められている簡単なルールに基づいて表現できることを意識させ、フローチャートという用語を理解させます。低学年であってもツールの呼び名ですので、十分に理解は可能です。ただし、大切なことはフローチャートを用いて、教科学習の目標を達成することが目的であって、決してフローチャートを作成することが目的ではないということの自覚です。

　本書においても、フローチャートの枠組みだけが示されたワークシートやマグネットで動かすことができる教材を教師が自作して用いたり、拡大掲示して児童と一緒に解法のための考え方を確認したりする学習場面が見られます **[写真1]**。たとえフローチャートを書かせる場面であっても、考え方の視覚化を優先し、その時点では、あまり細かいかき方のルールにはこだわらず、学習活動に取り組ませたりもしています。

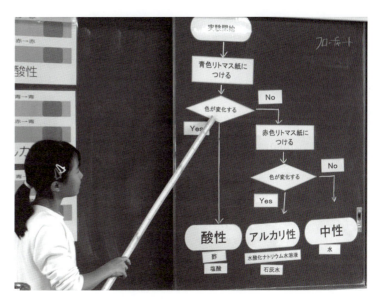

[写真1] 本書p.144、坂入教諭の実践より。

しかし、実践者からは次のような声も聞こえているのが現実です。

「グループごとやペアごとにフローチャートを作成したり、あるいはワークシートを自作したりするのは大変だった。学校教育に適した教材・教具があればいいのに」

「フローチャートを用いてどのように考えたのかといったことを、もっと容易に発表や交流させたい。こんなときこそ、ICTをうまく利用できないだろうか」

「中学年・低学年だとフローチャートで考えさせたいときにも線を上手に引くことができずに、余計にわかりにくくなってしまう児童もいた」

▶ 小学校プログラミング教育におけるタブレット端末の活用可能性

このような声を受け、考えられる1つの改善策はタブレット端末の活用です。タブレット端末の整備台数は、文部科学省の調査 ▶参考文献［1］によると平成26年3月～平成29年3月の3年間に約5倍に増加しています（図1）。今後しばらくの間、学校教育におけるICT活用の主役は、タブレット端末になることは間違いないでしょう。したがって、タブレット端末がまだ整備されていない自治体および学校も、今後確実に整備が進められます。

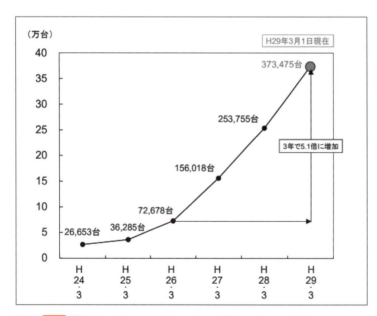

図1　参考　教育用コンピュータのうちタブレット型コンピュータ台数
　　　出典　文部科学省資料「平成28年度学校における教育の情報化の実態等に関する調査結果（概要）確定値」p.4

児童が1人1台、あるいはグループに1台のタブレット端末を活用することで、本書における「教科学習の目標達成のためにプログラミング的思考を活用する授業」はどのような実践になるのでしょうか。

　ここでは、全国的に見ても導入台数（実績）の多いSKYMENU Class[※1]というソフトウェアのフローチャート作成機能を例にして話を進めていきます。学校教育向けに作られたソフトウェアは、フローチャートを書くことが目的にならないための工夫が随所に見られます。また、タブレット端末同士の情報を共有することも可能です。様々な学習活動をサポートしてくれるものが、SKYMENU Classをはじめとしてすでに数多く存在していますので、ぜひ一度、体験してみてください。

　本書で紹介している事例の中で、フローチャートを教師もしくは児童が用いているのは22事例でした。実証してみたところ、すべての事例において、ソフトウェアを活用して作成することが可能でした。

　たとえば、藤原教諭の小学校2年生算数科「100より大きい数」の授業では、条件分岐の考え方を生かして数の大小比較の方法を説明する学習が行われていました。藤原教諭は、自作したフローチャートを拡大コピーして授業に臨んでいます[写真2]。この場面においては、教師用端末で事前に作成したフローチャートを、大型提示装置に投影することが可能です（図2）。児童用タブレット端末にも同じフローチャートを配布することで、自力解決や解き方を説明し合う学習場面で活用できます。

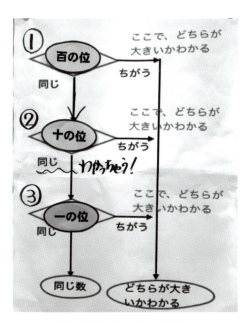

[写真2] 本書p.44、藤原教諭の実践より。

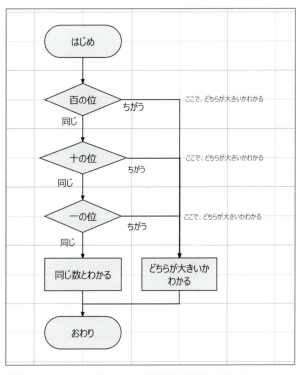

図2　ソフトウェアで作成した、藤原実践で活用できるフローチャート

※1　SKYMENU Classは、Sky株式会社が開発しているタブレット端末用の学習活動ソフトウェア。
URL https://www.skymenu-class.net

他にも、坂入教諭の6年生理科「水溶液の性質を見分ける」学習場面も同様です（図3）。実験手順および実験結果の入力をタブレット端末上で行うことで、児童が実験について考えや事実をグループ内や全体で伝え合いやすくなります。また、大型提示装置を用いて、すべてのタブレット端末の画面を一覧提示することもでき、学習の進み具合の把握だけではなく、考えに自信が持てない児童にとっての支援にもつながります。そして何よりも教師の準備が確実に楽になります。これはとても重要なICT活用のメリットの1つです。

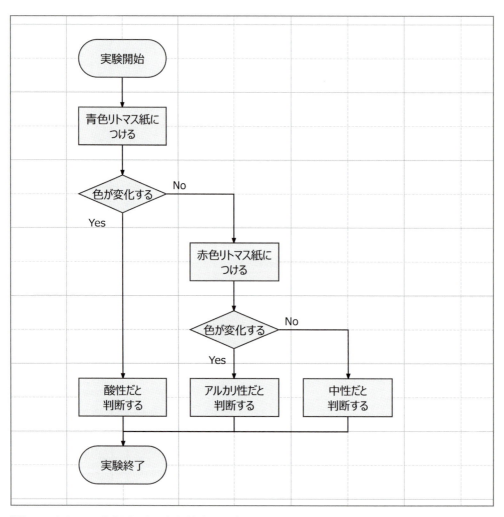

図3　ソフトウェアで作成した、坂入実践（本書p.144）で活用できるフローチャート

　他にも、例として紹介したSKYMENU Classには、次のような学校教育向けいくつかの工夫が見られます。

❶ フローチャートの記号は5種類が用意されている。ドラッグ＆ドロップするだけで配置できる（図4）。

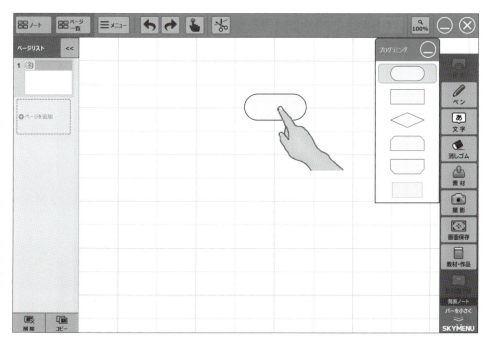

図4　記号は5種類を用意。ドラッグ＆ドロップするだけで配置できる

❷ 記号は方眼（グリッド）に沿った位置に自動で合わせて配置される（図5）。配置の調整などで時間を取ることがない。

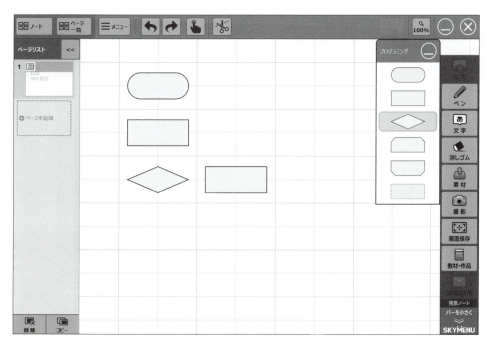

図5　記号は方眼に沿った位置に自動で合わせて配置される

❸ キャンパスのサイズは自動で調整されるので、記号を増やすと大きくなる（図6）。背景の方眼（グリッド）を見ると、キャンパスが拡大したことがわかる。

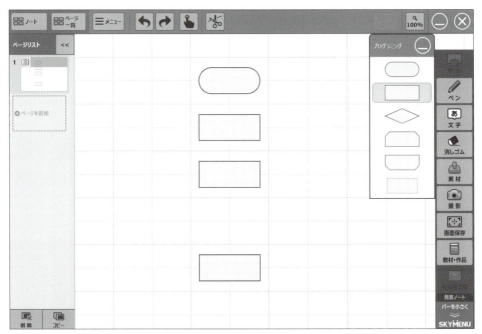

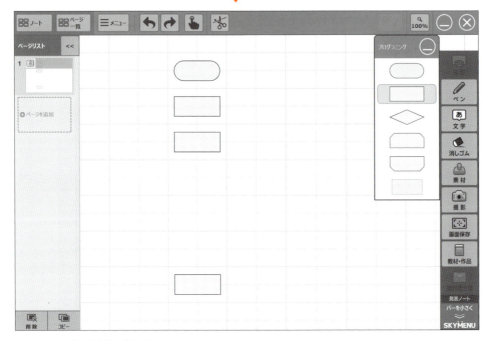

図6 キャンパスは自動で拡大される

❹ 記号同士の矢印が簡単に美しく引ける（図7）。記号と矢印の接点、矢印の折れ曲がりは自動判定される。矢印の接点を付け替えたり、折れ曲がりを調整することは後からでも可能。

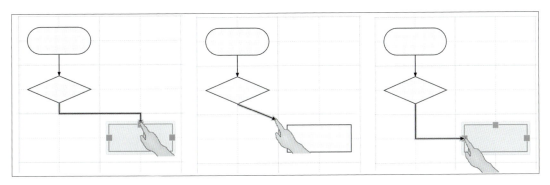

図7　矢印の接点を付け替える

❺ フローの間に記号を挿入できる（図8）。挿入することにより、それより下の記号が自動的にずれて配置される。記号の間隔が広くても、狭くても挿入でき、記号は自動的に整列する（図9）。

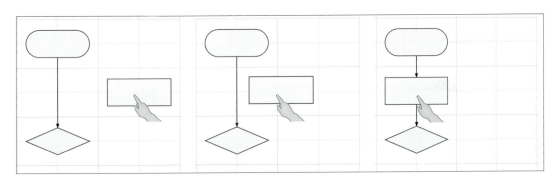

図8　記号同士の間隔が広い場合：フローの間に記号を挿入できる

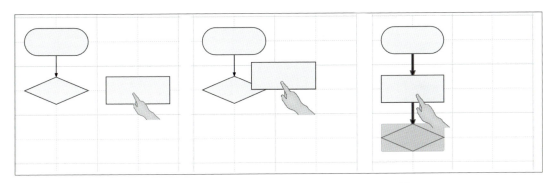

図9　記号同士の間隔が狭い場合：分岐の記号が自動的に下がり、処理の記号を適切な位置に挿入できる

❻ 矢印の交差はトンネル表現で重なりが回避される（図10）。

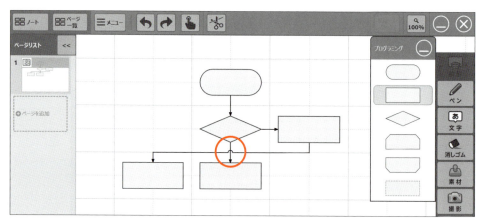

図10　矢印の交差はトンネル表現で重なりを回避する。丸囲みがトンネル表現

❼ 課題用の記号（点線の記号で表記）を配置でき、フローチャートの問題を作成できる（図11）。児童は、試行錯誤しながら課題用記号の中に該当するであろう記号を追加したり、削除したりできる。

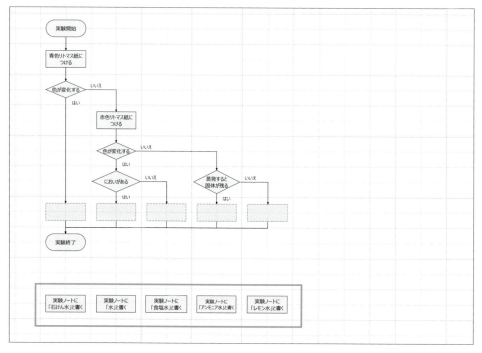

図11　課題用の記号を配置できる

　短時間かつ容易に自分の考えを表現し、その分、より多くの時間、試行錯誤したり、考えを伝え合ったり、修正したり、全体の前で発表したりすることができると考えられます。つまり、これまで以上に論理的思考力の育成に注力できるようになるということです。また、ICTのメリットの1つとして、ポートフォリオのようにデータを保存することが可能

です。授業で活用したフローチャートが、他の学習場面でも活用できることで、考え方の理解が深まるだけはなく、プログラミングの考え方の有用性についても自覚されやすいと考えられます ▶参考文献［3］。タブレット端末＋ソフトウェアの活用は、まさにプログラミング的思考の可視化および主体的・対話的で深い学びに適した教具といえるでしょう。

▶ おわりに

　昨年度までの「教育のIT化に向けた環境整備4か年計画」において、単年度あたり1,678億円（平成26～29年度4年間総額6,712億円）の地方財政措置が図られていました。平成30年度より始まる、第3期教育振興基本計画においてもこの流れは変わりません。そして、新しい学習指導要領には、以下のようなICT環境の整備に関わる記述が初めて明記されました。

第3　教育課程の実施と学習評価

1 主体的・対話的で深い学びの実現に向けた授業改善
(3) 第2の2の（1）に示す情報活用能力の育成を図るため、各学校において、コンピュータや情報通信ネットワーク等の情報手段を活用するために必要な環境を整え、これらを適切に活用した学習活動の充実を図ること。また、各種の統計資料や新聞、視聴覚教材や教育機器等の教材・教具の適切な活用を図ること。

引用元 文部科学省（2017）「小学校学習指導要領解説」　▶参考文献［2］　※下線は筆者が加筆。

　また、新しい学習指導要領では、情報活用能力は「学習の基盤となる資質・能力」と示されました。これは言語能力や問題発見・解決能力と同じ扱いです。このような背景から考えると、小学校プログラミング教育はICT環境の整備と共に語られる必要があるようにすら感じます。本書に掲載した各実践について、それぞれの計画段階では、タブレット端末によって、プログラミング的思考が表現できること（フローチャートを書くこと）は想定していませんでしたが、1年も経たない今では十分に活用可能性があると考えています。読者の皆さんの地域や学校の状況に合わせて、最善の方法をぜひ見つけてほしいと思います。

▶参考文献

［1］文部科学省（2017）「平成28年度 学校における教育の情報化の実態等に関する調査結果」
　　URL http://www.mext.go.jp/a_menu/shotou/zyouhou/detail/1395145.htm
［2］文部科学省（2017）「小学校学習指導要領」
　　URL http://www.mext.go.jp/a_menu/shotou/new-cs/1384661.htm
［3］Yuki Kobayashi、Hitoshi Nakagawa、Masuo Murai、Yukie Sato（2017）Practical Example of Programming Education at Public Elementary School in Japan with Attitude Survey of Students and Teachers. EdMedia: World Conference on Educational Media and Technology. 645-649.

編著・監修＆実践者プロフィール

▶編著・監修

小林 祐紀（こばやし ゆうき）　茨城大学教育学部 准教授

三重県出身、金沢市内の公立小学校勤務を経て、2015年から現職。専門は、教育工学、情報教育、ICTを活用した実践研究。現場の教師時代は、子どもたちが対話的コミュニケーションを通じて学び合う授業を目指し、ICT（タブレット端末）やホワイトボードなどを積極的に活用する授業を行っていた。現在は、整備が進むタブレット端末の有効活用や小学校プログラミング教育についての実践研究を行っている。茨城県教育工学研究会・D-project茨城を主宰。
『コンピューターを使わない小学校プログラミング教育 "ルビィのぼうけん"で育む論理的思考』編著・監修（翔泳社）ほか。

兼宗 進（かねむね すすむ）　大阪電気通信大学工学部 教授

民間企業、一橋大学准教授を経て、2009年から現職。専門はプログラミング言語、データベース、情報科学教育。文部科学省の情報教育や小学校プログラミング関係の委員を歴任。教育用プログラミング言語「ドリトル」の開発や、コンピュータサイエンスアンプラグドの実践などを通して情報科学教育を研究している。
『コンピューターを使わない小学校プログラミング教育 "ルビィのぼうけん"で育む論理的思考』編著・監修（翔泳社）、『テラと7人の賢者――"ナゾとき"コンピュータのおはなし』監修（学研プラス）ほか。

白井 詩沙香（しらい しずか）
大阪大学サイバーメディアセンター　情報メディア教育研究部門 講師

2015年武庫川女子大学大学院生活環境学研究科博士課程修了。博士（情報メディア学）。民間企業、武庫川女子大学助教を経て、2018年から現職。専門はヒューマンコンピュータインタラクション、教育工学、情報科学教育。現在は、学習支援システムにおけるインタフェースの開発や情報科学教育に関する授業モデルや教材の開発研究を行っている。
『テラと7人の賢者――"ナゾとき"コンピュータのおはなし』監修（学研プラス）。

臼井 英成（うすい ひでなり）　那珂市教育委員会学校教育課 指導主事

東京学芸大学を卒業。民間企業、茨城県内の公立中学校、茨城大学教育学部附属小学校、在外日本人学校を経て、2013年度から現職。茨城県数学教育研究会幹事。専門は、算数・数学教育。算数・数学教育の研究団体に所属し、算数・数学の有用性について研究している。現職では、主に算数・数学の学力向上、ICTを効果的に活用した授業の推進を担当している。

▶実践者・指導案執筆

木村 了士（きむら さとし）　茨城県那珂市立額田小学校 教諭

筑波大学第一学群自然学類卒業。茨城県の公立中学校勤務を経て現職。専門は算数・数学教育。算数・数学教育の研究団体に所属し、研修を重ねている。校内では算数主任として、よりよい授業の在り方について研究・実践している。

黒羽 諒（くろは りょう）　茨城県那珂市立芳野小学校 教諭

上越教育大学大学院学校教育研究科修了。茨城県の公立小中学校勤務を経て、2016年から現職。専門は算数・数学教育。ICT機器を活用した授業づくりや、児童が主体的に学ぶ授業づくりを心がけ、プログラミング的思考を取り入れた実践や研究を行っている。

小島 貴志（こじま たかし）　茨城大学教育学部附属小学校 教諭

茨城大学教育学部卒業。山形県、茨城県の公立小学校勤務を経て、2012年から現職。マイコンと呼ばれていた時代からコンピュータに慣れ親しんできた経験を活かし、ICT機器の授業での有効活用を目指している。多趣味。

坂入 優花（さかいり ゆか）　茨城県古河市立駒込小学校 教諭

茨城大学教育学部卒業後、現職。専門は国語科教育。研究主任として、子どもが主体的に活動できる授業について日々研究・実践している。授業や研修を通して、タブレット端末等のICT機器を効果的に活用したり、プログラミングの思考を取り入れたりする中で、子どもたちの学びを深める授業づくりを目標に研究を重ねている。

須田 智之 (すだ ともゆき) さとえ学園小学校 教諭

東京学芸大学教育学部初等教育教員養成課程数学選修を卒業。2008年より埼玉県の学校法人佐藤栄学園さとえ学園小学校にて勤務。校内では算数科の教員と共に毎週教科会を行いながら算数の知識や理解を深め合い、よりよい授業づくりのために研究を重ねている。

清水 匠 (しみず たくみ) 茨城大学教育学部附属小学校 教諭

茨城大学教育学部卒業、鳴門教育大学大学院学校教育研究科修了。茨城県の公立中学校勤務を経て現職。専門は音楽科教育で、全国組織の学会理事を務める傍ら、県内でも勉強会を実施するなど、県内音楽科教員のネットワーク構築を目指す。また、研究主任・副教務として学校全体の研究を県内・全国に発信する中で、ICT活用・プログラミング教育も推進。使用ありきではない「ねらい達成のための手立てとしてのICT活用」をモットーに研究中。子どもたちと共に音楽を奏でることが、一番の楽しみ。

田口 優 (たぐち ゆう) 石川県金沢市立杜の里小学校 教諭

新潟大学教育学部学校教育学専修卒業。現在、放送大学大学院文化科学研究科文化科学専攻にも在学中。石川県の公立小学校勤務を経て、2016年より現職。算数科を中心に、児童が対話の中で思考を深める授業を目指し、実践に取り組んでいる。

広瀬 一弥 (ひろせ かずや) 京都府亀岡市立東別院小学校 教諭

信州大学教育学部小学校教員養成課程技術専攻卒業。京都府の公立小学校勤務を経て、2016年度より現職。専門は技術科教育・情報教育。日本デジタル教科書学会研究委員会研究委員長。京都府小学校教育研究会情報教育部専門研究員。これまでの在籍校では、電子黒板活用、言語活動の充実、活用型学力の育成などについて、研究主任として取り組んできた。現任校では、小規模校でのICTを活用した教育活動について研究を進めている。

福田 晃 (ふくだ こう)　金沢大学附属小学校 教諭

金沢大学教育学部人間環境課程情報教育コース卒業、金沢大学大学院教育学研究科教育実践高度化専攻修了。石川県公立小学校勤務を経て、2017年より現職。石川県教育工学研究会における研究部長を務めており、県内で定期的に研究会を開催している。「社会とつながるリアルな学び」の実現に向け、子どもが本気で取り組む授業を目指している。JAPET&CEC主催の2016年度ICT夢コンテストにおいて、文部科学大臣賞（学校）を受賞。

藤原 晴佳 (ふじわら はるか)　茨城県古河市立大和田小学校 教諭

聖徳大学人文学部児童学科を卒業。プログラミング教育実証校として指定され、昨年度より研究の取り組みを行っている。プログラミングやICTを教科の中で効果的に活用し、子どもたちの思考が深まる授業を目標としている。NHKや朝日新聞デジタル「はなまる先生」にも取り上げられた。

山口 眞希 (やまぐち まき)　石川県金沢市立大徳小学校 教諭

金沢大学教育学部小学校教員養成課程卒業、放送大学大学院修士課程情報学プログラム修了。石川県公立小学校勤務を経て、2016年度より現職。放送大学大学院博士後期課程に在籍。専門は教育工学、メディア・リテラシー教育。現在はNHK教育番組の番組委員、JAPET&CEC 21世紀型コミュニケーション力育成委員等を務め、全国各地で模擬授業やワークショップを行っている。

山中 昭岳 (やまなか あきたか)　さとえ学園小学校 教諭

和歌山大学教育学部教員養成課程卒業、鳴門教育大学大学院教育研究科学校教育専攻修士課程修了。和歌山県公立小学校、和歌山大学教育学部附属小学校、関西の私立小学校を経て2016年より現職。子どもたちの主体的な学びをめざし、生活科・総合的な学習の時間を中心に実践を行っている。『インターネットのむこうに世界がある』著（ポプラ社）、NHK教育テレビ「わくわく授業」「メディアと教育」出演ほか。

● 本書掲載の指導案・ワークシートの一部は、
以下本書情報ページからダウンロードできます。
https://www.shoeisha.co.jp/book/present/9784798156408

● 実践者・指導案執筆

木村 了士　茨城県那珂市立額田小学校 教諭
黒羽 諒　　茨城県那珂市立芳野小学校 教諭
小島 貴志　茨城大学教育学部附属小学校 教諭
坂入 優花　茨城県古河市立駒込小学校 教諭
須田 智之　さとえ学園小学校 教諭
清水 匠　　茨城大学教育学部附属小学校 教諭
田口 優　　石川県金沢市立杜の里小学校 教諭
広瀬 一弥　京都府亀岡市立東別院小学校 教諭
福田 晃　　金沢大学附属小学校 教諭
藤原 晴佳　茨城県古河市立大和田小学校 教諭
山口 眞希　石川県金沢市立大徳小学校 教諭
山中 昭岳　さとえ学園小学校 教諭

● 装丁・本文デザイン

轟木 亜紀子（株式会社トップスタジオ）

● DTP

株式会社シンクス

● イラスト

白井 詩沙香

これで大丈夫！ 小学校プログラミングの授業
3＋α（プラスアルファ）の授業パターンを意識する［授業実践39］

2018年4月4日　初版第1刷発行
2019年10月5日　初版第3刷発行

編著・監修　　小林 祐紀（こばやし ゆうき）
　　　　　　　兼宗 進（かねむね すすむ）
　　　　　　　白井 詩沙香（しらい しずか）
　　　　　　　臼井 英成（うすい ひでなり）
発 行 人　　　佐々木 幹夫
発 行 所　　　株式会社 翔泳社（https://www.shoeisha.co.jp）
印刷・製本　　株式会社シナノ

ⓒ2018 Yuuki Kobayashi / Susumu Kanemune / Shizuka Shirai / Hidenari Usui

● 本書は著作権法上の保護を受けています。本書の一部または全部について、株式会社翔泳社から文書による許諾を得ずに、いかなる方法においても無断で複写、複製することは禁じられています。
● 本書へのお問い合わせについては、下記の内容をお読みください。
● 落丁・乱丁本はお取り替えいたします。03-5362-3705までご連絡ください。

ISBN978-4-7981-5640-8　　　　　　　　　　　　　　　　　　　　　　　　　　　　Printed in Japan

---

本書内容に関するお問い合わせについて

本書に関するご質問、正誤表については下記のWebサイトをご参照ください。
お電話によるお問い合わせについては、お受けしておりません。

正誤表　　　●https://www.shoeisha.co.jp/book/errata/
刊行物Q&A　●https://www.shoeisha.co.jp/book/qa/

インターネットをご利用でない場合は、FAXまたは郵便にて、下記にお問い合わせください。

送付先住所　〒160-0006　東京都新宿区舟町5
（株）翔泳社 愛読者サービスセンター　　FAX番号：03-5362-3818

ご質問に際してのご注意

本書の対象を越えるもの、記述個所を特定されないもの、また読者固有の環境に起因するご質問等にはお答えできませんので、あらかじめご了承ください。

※本書に記載されたURL等は予告なく変更される場合があります。
※本書の出版にあたっては正確な記述につとめましたが、著者や出版社などのいずれも、本書の内容に対してなんらかの保証をするものではなく、内容に基づくいかなる結果に関してもいっさいの責任を負いません。